Hubert Albus

Klassik neu entdecken

Stundenbilder mit Arbeitsblättern
für den motivierenden Musikunterricht

Kopiervorlagen mit Lösungen

Gedruckt auf umweltbewusst gefertigtem, chlorfrei gebleichtem
und alterungsbeständigem Papier.

1. Auflage 2010
Nach den seit 2006 amtlich gültigen Regelungen der Rechtschreibung
© by Brigg Pädagogik Verlag GmbH, Augsburg
Alle Rechte vorbehalten.
Das Werk und seine Teile sind urheberrechtlich geschützt. Jede Nutzung in anderen als den gesetzlich zugelassenen Fällen bedarf der vorherigen schriftlichen Einwilligung des Verlages.
Hinweis zu § 52 a UrhG: Weder das Werk noch seine Teile dürfen ohne eine solche Einwilligung eingescannt und in ein Netzwerk eingestellt werden. Dies gilt auch für Intranets von Schulen und sonstigen Bildungseinrichtungen.
Illustrationen: Verlagsarchiv / Autoren-Archiv

ISBN 978-3-87101-698-1   www.brigg-paedagogik.de

Inhaltsverzeichnis

Vorwort 4

1. **Heinrich Schütz** – Meister der Motette 5
2. H. Schütz: „Meine Seele erhebt den Herren" (SWV 426) 15
3. Exkurs H. Schütz: „Verleih uns Frieden genädiglich" (SWV 372) 25
4. Exkurs H. Schütz: „Historia der Geburt Jesu Christi (SWV 435) – Auszüge 27
5. **Johann Sebastian Bach** – das Universalgenie 29
6. J. S. Bach: Toccata und Fuge d-Moll (BWV 565) 39
7. Exkurs J. S. Bach: Kantate „Jauchzet Gott in allen Landen" (BWV 51) 55
8. Exkurs J. S. Bach: Brandenburgisches Konzert Nr. 3 (BWV 1048), 1. Satz 57
9. **Georg Friedrich Händel** – der „Engländer" 59
10. G. F. Händel: „For unto us a child is born" (Der Messias, HWV 56) 71
11. Exkurs G. F. Händel: „Wassermusik" (HWV 348-350) – Auszüge 87
12. Exkurs G. F. Händel: „Feuerwerksmusik" (HWV 351) – Auszüge 89
13. **Joseph Haydn** – „Vater" der klassischen Sinfonie 91
14. J. Haydn: Sinfonie Nr. 94, G-Dur, „Surprise", 2. Satz 99
15. Exkurs J. Haydn: „Die Schöpfung" – Auszug 109
16. Exkurs J. Haydn: Streichquartett op. 76, Nr. 3, „Kaiserquartett", 2. Satz 111
17. **Wolfgang Amadeus Mozart** – Wunderkind aus Salzburg 113
18. W. A. Mozart: Serenade für Streicher in G-Dur, „Eine kleine Nachtmusik" (KV 525) 125
19. Exkurs W. A. Mozart: Sinfonie Nr. 41, C-Dur (KV 551), 1. Satz 135
20. Exkurs W. A. Mozart: „Die Zauberflöte" (KV 620), Arie Nr. 14 137
21. **Ludwig van Beethoven** – Vollender der Wiener Klassik und Wegbereiter der Romantik .. 139
22. L. v. Beethoven: Violinkonzert D-Dur, op. 61, 1. Satz 153
23. Exkurs L. v. Beethoven: Sinfonie Nr. 5, c-Moll, op. 67, 1. Satz 165
24. Exkurs L. v. Beethoven: Klaviersonate Nr. 5, c-Moll, op. 10, Nr. 1, 1. Satz 167
25. **Franz Schubert** – ein Leben für die Lieder 169
26. F. Schubert: „Der Tod und das Mädchen", op. 7, Nr. 3 (D 531) 183
27. Exkurs F. Schubert: „Die Forelle", op. 32 (D 550) 193
28. Exkurs F. Schubert: „Erlkönig", op. 1 (D 328) 195
29. **Robert Schumann** – zwischen Florestan und Eusebius 197
30. R. Schumann: Carnaval, op. 9 – Auszüge 209
31. Exkurs R. Schumann: Belsatzar op. 57 217
32. Exkurs R. Schumann: Die beiden Grenadiere, op. 49, Nr. 1 219

Vorwort

Musikunterricht

Dieser Band hat die Intention, Ihren Unterricht im Fach Musik zu erleichtern und zu innovieren.

Ausgewählt wurden die berühmtesten deutschen Komponisten mit ihren populärsten Werken, die jedem Schüler nahegebracht werden sollten. Natürlich geschieht das in diesem Band auf gehobenem Niveau, was unter anderem auch bedeutet, dass der Schüler fast immer das komplette Notenbild und die Interpretation auditiv und – wo möglich – sogar visuell angeboten bekommt.

Dem gut strukturierten Stundenbild folgen ein optisch wie inhaltlich ansprechendes Arbeitsblatt, das die Quintessenz der betreffenden Unterrichtseinheit darstellt, sowie ein Lösungsblatt. Dazu werden noch zahlreiche Materialien wie Komponistenporträts, Quellenberichte und Noten mit Bildern und Grafiken angeboten.

Wichtig ist dem Autor das ganzheitliche Hören von Werken. Ein Ausschnitt von einigen Sekunden oder wenigen Minuten wird weder dem Werk noch dem Komponisten gerecht. Deshalb wurden vorwiegend Kompositionen gewählt, die auf Tonträgern in jeder schulischen oder privaten Musiksammlung vorhanden sein dürften.

Besonderen Wert legt der Autor auf einen motivierenden Einstieg. Häufig können Sie Bilder einsetzen, die als stummer Impuls an die Tafel (Vergrößerung mindestens auf DIN A3) gehängt bzw., falls Sie diese auf Folie kopieren, an die Wand projiziert werden können und als Sprechanlass dienen.

Für den Unterrichtenden bedeutet der Einsatz dieser Reihe zum einen eine erhebliche Arbeitserleichterung, zum anderen wird ihm die günstige Chance geboten, Schülern Musik auf anspruchsvolle Art „schmackhaft" zu machen.

Viel Freude und Erfolg mit diesem Band
wünschen Ihnen

Autor und Verlag

Heinrich Schütz – Meister der Motette

Lerninhalte:
- Kennenlernen des Lebensweges von Heinrich Schütz
- Wissen um wichtige Werke von Heinrich Schütz
- Wissen, warum Schütz als Meister der Motette bezeichnet wird
- Wissen, was eine Motette ist
- Hören von Ausschnitten aus Werken des Komponisten
- Wertung der Bedeutung des Komponisten Heinrich Schütz

Arbeitsmittel/Medien:
- Arbeitsblatt: Heinrich Schütz
- Bild für die Tafel: Heinrich Schütz (Gemälde von C. Spetner)
- Folie 1: Lebensstationen von Heinrich Schütz
- Folie 2: Die Kriegsgräuel (Zeichnungen von Jacques Callot)
- Folie 3: Heinrich Schütz: Kurzbiografie
- Folie 4: Wichtige Werke
- Folie 5: Motetten-Texte: SWV 372/373/374
- Folie 6: Gräuel des Krieges/Westfälischer Friede zu Münster (Gerard Terborch, 1648)
- Folie 7: Motette
- Infoblätter 1/2: Heinrich Schütz – „Vater der deutschen Musik"
- CD: Heinrich Schütz: Geistliche Chormusik, 1648 (CPO 999546-2). Weser-Renaissance Bremen, Manfred Cordes (1998) Motette „Verleih uns Frieden", SWV 372
- www.youtube.com: Heinrich Schütz: Motette „Verleih uns Frieden", SWV 372 (2:42) Calmus Ensemble Leipzig

Folie 3

Heinrich Schütz
Kurzbiografie

Er wurde am 8. Oktober 1585 in Köstritz (Thüringen) geboren und starb am 6. November 1672 in Dresden. Schütz studierte zuerst Jura, ging dann, gefördert durch Landgraf Moritz von Hessen, nach Italien (Stipendium in Venedig, daher Kontakt zu Claudio Monteverdi und Giovanni Gabrieli). Schütz brachte die Neuerungen der italienischen Musik zu Beginn des 17. Jahrhunderts nach Deutschland und wurde so einer der entscheidenden Wegbereiter des deutschen Barock. Sein großer Einfluss macht sich schon am Werk seiner Zeitgenossen, so etwa bei J. H. Schein, bemerkbar. 1617 wurde Schütz Dresdner Hofkapellmeister. Er schrieb die erste Oper in deutscher Sprache („Dafne", Musik verschollen), außerdem Madrigale, geistliche Konzerte, Motetten und Passionen. Zu seinen Hauptwerken gehören die „Kleinen geistlichen Konzerte" für fünf Singstimmen und Basso continuo (1636/1639), deren sparsame Besetzung ohne Instrumente auf die Einstellung zahlreicher Hofkapellen während des Dreißigjährigen Krieges hinweist.

Folie 4

Wichtige Werke

Weitere Werke (gedruckte Sammlungen): „Psalmen Davids" (1619), „Cantiones sacrae" (1625), „Musikalische Exequien" (1636), „Symphoniae sacrae" (1629/47/50), „Kleine geistliche Konzerte" (1636/1639), „Die sieben Worte Jesu Christi" (um 1645), „Geistliche Chormusik" (1648), Passionen nach Lukas, Matthäus und Johannes (1653/65/66), „Historia der Geburt Jesu Christi" (1664), „Deutsches Magnificat" (1671).

Verlaufsskizze

I. Hinführung

St. Impuls	Bild Tafel (S. 8)	Heinrich Schütz
Aussprache		
Impuls		L: Er ist der berühmteste Musiker im Deutschland des 17. Jahrhunderts.
	Tafelanschrift	**Heinrich Schütz –**
L.info		L: Berühmt wurde Schütz durch die Perfektionierung einer Gesangsgattung.
	Tafelanschrift	**Meister der Motette**
Kurze L.info		Definition Motette

II. Erarbeitung

Hören	CD	Geistliche Chormusik, 1648: Motette IV (SWV 372)
	Folie 5 (S. 14 oben)	Text: Verleih uns Frieden genädiglich
Aussprache		
Lehrererzählung mit Folienbildern	Folie 1 (S. 7)	L: Lebensweg von Heinrich Schütz

❶ Geburtshaus von Schütz in Köstritz/Thüringen
❷ Landgraf Moritz von Hessen-Kassel (1572–1632)
❸ San Marco und Campanile in Venedig
❹ Giovanni Gabrieli (1557–1612)
❺ Kurfürst Johann Georg I. von Sachsen (1585–1656)
❻ Stadtansicht von Dresden um 1620 (Kupferstich von Matthäus Merian d. Ä.). Schütz ist von 1617 bis zu seiner Pensionierung 1656 Hofkapellmeister in Dresden.
❼ Heinrich Schütz inmitten seiner Kapellenmitglieder in der alten Dresdner Schlosskapelle nach dem Umbau 1662 (Kupferstich von David Conrad).
❽ Stadtansicht von Kopenhagen um 1630 (Kupferstich). Schütz reist mehrmals nach Kopenhagen, zuletzt 1642.
❾ Schütz wohnt von 1629-1656 in Dresden am Neumarkt, wo er sich ein großes Haus kauft (Kupferstich von Gabriel Tzschimmer, 1680). 1651 kauft er ein Haus in der Nikolaistraße in Weißenfels.

Aussprache		
Zusammenfassung	Folie 3 (S. 5 oben)	Heinrich Schütz: Kurzbiografie
	Folie 4 (S. 5 unten)	Wichtige Werke

III. Wertung

Hören	CD	Geistliche Chormusik, 1648: Motetten V/VI (SWV 373/374)
	Folie 5 (S. 14 oben)	Texte: Gib unsern Fürsten und aller Obrigkeit/Unser keiner lebet ihm selber
Aussprache		
Lehrervortrag		Zusammenhang zwischen Musik und geschichtlichen Ereignissen
	Tafelanschrift	1618–1648
	Folie 2 (S. 10)	Leiden der Bevölkerung während des 30-jährigen Krieges
Aussprache	Folie 6 (S. 14 unten)	Gräuel des Krieges/Westfälischer Friede zu Münster

IV. Sicherung

	Arbeitsblatt (S. 9)	Heinrich Schütz
	Info.blätter (S. 11/12)	Heinrich Schütz – „Vater der deutschen Musik"
Erlesen/Aussprache		
	Folie 7 (S. 13)	Motette
Erlesen/Aussprache		

Heinrich Schütz: Porträt von Christoph Spetner (um 1660)

Heinrich Schütz

1585 geboren am 8. Oktober in Köstritz/Thüringen (Geburtshaus) als Sohn des Gutsverwalters und Pächters des Gasthauses „Zum Goldenen Kranich" Christoph Schütz und seiner Frau Euphrosyne, geb. Bieger
1590 Übersiedelung nach Weißenfels, wo der Vater den Gasthof „Zum güldenen Ring" übernimmt
1598 Landgraf Moritz von Hessen-Kassel übernachtet im Gasthof von Christoph Schütz und bietet für Heinrich eine Erziehung am Kasseler Collegium Mauritianum an.

1599 Schüler am „Mauritianum" und Hofkapellknabe in Kassel
1607 Jurastudium in Marburg
1609 Orgel- und Kompositionsstudium bei Giovanni Gabrieli in Venedig, Italienische Madrigale (1611)
1613 Rückkehr nach Kassel, zweiter Hoforganist
1614 Gastverpflichtung zur Taufe von Prinz August (späterer Weißenfelser Herzog) am kursächsischen Hof in Dresden

1617/1618/1619 Leitung der Hofkapelle; Beginn des 30-jährigen Krieges; Ernennung zum Hofkapellmeister in Dresden durch Kurfürst Johann Georg I.
1619 Heirat mit Magdalena Wildeck (geb. 1601); Psalmen Davids
1621 Geburt der Tochter Anna Justina; zur Huldigungsfeier der Schlesischen Stände nach Breslau
1623 Geburt der Tochter Euphrosyne; Auferstehungshistorie
1625 Tod der Ehefrau Magdalena
1627 Singspiel Dafne zur Fürstenhochzeit in Torgau
1628 Zweite Italienreise
1629 Symphoniae sacrae I; Rückkehr nach Dresden; Kauf eines großen Hauses am Neumarkt in Dresden
1631 Tod des Vaters Christoph Schütz in Weißenfels
1633 Erste Reise nach Kopenhagen; Ernennung zum Königlich-Dänischen Kapellmeister
1635 Rückkehr nach Dresden; Tod der Mutter
1636 Musikalische Exequien; Kleine geistliche Konzerte I
1637/1638 Tod des Bruders Georg und der Tochter Anna Justina
1639 Reise nach Hannover und Hildesheim; Kleine geistliche Konzerte II
1642 Vierte Kopenhagen-Reise (bis 1644)
1645 Rückkehr nach Dresden; erste Bitte an Kurfürst Johann Georg I. um Pensionierung
1647 Symphoniae sacrae II; im Frühjahr in Weimar
1648 Geistliche Chormusik; Ende des 30-jährigen Krieges (Friede zu Münster und Osnabrück)
1650 Symphoniae sacrae III
1651 Kauf eines Hauses in Weißenfels; Autobiographisches Memorial an Johann Georg I. mit Pensionierungsgesuch
1655 Tod der Tochter Euphrosyne
1656 Tod des Kurfürsten Johann Georg I., Gewährung weitgehenden Ruhestandes durch Johann Georg II.; Oberkapellmeister in Dresden; Übersiedelung nach Weißenfels (mit Schwester Justina)
1664/1666/1671 Weihnachtshistorie; Abschluss der Arbeiten an den Passionen; Schwanengesang
1672 Tod der Schwester Justina; Übersiedlung nach Dresden; Tod am 6. November in Dresden

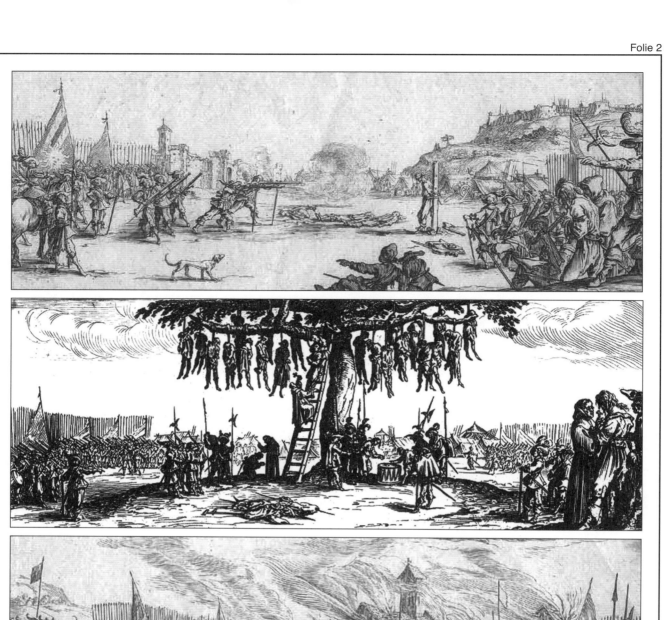

Heinrich Schütz – „Vater der deutschen Musik"

Heinrich Schütz (1585–1672) war – lange vor Bach, Händel und Beethoven – der erste deutsche Komponist von Weltrang. Oft wird er daher als „Vater der deutschen Musik" bezeichnet. Fast 40 Jahre lang wirkte Schütz als Hofkapellmeister in Dresden, wo es damals einen der bedeutendsten und glanzvollsten Fürstenhöfe Mitteleuropas gab. Während der Dreißigjährige Krieg in Deutschland tobte, Dresden aber größtenteils verschonte, hob Heinrich Schütz das Niveau deutscher Musik in bis dahin ungekannte Höhen.

Schwermütige Schönheit

Von melancholischer, schwermütiger Schönheit ist die Musik, die Schütz komponierte – frei von aller Hektik, ruhig, tiefgründig, anmutig, harmonisch und ausgewogen. Wo zuvor meist lateinische Verse gesungen wurden, dichtete Schütz in Deutsch – und damit verständlich auch für einfache, ungebildete Menschen. So schuf er eine neue Qualität in der protestantischen Kirchenmusik. Chöre und Solisten wechselten einander ständig ab, von zarten Lauten-Klängen begleitet. Virtuos wurden Instrumental-Passagen mit Gesang verwoben.
Schütz ließ die Künstler oft an verschiedenen Orten im Kirchenraum singen und sorgte dadurch für eine facettenreiche Klangfülle, die die Zeitgenossen faszinierte und begeisterte. Von unerhörter Schaffenskraft, immer lernbegierig, ständig rastlos auf der Suche nach neuen Melodien und Satzfolgen, erweiterte er konsequent seine Tonsprache, bis ins hohe Alter. So wurde er schon zu Lebzeiten berühmt. 1672 starb er mit 87 Jahren hochgeehrt in Dresden.

Musikalisches Leitmotiv: der Tod

Als Schütz 1585 geboren wurde, stand Deutschland am Vorabend eines schrecklichen Flächenbrandes. Dramatische Umwälzungen standen bevor. Europa war gespalten in Katholiken, Lutheraner und Calvinisten. Die Spannungen wuchsen. Der allerorten spürbare Bekehrungseifer schreckte vor Grausamkeiten nicht zurück. Hexenverbrennungen und Pestepidemien peinigten die Bevölkerung. Der Tod bestimmte das Zeitalter der Glaubenskämpfe. Historiker schätzen, dass ein Drittel der deutschen Bevölkerung im Dreißigjährigen Krieg (1618 bis 1648) umkam – rund sechs Millionen Menschen. Auch Heinrich Schütz' Leben war vom Tod geprägt. Bis 1638 verlor er seine junge Ehefrau, eine der beiden Töchter, die Eltern und einen Bruder. Es erstaunt nicht, dass der Komponist einmal von seiner „nahezu qualvollen Existenz" sprach. Doch seine schöpferische Energie schien darunter nicht zu leiden. Die allgegenwärtige Erfahrung des Todes wurde zu einem Leitmotiv seines musikalischen Werkes. In seiner „Begräbnismusik" schreibt Schütz:

Tyrannisch Tod, so haben wir dann
Dein Willen jetzt erfüllet;
Scharlach und Purpur abgetan,
in schwarz Tuch uns gehüllet;
All Instrument
Von uns gewendt
In dein Livrey wir kleiden
Der Orgeln Klang
Der Musik Gsang
Wegn deins Gewalts wir meiden.

Entdeckung wie im Märchen

Der kleine Heinrich hatte großes Glück. Die Geschichte seiner Entdeckung liest sich wie ein Märchen. In Weißenfels, einer sächsischen Kleinstadt, stand das Wirtshaus seines Vaters. Dort übernachtete 1598 auf der Durchreise ein edler Herr, Landgraf Moritz von Hessen-Kassel. Abends hörte der weit gereiste Graf den zwölfjährigen Heinrich mit heller, klarer Stimme singen – und war davon so beeindruckt, dass er den staunenden Eltern anbot, ihren Sohn zu fördern. Das war – in Zeiten strikter Trennung von Adel und Bürgertum – eine große Auszeichnung. So kam es, dass Vater und Sohn Schütz im Jahr darauf die weite Reise nach Kassel antraten. Die höfische Residenzstadt war für den Jungen eine ganz neue Welt. Begabt, wissbegierig und fleißig, bewies er dort seine Fähigkeiten, lernte schnell Lateinisch, Griechisch, Französisch – und erhielt mehrere Jahre lang eine umfassende musikalische Ausbildung.

Landgraf Moritz gewährte dem vielversprechenden 23-Jährigen gar ein Stipendium für einen zweijährigen Studienaufenthalt in Venedig, damals eines der Weltzentren der Musik. Beeinflusst von Madrigalen und Motetten, machte sich Schütz mit allen seinerzeit bekannten musikalischen Gattungen vertraut.

Dresden: Hofmusik in höchster Blüte

Dresden war zu dieser Zeit Hauptstadt des mächtigen Kurfürstentums Sachsen, ein Zentrum des deutschen Protestantismus, eine reiche Handelsstadt und bereits eine Kultur-Metropole. Im Zeitalter furchtbarer Glaubenskriege erhielt sie als eine der ersten in Deutschland einen fast uneinnehmbaren Festungsgürtel aus fünfeckigen Bastionen, was ihr vermutlich das Überleben im Dreißigjährigen Krieg sichern half. Dank des Kunstverstandes der Dresdener Regenten stand die Hofmusik, von italienischen Meistern der Spätrenaissance geprägt, in höchster Blüte. Da berief Kurfürst Johann Georg I. im Jahre 1617 – also ein Jahr vor dem Kriegsausbruch – den 32 Jahre alten Heinrich Schütz zum Hofkapellmeister. Nach Jahren beruflicher Ungewissheit war dies für ihn eine hohe Ehre, nicht zu vergessen eine gut bezahlte, leitende Funktion in der damals wohl wichtigsten deutschen Musik-Stadt. Von italienischen Vorbildern geprägt, umbrandet von den Wirren eines grauenvollen Krieges, aber zunächst vergleichsweise ungestört, schuf er eine in Deutschland neue Art vokaler Tonmalerei.

Disziplinierter Künstler von unbändiger Leistungskraft

Was für ein Mensch war dieser Heinrich Schütz? Es gibt nicht viele zeitgenössische Beschreibungen oder gar Selbstbeschreibungen. Die Menschen des 17. Jahrhunderts teilten ihre Gefühle meist nicht mit und schrieben sie auch nicht auf. Jedenfalls war er ein disziplinierter Künstler von unbändiger Leistungskraft. Dafür sprechen die vielen Kompositionen, die er bis ins hohe Alter veröffentlichte. Raufereien, Trinkgelage oder Ausschweifungen waren sicher nicht seine Sache. Streng war er, mit sich – und vermutlich mit anderen. Seine Hauptenergie galt eindeutig dem musikalischen Werk, weniger der Familie. Weit gereist, sprachgewandt und gebildet war er ebenfalls. Aus seinen Briefen – etwa an den Kurfürsten, seinen Förderer und Geldgeber – spricht trotz aller Höflichkeitsfloskeln nicht Unterwürfigkeit, sondern im Gegenteil ein ausgeprägtes Selbstbewusstsein, später auch Verbitterung und Resignation angesichts der miserablen Umstände, unter denen er in Kriegszeiten arbeiten musste. Den alten Mann beschrieb Hans Eppstein 1975 in seiner Schütz-Biographie: „Hier vereinigt sich Melancholie mit Weisheit, Müdigkeit mit der Haltung eines Aristokraten, Nach-innen-Gewandtheit mit einer beinahe magisch zu nennenden Ausstrahlung – ein Faust, der das ganze Erdenleben erfahren hat und den es nicht länger berührt."

Künste „in den Kot getreten"

Um 1640 häufen sich in seinen Briefen an den Kurfürsten die Klagen über schlimme Arbeitsbedingungen und elende soziale Zustände, unter denen die Mitglieder der sächsischen Hofkapelle gegen Kriegsende litten. Der Krieg war teuer, und es war offenbar nicht mehr genügend Geld da, um die Musiker zu bezahlen. 1639 schrieb Schütz erbittert, die Künste seien unter den Waffen erstickt und in den Kot getreten worden. Um 1645, im Alter von 60 Jahren, fühlte er sich zu alt für die tägliche organisatorische Arbeit, die das Amt des Hofkapellmeisters mit sich brachte. Allerdings wurde seiner Bitte um Versetzung in den Ruhestand erst 1656 stattgegeben, nach dem Tode des Kurfürsten Johann Georg I. Doch was bedeutet schon Ruhestand? Sein letztes Werk komponierte Schütz 1671 im Alter von 85 Jahren, also ein Jahr, bevor er starb. Nach seinem Tod am 6. November 1672 wurde er in einer Halle neben dem Chorraum der Dresdener Frauenkirche beigesetzt. Das Grab existiert heute nicht mehr.

Claudia Kracht © Planet Wissen

Motette

Eine Motette ist eine **mehrstimmige (geistliche) Vokalkomposition**. Der Begriff leitet sich von „motetus" ab, einer im Mittelalter zu dem Gregorianischen Choral hinzutretenden zweiten, anders textierten Stimme. Deren Text konnte auch weltlich und volkssprachlich, bisweilen sogar erotischen Inhalts sein. Ihren Höhepunkt erreichte sie im 15. und 16. Jahrhundert. Damals wurde die Motette zumeist a cappella aufgeführt, war streng polyphon gearbeitet und wurde vor allem in der Kirche mehrchörig aufgeführt.

Die Motette entstand um 1200 in Frankreich und war eine der wichtigsten Neuentwicklungen im Bereich der mehrstimmigen Komposition. Der Motette liegt zunächst immer ein **Cantus firmus** zugrunde, der im Tenor erklingt und der gesamten Motette als Gerüst dient. Der Cantus firmus stammt in aller Regel aus den als Gregorianischer Choral bekannten Melodien. Zu diesem treten dann ein bis drei neu komponierte Stimmen (Discantus = Sopran, Contratenor altus = Alt, Contratenor bassus = Bass). In der Ars Nova wurden kontrapunktisch komplexe Strukturen in die Motette integriert, so etwa von Philippe de Vitry (1291–1361) oder Guillaume de Machaut (ca. 1300–1377). Das 15. Jahrhundert brachte eine Entwicklung zum sogenannten Kantilenensatz und damit ein stärkeres Gewicht auf dem Diskant und der Kantabilität wie bei Guillaume Dufay (1397–1474). Nachdem die Motette zwischenzeitlich mehrere Texte, geistliche und weltliche, teilweise sogar in verschiedenen Sprachen, innerhalb einer Komposition haben konnte, festigte sie sich in der Renaissance als ein Stück **geistlicher Vokalmusik**.

Im 16. Jahrhundert prägte vor allem Orlando di Lasso (1532–1594) das Motettenschaffen, unter anderem mit der Entwicklung der Liedmotette, in der ein Lied das Grundmaterial für den polyphonen Satz darstellt. Das englische Pendant zur Motette wurde in dieser Zeit das Anthem.

Ausgehend von der Liedmotette entstand in Deutschland im 17. Jahrhundert ein protestantischer Motettentyp mit deutschem Text, die Chormotette. Hauptvertreter waren vor allem Heinrich Schütz (1585–1672), Johann Hermann Schein (1586–1630) und Samuel Scheidt (1587–1654).

Guillaume de Machaut

Philippe de Vitry

Guillaume Dufay

Orlando di Lasso

Heinrich Schütz

Samuel Scheidt

Hermann Schein

Geistliche Chormusik (1648)
Fünf- bis siebenstimmige Motetten

1. Motette IV: Verleih uns Frieden genädiglich - op. 11, Nr. 4 (SWV 372)
Verleih uns Frieden genädiglich, Herr Gott, zu unsern Zeiten, es ist doch ja kein ander nicht, der für uns könnte streiten, denn du, unser Gott alleine. (Martin Luther 1529)

2. Motette V: Gib unsern Fürsten und aller Obrigkeit - op. 11, Nr. 5 (SWV 373)
Gib unsern Fürsten und aller Obrigkeit Fried und gut Regiment, daß wir unter ihnen ein geruhig und stilles Leben führen mögen in aller Gottseligkeit und Ehrbarkeit. Amen.

3. Motette VI: Unser keiner lebet ihm selber - op. 11, Nr. 6 (SWV 374)
Unser keiner lebet ihm selber und keiner stirbet ihm selber, leben wir, so leben wir dem Herren, sterben wir, so sterben wir dem Herren, darum wir leben oder sterben, so sind wir des Herren. (Röm. 14, 7-8)

H. Schütz: „Meine Seele erhebt den Herren" (SWV 426)

Lerninhalte:
- Kennenlernen eines Werkes von Heinrich Schütz
- Wissen um den Aufbau des Werkes
- Wissen, was Polyphonie und Homophonie bedeutet
- Hören der Motette „Meine Seele erhebt den Herren" (SWV 426)
- Wertung der Schönheit dieser Komposition

Arbeitsmittel/Medien:
- Arbeitsblatt/Folie 8: Motette „Meine Seele erhebt den Herren" (SWV 426)
- Folie 1: Text
- Folie 2: Zwölf Geistliche Gesänge/Magnificat aus Lk 1,46-55/Magnificat
- Folie 3: Homophonie/Polyphonie
- Folien 4/5/6/7: Noten (Auszüge)
- CD: H. Johannes-Passion (SWV 481) + Geistliche Gesänge – Deutsches Magnificat (SWV 426) u. a. Vokal-Ensemble München, Zöbeley. Aeolus, DDD, 2001; jpc-Bestellnummer 7147133
- www.youtube.com: Heinrich Schütz: Magnificat. Meine Seele erhebt den Herren, SWV 426. Evangelische Kirchenchöre Gönningen und Wannweil (8:56)
- www.youtube.com: Heinrich Schütz: Geistliche Gesänge. Magnificat. Meine Seele erhebt den Herren, SWV 426. Vokal Ensemble München (7:42)

Heinrich Schütz: Zwölf Geistliche Gesänge, op. 13 (SWV 420 – 431), 1657
Deutsches Magnificat, op. 13, Nr. 7 (SWV 426):

„Meine Seele erhebt den Herren" (Lukas 1,46-55) und Doxologie „Ehre sei dem Vater ..."

Besetzung:
Vierstimmiger Chor (Sopran, Alt, Tenor, Bass) mit Basso continuo ad libitum (unterschiedliche Instrumentierung)

Text:

Meine Seele erhebt den Herren,
und mein Geist freuet sich
Gottes, meines Heilandes.
Denn er hat seine elende Magd angesehen.
Siehe, von nun an werden mich
selig preisen alle Kindeskind.
Denn er hat große Ding an mir getan,
der da mächtig ist,
und des Name heilig ist.
Und seine Barmherzigkeit
währet immer für und für
bei denen, die ihn fürchten.
Er übet Gewalt mit seinem Arm:
Er zerstreuet, die hoffärtig sind
in ihres Herzen Sinn;
er stößet die Gewaltigen vom Stuhl
und erhöhet die Niedrigen.

Die Hungerigen füllet er mit Gütern
und lässt die Reichen leer.
Er denket der Barmherzigkeit
und hilft seinem Diener Israel auf.
Wie er geredt hat unsern Vätern,
Abraham und seinem Samen ewiglich.
Ehre sei dem Vater und dem Sohn
und auch dem Heiligen Geiste,
wie es war im Anfang, itzt und immerdar
und von Ewigkeit zu Ewigkeit,
Amen.

Verlaufsskizze

I. Hinführung

St. Impuls	Bild Tafel (S. 8)	Heinrich Schütz
Aussprache		
Impuls		L: Wir wollen ein Werk von ihm kennenlernen.
Zielangabe	Tafelanschrift	**H. Schütz: „Meine Seele erhebt den Herren" (SWV 426)**

II. Erarbeitung

1. Hören — CD — Meine Seele erhebt den Herren
Spontanäußerungen

Aussprache — L: Wie wirkt diese Musik auf dich?

Aussprache — L: Hast du etwas vom Text verstanden? Worum geht es?

Erlesen — Folie 1 (S. 15) — Magnificat

2. Hören — CD — Zwölf Geistliche Gesänge: 7. Motette „Meine Seele erhebt den Herren" (SWV 426)

Höraufgaben
1. In welcher Besetzung wird musiziert?
2. Warum ist der Text das eine Mal gut, das andere Mal kaum zu verstehen?

Aussprache

Tafelanschrift — zu 1. Vierstimmiger Chor (Sopran, Alt, Tenor, Bass) mit Basso continuo ad libitum (unterschiedliche Instrumentierung)
zu 2. Polyphone und homophone Stimmführung

Folie 3 (S. 18)

Aussprache

III. Wertung

L.info — Folie 2 (S. 17) — Hintergrundinformationen zur Motette (SWV 426)
Erlesen

Bild: Betende Maria (Albrecht Dürer)

3. Hören — CD — Zwölf Geistliche Gesänge: 7. Motette: „Meine Seele erhebt den Herren" (SWV 426)

Folien 4–7 (S. 21–24) — Noten (Auszüge)

Mitlesen der Partitur

Aussprache — Bewertung des kunstvollen Chorsatzes
• Er stößet die Gewaltigen ... ➪ absteigende Noten
• und erhöhet die Niedrigen ... ➪ aufsteigende Noten
• und lässt die Reichen leer ... ➪ „leere" Quinten

IV. Sicherung

Arbeitsblatt (S. 19) — Heinrich Schütz: Zwölf Geistliche Gesänge, 1657
„Meine Seele erhebt den Herren" (Lukas 1,46-55) und Doxologie „Ehre sei dem Vater ..."

Kontrolle — Folie 8 (S. 20)

Heinrich Schütz: Zwölf geistliche Gesänge, op. 13 (SWV 420 – 431)

Die Zwölf Geistlichen Gesänge von Heinrich Schütz sind vierstimmige, motettische Chorwerke. Der Musikwissenschaftler Otto Brodde nennt sie eine Ergänzung der Geistlichen Chormusik. Während die Geistliche Chormusik in der Hauptsache motettische Chormusik für das Kirchenjahr darstellt, sind die Zwölf Gesänge motettische Chormusik für das Ordinarium der Gottesdienste und der Hauskirche.

Der kurfürstlich sächsische Organist Christoph Kittel stellte die Werke zusammen und ließ sie drucken. Der Band mit den zwölf Stücken, deren genaue Datierung für die Entstehung nicht mehr auszumachen ist, wurde im Jahre 1657 veröffentlicht. Wie bereits bei zwei anderen Werken von Schütz, op. 4 (Cantiones sacrae) und op. 11 (Geistliche Chormusik), sollte auf Wunsch des Verlegers ein Bassum continuum hinzugefügt werden.

1. Kyrie Gott Vater in Ewigkeit (SWV 420)
2. All Ehr und Lob soll Gottes sein (SWV 421)
3. Ich glaube an einen einigen Gott (SWV 422)
4. Unser Herr Jesus Christus (SWV 423)
5. Ich danke dem Herrn von ganzem Herzen (SWV 424)
6. Danksagen wir alle Gott (SWV 425)
7. Meine Seele erhebt den Herren (SWV 426)
8. O süßer Jesu Christ, wer an dich recht gedenket (SWV 427)
9. Kyrie eleison, Christe eleison, Kyrie eleison (SWV 428)
10. Aller Augen warten auf dich, Herre (SWV 429)
11. Danket dem Herren (SWV 430)
12. Christe, fac ut sapiam (SWV 431)

Magnificat (aus dem Lukas-Evangelium 1,46-55)

Da sagte Maria: „Meine Seele preist die Größe des Herrn, und mein Geist jubelt über Gott, meinen Retter.
Denn auf die Niedrigkeit seiner Magd hat er geschaut. Siehe, von nun an preisen mich selig alle Geschlechter.
Denn der Mächtige hat Großes an mir getan und sein Name ist heilig.
Er erbarmt sich von Geschlecht zu Geschlecht über alle, die ihn fürchten.
Er vollbringt mit seinem Arm machtvolle Taten: Er zerstreut, die im Herzen voll Hochmut sind; er stürzt die Mächtigen vom Thron und erhöht die Niedrigen.
Die Hungernden beschenkt er mit seinen Gaben und lässt die Reichen leer ausgehen.
Er nimmt sich seines Knechtes Israel an und denkt an sein Erbarmen,
das er unsern Vätern verheißen hat, Abraham und seinen Nachkommen auf ewig."

Magnificat

Mit den Worten „Magnificat anima mea Dominum" („Meine Seele preist den Herrn") beginnt auf lateinisch der psalmartige Lobgesang Marias, das Magnificat, mit dem sie nach der Ankündigung der Geburt Jesu durch den Engel Gabriel zu Besuch bei ihrer Cousine (Base) Elisabeth auf deren prophetischen Willkommensgruß antwortet. Das Magnificat ist eines der drei Cantica (hymnische Gebetstexte) des Lukasevangeliums (Lk 1,46-55).

Maria preist auf Grund ihres Glaubens Gott als den, der sich ihr und allen Geringen, Machtlosen und Hungernden zuwendet, um sie aufzurichten, dagegen die Mächtigen, Reichen und Hochmütigen von ihren Thronen stürzt. Außerdem sagt Maria voraus, dass alle kommenden Generationen sie selig preisen werden.

Homophonie

Homophonie (griechisch: Gleichklang) bezeichnet die **rhythmisch (beinahe) gleiche Führung aller Stimmen in einem mehrstimmigen Satz**. Eine Melodie wird durch andere Stimmen harmonisch gestützt, wodurch eine Aufeinanderfolge von Akkorden entsteht. Die begleitenden Stimmen haben im Gegensatz zur Polyphonie weder rhythmische noch melodische Selbstständigkeit. Der Text des Gesangs sollte für die Menschen verständlich sein, was bei polyphoner Musik nicht so gut möglich war.

Polyphonie

Polyphonie (aus dem Griechischen, im Sinne von Mehrstimmigkeit) bezeichnet das **melodisch und rhythmisch selbstständige Führen von Stimmen in einem mehrstimmigen Satz** und steht im Gegensatz zur Homophonie.

Die Kunst der Polyphonie entwickelte sich in der europäischen Vokalmusik des späten Mittelalters zu ihrer ersten Blüte (franko-flämische Musik). Im 16. und 17. Jahrhundert erreichte der polyphone A-cappella-Stil mit Heinrich Schütz seinen Höhepunkt. Die Übertragung dieses Stils auf die Instrumentalmusik führte zu neuen Formen, besonders zur Fuge. Sie galt als Nachweis höchster satztechnischer Meisterschaft. Viele Komponisten des 20. Jahrhunderts erneuerten die Polyphonie unter Aufgabe der traditionellen harmonischen Bindungen. Die Satztechnik des polyphonen Satzes ist der Kontrapunkt.

Heinrich Schütz: Zwölf Geistliche Gesänge, op. 13 (SWV 420 – 431), 1657
Deutsches Magnificat, op. 13, Nr. 7 (SWV 426)
„Meine Seele erhebt den Herren" (Lukas 1,46-55) und Doxologie „Ehre sei dem Vater ..."

Text (nach der Bibel von Martin Luther):

*Meine Seele erhebt den Herren,
und mein Geist freuet sich
Gottes, meines Heilandes.
Denn er hat seine elende Magd angesehen.
Siehe, von nun an werden mich
selig preisen alle Kindeskind.
Denn er hat große Ding an mir getan,
der da mächtig ist,
und des Name heilig ist.
Und seine Barmherzigkeit
währet immer für und für
bei denen, die ihn fürchten.
Er übet Gewalt mit seinem Arm:
Er zerstreuet, die hoffärtig sind
in ihres Herzen Sinn;
er stößet die Gewaltigen vom Stuhl
und erhöhet die Niedrigen.*

*Die Hungerigen füllet er mit Gütern
und lässt die Reichen leer.
Er denket der Barmherzigkeit
und hilft seinem Diener Israel auf.
Wie er geredt hat unsern Vätern,
Abraham und seinem Samen ewiglich.
Ehre sei dem Vater und dem Sohn
und auch dem Heiligen Geiste,
wie es war im Anfang, itzt und immerdar
und von Ewigkeit zu Ewigkeit,
Amen.*

❶ Was ist eine „Motette"?

_____
_____
_____

❷ In welcher Besetzung wird die Motette „Meine Seele erhebt den Herren" aufgeführt?

_____
_____

❸ Was bedeutet homophone Stimmführung?

_____
_____
_____
_____

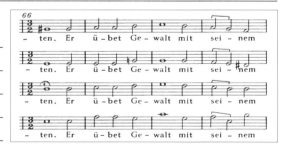

❹ Was bedeutet polyphone Stimmführung?

_____
_____
_____
_____

Heinrich Schütz: Zwölf Geistliche Gesänge, op. 13 (SWV 420 – 431), 1657
Deutsches Magnificat, op. 13, Nr. 7 (SWV 426)
„Meine Seele erhebt den Herren" (Lukas 1,46-55) und Doxologie „Ehre sei dem Vater ..."

Text (nach der Bibel von Martin Luther):

*Meine Seele erhebt den Herren,
und mein Geist freuet sich
Gottes, meines Heilandes.
Denn er hat seine elende Magd angesehen.
Siehe, von nun an werden mich
selig preisen alle Kindeskind.
Denn er hat große Ding an mir getan,
der da mächtig ist,
und des Name heilig ist.
Und seine Barmherzigkeit
währet immer für und für
bei denen, die ihn fürchten.
Er übet Gewalt mit seinem Arm:
Er zerstreuet, die hoffärtig sind
in ihres Herzen Sinn;
er stößet die Gewaltigen vom Stuhl
und erhöhet die Niedrigen.*

*Die Hungerigen füllet er mit Gütern
und lässt die Reichen leer.
Er denket der Barmherzigkeit
und hilft seinem Diener Israel auf.
Wie er geredt hat unsern Vätern,
Abraham und seinem Samen ewiglich.
Ehre sei dem Vater und dem Sohn
und auch dem Heiligen Geiste,
wie es war im Anfang, itzt und immerdar
und von Ewigkeit zu Ewigkeit,
Amen.*

❶ Was ist eine „Motette"?
Die Motette ist eine mehrstimmige Vokalkomposition. Ihren Höhepunkt erreichte sie im 15. und 16. Jahrhundert. Damals wurde die Motette zumeist a cappella aufgeführt, war streng polyphon gearbeitet und wurde vor allem in der Kirche mehrchörig aufgeführt.

❷ In welcher Besetzung wird die Motette „Meine Seele erhebt den Herren" aufgeführt?
Ein vierstimmiger Chor (Sopran, Alt, Tenor, Bass) wird von einem Basso continuo (Orgel/Cembalo/Violoncello) begleitet.

❸ Was bedeutet homophone Stimmführung?
Homophonie (griechisch: Gleichklang) bezeichnet die rhythmisch (beinahe) gleiche Führung aller Stimmen in einem mehrstimmigen Satz. Die begleitenden Stimmen haben weder rhythmische noch melodische Selbstständigkeit.

❹ Was bedeutet polyphone Stimmführung?
Polyphonie (aus dem Griechischen, im Sinne von Mehrstimmigkeit) bezeichnet das melodisch und rhythmisch selbständige Führen von Stimmen in einem mehrstimmigen Satz und steht im Gegensatz zur Homophonie.

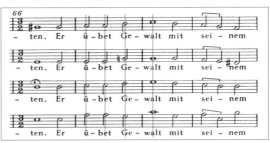

Exkurs: Arbeitsblatt

Mus

Name: _____ Datum: _____

Heinrich Schütz: Geistliche Chormusik (SWV 369 – 397), 1648
„Verleih uns Frieden genädiglich" (SWV 372)

1648 erschien die „Geistliche Chormusik". Mit Rücksicht auf die Notzeiten bestimmte Schütz sie für eine kleine Besetzung und wies im Vorwort darauf hin, dass auf Instrumentalbegleitung ganz verzichtet werden kann. Denn an den wenigsten Orten gab es noch funktionierende Orchester.

❶ Von welchen Notzeiten spricht Heinrich Schütz?
_____
_____
_____
_____

❷ Wie lautet der Text, der 1529 von Martin Luther verfasst wurde?
_____
_____
_____
_____

❸ Was ist eine „Motette"?
_____
_____

❹ In welcher Besetzung wird die Motette „Verleih uns Frieden" gesungen?
_____

❺ Was bringt eine homophone, was eine polyphone Stimmführung mit sich?
_____
_____
_____
_____
_____
_____

❻ Inwiefern geht der Wunsch, der in der Motette herbeigesehnt wird, doch noch in Erfüllung?
_____
_____
_____
_____

Exkurs: Lösung Arbeitsblatt

Mus | Lösung

Heinrich Schütz: Geistliche Chormusik (SWV 369 – 397), 1648
„Verleih uns Frieden genädiglich" (SWV 372)

1648 erschien die „Geistliche Chormusik". Mit Rücksicht auf die Notzeiten bestimmte Schütz sie für eine kleine Besetzung und wies im Vorwort darauf hin, dass auf Instrumentalbegleitung ganz verzichtet werden kann. Denn an den wenigsten Orten gab es noch funktionierende Orchester.

❶ Von welchen Notzeiten spricht Heinrich Schütz?
Heinrich Schütz meint den Dreißigjährigen Krieg, der mit ungeheurer Brutalität auf deutschem Boden geführt wurde und unsägliches Leid über die Bevölkerung brachte.

❷ Wie lautet der Text, der 1529 von Martin Luther verfasst wurde?
Verleih uns Frieden genädiglich, Herr Gott, zu unsern Zeiten, es ist doch ja kein ander nicht, der für uns könnte streiten, denn du, unser Gott alleine.

❸ Was ist eine „Motette"?
Sie ist vom Lateinischen „motetus" abgeleitet und bezeichnet ein wortbestimmtes, chorisches Gesangsstück.

❹ In welcher Besetzung wird die Motette „Verleih uns Frieden" gesungen?
Fünfstimmiger Chor: Sopran I, Sopran II, Alt, Tenor, Bass

❺ Was bringt eine homophone, was eine polyphone Stimmführung mit sich?
Das Beispiel ① ist homophon-akkordisch, alle Stimmen sind dem Cantus firmus untergeordnet ⇨ große Textverständlichkeit. Das Beispiel ② ist polyphon, alle Stimmen sind gleichberechtigt und selbstständig.

❻ Inwiefern geht der Wunsch, der in der Motette herbeigesehnt wird, doch noch in Erfüllung?
Die am 5. Mai und 24. Oktober 1648 in Münster und Osnabrück geschlossenen Friedensverträge (Westfälischer Friede) beenden den Dreißigjährigen Krieg kurz nach der „Geistlichen Chormusik" 1648.

Exkurs: Arbeitsblatt

Mus Name: _____ Datum: _____

Heinrich Schütz: „Historia der Geburt Jesu Christi" (SWV 435)

Gerade in den letzten Lebensjahren hat Heinrich Schütz eine Reihe Werke allerersten Ranges geschaffen, wozu neben seinen „Passionen" und dem „Schwanengesang" die „Historia der freuden- und gnadenreichen Geburt Jesu Christi" gehört. Von 1658 an vergingen rund sechs Jahre, ehe Schütz seine Weihnachtshistorie in seiner heutigen Gestalt zur Aufführung brachte. 1660 und 1662 erklangen mit Sicherheit nur Zwischenfassungen. Die „Historia der Geburt Jesu Christi" ist ein geniales Werk ohne eigentliche Vorläufer und ohne Vergleich. Es ist reich ausinstrumentiert und entnimmt die Texte aus den Evangelien des Lukas und des Matthäus. Schon die Bemerkung zur Aufführungspraxis seines Werks „in stilo recitativo" deutet darauf hin, dass Schütz Traditionen hinter sich ließ und kompositorisch neue Wege ging. Mit Recht konnte er in der Vorrede behaupten, dass dergleichen „bishero in Teutschland seines Wissens noch nie in Druck hervorgekommen" sei. Diese Weihnachtsgeschichte ist die populärste Komposition von Heinrich Schütz.

❶ Wie ist die „Historia der Geburt Jesu Christi" aufgebaut?
_____
_____
_____

❷ Kennzeichne die acht Intermedien näher.
① _____ ② _____
③ _____ ④ _____
⑤ _____ ⑥ _____
⑦ _____ ⑧ _____

❸ Beschreibe den einleitenden Chorsatz.
_____
_____
_____
_____

❹ Was ist ein „Rezitativ"? Welche Wirkung soll dabei erzielt werden?
_____
_____
_____
_____

❺ Was ist eine „Arie"? Welche Wirkung soll der Sänger dabei erzielen?
_____
_____
_____
_____

Albus: Musik · Klassik – neu entdecken · Best.-Nr. 698
© Brigg Pädagogik Verlag GmbH, Augsburg

Exkurs: Lösung Arbeitsblatt

Mus — Lösung

Heinrich Schütz: „Historia der Geburt Jesu Christi" (SWV 435)

Gerade in den letzten Lebensjahren hat Heinrich Schütz eine Reihe Werke allerersten Ranges geschaffen, wozu neben seinen „Passionen" und dem „Schwanengesang" die „Historia der freuden- und gnadenreichen Geburt Jesu Christi" gehört. Von 1658 an vergingen rund sechs Jahre, ehe Schütz seine Weihnachtshistorie in seiner heutigen Gestalt zur Aufführung brachte. 1660 und 1662 erklangen mit Sicherheit nur Zwischenfassungen. Die „Historia der Geburt Jesu Christi" ist ein geniales Werk ohne eigentliche Vorläufer und ohne Vergleich. Es ist reich ausinstrumentiert und entnimmt die Texte aus den Evangelien des Lukas und des Matthäus. Schon die Bemerkung zur Aufführungspraxis seines Werks „in stilo recitativo" deutet darauf hin, dass Schütz Traditionen hinter sich ließ und kompositorisch neue Wege ging. Mit Recht konnte er in der Vorrede behaupten, dass dergleichen „bishero in Teutschland seines Wissens noch nie in Druck hervorgekommen" sei. Diese Weihnachtsgeschichte ist die populärste Komposition von Heinrich Schütz.

❶ Wie ist die „Historia der Geburt Jesu Christi" aufgebaut?

Acht handlungstragende Intermedien werden von einer Introduktion (für 4-stimmigen Chor und 5-stimmiges Orchester) sowie einem Beschluss eingerahmt. Die Intermedien sowie die diese einrahmenden Chorsätze sind durch einen Evangelistenpart miteinander verbunden (Rezitative).

❷ Kennzeichne die acht Intermedien näher.

① *Der Engel zu den Hirten (1 Sopran)*   ② *Die Menge der Engel (4 Soprane, 2 Altst.)*
③ *Die Hirten (3 Altstimmen)*   ④ *Die Weisen (3 Tenöre)*
⑤ *Die Hohepriester (4 Bässe)*   ⑥ *Herodes (1 Bass)*
⑦ *Der Engel zu Joseph (1 Sopran)*   ⑧ *Der Engel zu Joseph in Ägypten (1 Sopran)*

❸ Beschreibe den einleitenden Chorsatz.

Der choralartige Chorsatz kündigt die Beschreibung der Geburt Jesu Christi an. Die hohe Textverständlichkeit wird durch die homophone Stimmführung erreicht.

❹ Was ist ein „Rezitativ"? Welche Wirkung soll dabei erzielt werden?

Ein Rezitativ ist ein Sprechgesang (auf jede Textsilbe entfällt eine Note), der unverziert ist, auf deutliche Textverständlichkeit Wert legt und von einem Basso continuo begleitet wird.

❺ Was ist eine „Arie"? Welche Wirkung soll der Sänger dabei erzielen?

Eine Arie ist ein kunstvolles, solistisch vorgetragenes Gesangsstück mit Koloraturen und Verzierungen. Sie ist reich instrumentiert und oft sehr emotional, denn sie drückt Gefühle und Stimmungen aus.

Johann Sebastian Bach – das Universalgenie

Lerninhalte:
- Kennenlernen des Lebensweges von Johann Sebastian Bach
- Wissen um wichtige Werke von Johann Sebastian Bach
- Wissen, warum Bach als Universalgenie bezeichnet werden kann
- Hören von Ausschnitten aus Werken des Komponisten
- Wertung der Bedeutung des Komponisten Johann Sebastian Bach

Arbeitsmittel/Medien:
- Arbeitsblatt: Johann Sebastian Bach
- Bild 1 für die Tafel: Johann Sebastian Bach (Gemälde von C. Spetner)
- Bild 2 für die Tafel: Thomaskirche und Thomasschule in Leipzig um 1720
- Folien 1/2: Lebensstationen von Johann Sebastian Bach
- Folie 3: Wichtige Werke
- Folie 4: Zitate über Johann Sebastian Bach
- Infoblätter 1/2: Johann Sebastian Superstar
- CD I: Wir entdecken Komponisten: Johann Sebastian Bach – ein musikalisches Hörspiel. Von Tastenrittern und Klavierhusaren oder: Wer hat Angst vor der Fuge? (Deutsche Grammophon, 1983. Bestellnummer 431 371-2)
- CD II: Wir entdecken Komponisten: Johann Sebastian Bach – ein musikalisches Hörspiel. Brandenburgische Konzerte oder: Für die Musik geht er ins Gefängnis (Deutsche Grammophon, 1985. Bestellnummer 415 451-2)
- 2 DVDs: Johann Sebastian Bach. DDR/H, 1985, FSK6. jpc-Bestellnummer 2456829. Drama/TV-Serie, 380 Min. (4 Episoden)

Folie 3

Wichtige Werke

Vokalwerke:
Johannespassion, Matthäuspassion, Weihnachtsoratorium, Hohe Messe in h-Moll, kirchliche Kantaten (rund 200), weltliche Kantaten, Motetten und geistliche Lieder

Orgelwerke:
Präludien und Fugen, Choralbearbeitungen, Toccaten, Fantasien usw.

Orchesterwerke:
vier Ouvertüren, Sechs Brandenburgische Konzerte

Instumentalkonzerte:
Violinkonzerte, Klavierkonzerte, Tripelkonzert (oft auch Bearbeitungen von Konzerten zeitgenössischer Komponisten)

Kammermusik:
Sonaten für Geige allein, Suiten für Cello allein, Violin/Klavier-Sonaten, Kompositionen für Flöte, Gambe und Laute

Klaviermusik:
kleine Präludien und Fugen für Anfänger, zwei- und dreistimmige Inventionen, Französische und Englische Suiten, Partiten, Italienisches Konzert, Chromatische Fantasie und Fuge, Goldberg-Variationen, Das Wohltemperierte Klavier, Fugen, Fantasien, Toccaten etc.

Weitere Werke:
Die Kunst der Fuge, Musikalisches Opfer

Verlaufsskizze

I. Hinführung

Stummer Impuls	Tafel Bild (S. 32)	Johann Sebastian Bach
Aussprache		
Überleitung		L: Dieser Mann war ein Universalgenie. Wer war es?
Rätsel		• Lebte in der Barockzeit
		• Hatte mit zwei Frauen 20 Kinder
		• War der beste Orgelspieler seiner Zeit
		• Wirkte in Leipzig und ist dort auch begraben
Stummer Impuls	Tafel Bild (S. 37)	Thomaskirche und Thomasschule in Leipzig
Aussprache		
Vermutungen		
Zielangabe	Tafelanschrift	**Johann Sebastian Bach – das Universalgenie**

II. Erarbeitung

Hören	CD I	Wir entdecken Komponisten: Johann Sebastian Bach I
(U. U. Ausschnitte)	Dauer (53:59)	Von Tastenrittern und Klavierhusaren oder: Wer hat Angst vor der Fuge?
Hören	CD II	Wir entdecken Komponisten: Johann Sebastian Bach II
(U. U. Ausschnitte)	Dauer (55:57)	Brandenburgische Konzerte oder: Für die Musik geht er ins Gefängnis.
Arbeitsauftrag		L: Schreibe wichtige Daten aus dem Leben Bachs auf deinen Block.
Zusammenfassung		
Lehrer zeigt Bilder	Folien 1/2 (S. 33/34)	Wichtige Stationen aus Bachs Leben
Aussprache		
Zusammenfassung	Folie 3 (S. 29 unten)	Wichtige Werke
Kurze Lehrerinfo		
Aussprache		

III. Wertung

	Infoblätter 1/2 (S. 35/36)	Johann Sebastian Superstar
Gemeinsames Erlesen		
Aussprache		
Erlesen	Folie 4 (S. 38)	Zitate über Johann Sebastian Bach
Aussprache		

IV. Sicherung

	Arbeitsblatt (S. 31)	Johann Sebastian Bach
Erlesen mit Aussprache		

V. Ausweitung

	2 DVDs (Ausschnitte)	Große Geschichten: Johann Sebastian Bach (1985; 415 Min.)

Albus: Musik · Klassik – neu entdecken · Best.-Nr. 698
© Brigg Pädagogik Verlag GmbH, Augsburg

Johann Sebastian Bach

1685 wird Johann Sebastian Bach am 21. März in Eisenach geboren. Der Vater, Johann Ambrosius Bach, betreibt als Stadtmusiker einen Musiklehrbetrieb, beschäftigt zwei Gesellen und zwei Lehrlinge und bringt auch seinem Sohn die Grundlagen des späteren Berufes bei.
1693 tritt Bach mit acht Jahren, wie es damals üblich war, in die Lateinschule von Eisenach ein.
1695 wird Johann Sebastian Vollwaise, nachdem Mutter und Vater innerhalb von zehn Monaten sterben. Der älteste Bruder, Johann Christoph Bach, der Organist an der Michaeliskirche in Ohrdruf ist, nimmt Bach in seinem Haushalt auf und sorgt für eine gründliche musikalische Ausbildung.
1700 verlässt Johann Sebastian die Stadt und wandert mit seinem Schulkameraden Georg Erdmann die gut 350 Kilometer nach Lüneburg, wo er aufgrund seiner schönen Sopranstimme ein Stipendium erhält. Er hat Unterkunft und Unterricht frei, muss aber als Gegenleistung im Chor der Michaelisschule singen.
1703 arbeitet Bach einige Monate als „Lakai und Geiger" in der Hofkapelle des Herzogs von Weimar. Als die Kirche in Arnstadt eine neue Orgel bekommt, wird er dort Organist.
1705 gibt es Streit mit den Kirchenbehörden: Er überschreitet einen Bildungsurlaub – eine Fußreise nach Lübeck zum berühmten Organisten Buxtehude – um ein Vierteljahr.
1707 erhält er die Stellung des Organisten in der Kirche Divi Blasii in Mühlhausen und heiratet im Oktober seine Cousine Maria Barbara Bach.
1708 wechselt er an den Hof des Herzogs Wilhelm Ernst von Sachsen-Weimar und wird zum Kammermusicus und Hoforganisten ernannt.
1710 wird sein erster Sohn, Wilhelm Friedemann, geboren.
1714 wird Bach zum Konzertmeister ernannt.
1717 übergeht man ihn bei der Beförderung zum Kapellmeister des Orchesters. Bach setzt sich heftig mit dem

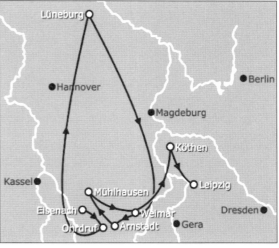

Herzog auseinander und wird wegen seiner Unnachgiebigkeit für etwa vier Wochen ins Gefängnis geworfen. Bach schließt heimlich, ohne Wissen des Weimarer Herzogs, einen neuen Vertrag mit dem Fürsten Leopold von Köthen und tritt nach der Haft sein Amt als dessen Kapellmeister an.
1719 reist Bach nach Berlin, um dort den Bau eines bestellten Cembalos zu überwachen. Er lernt den Markgrafen von Brandenburg kennen und komponiert für ihn die sechs Brandenburgischen Konzerte.
1720 stirbt seine Frau Maria Barbara.
1721 heiratet Bach Anna Magdalena Wilcken. Im Laufe beider Ehen werden 20 Kinder geboren.
1723 wird er vom Rat der Stadt Leipzig zum Thomaskantor und Musikdirektor der Stadt gewählt. Zu seinen vertraglich festgelegten Pflichten gehört es, an jedem Sonn- und Feiertag mit seinen Schülern und den Ratsmusikern eine eigene geistliche Kantate aufzuführen. Daneben nimmt Bach viele Aufträge für weltliche Kantaten an, die bei feierlichen Gelegenheiten wie Geburtstagen hochgestellter Personen, bei Hochzeiten etc. gespielt werden.

1729 hören die Leipziger am Karfreitag die erste Aufführung der Matthäuspassion. Er übernimmt die Leitung eines aus Studenten und eigenen Schülern bestehenden Orchesters und gibt mit diesem wöchentlich Konzerte in Caféhäusern der Stadt.
1733 führt Bach zum ersten Mal seine Hohe Messe in h-Moll auf.
1734 ist sein Weihnachtsoratorium erstmals in Leipzig zu hören.
1747 reist er in Begleitung seines Sohnes Friedemann nach Potsdam. Er spielt König Friedrich II. vor und widmet ihm das Musikalische Opfer. Bach wird zum Mitglied der „Correspondirenden Societät der musikalischen Wissenschaften" ernannt.
1750 erblindet Johann Sebastian Bach nach zwei erfolglosen Augenoperationen. Er stirbt am 28. Juli an einem Schlaganfall. Sein Grab liegt heute in der Thomaskirche in Leipzig.

Johann Sebastian Bach im Jahre 1746, mit Rätselkanon. Ölgemälde von Elias Gottlob Haußmann.

Weimar (Stadtansicht um 1650)

Wilhelm Ernst, Herzog von Sachsen-Weimar (1662–1728)

Köthen (Schloss um 1650)

Ernst August, Herzog von Sachsen-Weimar (1688–1748)

Leipzig (Thomaskirche und Thomasschule um 1730)

Leopold, Fürst von Anhalt-Köthen (1694–1728)

Johann Sebastian Superstar
Porträt eines Universalgenies

Er bleibt das Fundament aller Musik. Bachs Werke berühren jeden, es sind die meistgespielten auf der Welt.

Bach ist ein Universum. Und ein Rätsel. Seit 260 Jahren tot, ist er lebendig wie nie. Sein Lebenswerk ist ohne Vergleich. „Er schuf die gelehrteste und zugleich am tiefsten durchseelte Musik", erkannte Ernst Bloch. Für Pablo Casals war Bach die Quintessenz, für Max Reger Anfang und Ende aller Musik. Dem Dirigenten Wilhelm Furtwängler erschien der Unsterbliche wie der waltende Weltgeist, der Weltenbaumeister selbst. „Er steht für etwas Größeres in uns", spürte Yehudi Menuhin, und Hermann Hesse schrieb: „Diese Musik ist Tao."

Sein Werk türmt sich himmelwärts. Kaum fassbar die zeitlose Frische des Weihnachtsoratoriums in der Aufnahme – sagen wir, mit dem Münchner Bach-Chor unter Karl Richter von 1965. Ungezählt die Einspielungen der Goldberg-Variationen. Kein Ensemble der historischen Aufführungspraxis, das Bach nicht in die Mitte der Welt gestellt hätte, allen voran Sir John Eliot Gardiner, der im Bach-Jahr 2000 mit dem Monteverdi Choir und den English Baroque Soloists eine spektakuläre Pilgerfahrt in 14 Länder unternahm, um das Gesamtwerk der Kantaten jeweils an ihrem Platz im Kirchenkalender aufzuführen.

Bach nährt alle und wird nicht müde dabei, ein ewig sprudelnder Quell der Improvisation. Popgruppen lassen ihn grooven, Jazzer nehmen ihn auseinander und setzen ihn neu zusammen, wie Jacques Loussier (Play Bach) oder George Gruntz (Jazz Goes Baroque). Uri Caine trägt die Goldberg-Variationen nach Dixieland, Bobby McFerrin verwandelt Bach in Lautmalerei, Ornette Coleman lässt ihn im Kosmos des Free Jazz schweben. Und das Seltsame ist, das alles nutzt ihn nicht ab. Es kann ihm nichts anhaben. Er leuchtet für und für.

Der erste uns bekannte Bach war ein Asylbewerber, Veit Bach, um 1555 in Ungarn geboren, wegen seines lutherischen Glaubens verfolgt. Er kam als Weißbäcker ins thüringische Wechmar und spielte bisweilen nebenher auf der Zither. 1619 ist er gestorben, Ahnvater der Bache, wie sie genannt wurden, ein Musik-Clan, der Arnstadt, Erfurt und Ohrdruf, Eisenach und Gehren, Meiningen, Themar und Schweinfurt zum Klingen brachte. Musiker gesucht? Ein Bach fand sich immer.

In Eisenach saßen die Bache über 132 Jahre lang an der Orgel der Georgenkirche. Dieser Genpool musste einfach irgendwann ein Genie hervorbringen.

Am 21. März 1685 in Eisenach geboren, wächst Johann Sebastian Bach als jüngstes von acht Kindern in den Unterrichtsräumen des Vaters heran, der als Stadtmusicus tätig ist. Mit neun Jahren erlebt er den Tod beider Eltern innerhalb eines Jahres. Johann Christoph, der ältere Bruder, der als Organist in Ohrdruf lebt, nimmt den kleinen Johann Sebastian und den zwölfjährigen Johann Jacob in seine Familie auf. Dort wächst er heran. Mit 15 Jahren zieht er hinaus, wandert den weiten Weg nach Lüneburg, wird Schüler am Michaelis-Gymnasium.

Die meisten Wege legt der junge Bach zu Fuß zurück, seine Welt ist klein, er kommt nie über Hamburg, Lübeck und Berlin, Karlsbad und Kassel hinaus. In Hamburg wäre er beinahe geblieben. 1720 bewirbt er sich um die Organistenstelle an St. Jacobi. Er begeistert die Pfeffersäcke durch sein großartiges Spiel. Aber den Job kriegt ein minder begabter Kandidat namens Heitmann. Er hat 4000 Mark auf den Tisch gelegt.

In Arnstadt wurden 17 Bache geboren, acht getraut, 25 begraben. Eine kleine Stadt bei Erfurt, in der damals rund 3800 Einwohner lebten, fromme Christen, so viele, dass eine dritte Kirche gebaut werden musste. Ein Prachtbau wurde es nicht, es war kein Geld da, nicht für den Turm, nicht für Glocken, auch an eine Ausmalung der Holzkonstruktion aus Eichenstämmen war nicht zu denken. Wenn Glocken gebraucht wurden, läutete man die in der Liebfrauenkirche nebenan. Aber eine Orgel sollte sie bekommen. Erbaut hat sie Johann Friedrich Wender, 21 Register, zwei Manuale. Zu deren Prüfung entsendet der Bach-Clan einen 18-Jährigen, damals noch Lakai und Hofviolinist in Weimar, aber auch ein Virtuose der Orgel, der mit Händen und Füßen unglaublich schnell spielen konnte: Johann Sebastian Bach. Der junge Mann bekommt einen Vertrag als Organist und bald

Infoblatt 2

ziemlich viel Ärger. Zu den kargen Lebenszeugnissen des Komponisten gehört das Protokoll einer wohl sehr unfreundlich verlaufenen Untersuchung des Stadtrates, der ihm übertriebenes Improvisieren am Instrument vorwirft und ihn zur Rede stellt, weil er, statt vier Wochen Urlaub zu nehmen, vier Monate vom Dienst fern geblieben sei.

Er war nach Lübeck gewandert. Lübeck ist weit, zu Fuß hin und zurück fast tausend Kilometer, wie soll man das schaffen in vier Wochen! Seine Begründung, er habe in Lübeck den bewunderten Kollegen Dietrich Buxtehude „behorchen" wollen, wird die Stadtväter nicht begeistert haben. Sie sind noch nicht fertig mit ihm. Sie werfen ihm vor, einen seiner Schüler einen „Zippelfagottisten" genannt und ihn mit dem Degen angegriffen zu haben. Außerdem habe eine fremde Jungfer auf der Empore gesungen. Ein Skandal. Bach verteidigt sich. Jener Schüler, immerhin ein Jahr älter als er selbst, habe ihm im Dunkeln mit seinen Kumpanen aufgelauert und sei mit einem Knüppel auf ihn losgegangen, deshalb habe er den Degen gezogen. Und wegen der Anwesenheit der fremden Jungfrau auf der Empore habe er den Superintendenten vorher um Erlaubnis gefragt.

Wie fremd war sie wirklich? Die Wissenschaft vermutet, dass es sich um Maria Barbara handelte, Cousine zweiten Grades, Tochter des Johann Michael Bach aus Arnstadt. Sie heiraten 1707 in der kleinen Kirche St. Bartholomäi im Dörfchen Dornheim. Da hat er Arnstadt längst den Rücken gekehrt und einem Cousin Platz gemacht.

Über Weimar und Köthen kommt er nach Leipzig. Mitten auf dem Thomaskirchhof steht sein Denkmal, überlebensgroß, 1908 enthüllt, ein strenger Herr im offenen Staatsmantel, in Bronze gegossen. Die Thomasschule, in der er mit seiner Familie ein Stockwerk bewohnte, wurde 1902 abgerissen. Hier hat er 27 Jahre gelebt. Aber wie? Man kennt seinen Arbeitsvertrag. Jeden Sonntag hat er Orgel zu spielen, eine Kantate einzustudieren und unter unsäglichen Bedingungen aufzuführen, morgens um sieben, mit einem unausgeschlafenen Chor. Beim Leichensingen tragen die Thomaner den schwarzen Chorumhang. Der Kantor soll, so verlangt es der Arbeitsvertrag, neben den Knaben hergehen. An Hinrichtungstagen begleiten sie den Delinquenten unter Absingen von Chorälen zum Richtplatz. Es bleibt ein Rätsel, wie dieses Lebenswerk entstehen konnte, wie dieser Mann die Zeit zum Komponieren findet. Wenn sich die Familie trifft, geht es hoch her. Sie singen zuerst einen Choral, berichtet ein Zeitzeuge, dann musizieren sie, singen, feiern. Oft überschattet Trauer die Familientreffen. Drei Geschwister sind gestorben, die Eltern, sein genialer Onkel Johann Christoph. Wie geht er damit um? Wo Bach lebt, wuseln Kinder. Beim Bruder in Ohrdruf, später in den eigenen vier Wänden. Mit Maria Barbara hat er sieben Kinder, drei sterben im ersten Jahr. Weinen, Klagen, Sorgen, Zagen. Der Tod macht seine häufigen Hausbesuche. Maria Barbara stirbt, während ihr Mann auf einer Dienstreise ist. Als er zurückkehrt, ist sie schon begraben. Er bleibt nicht lange allein, am 3. Dezember 1721 heiratet er Anna Magdalena Wilcke, die 13 Kinder zur Welt bringt. Nach der Geburt eines geistig zurückgebliebenen Sohnes sterben nacheinander sieben Kinder. Man meint, ihre Stimmen in seiner Musik zu hören.

Anders als bei Mozart gibt es um das Ende Bachs kein großes Geheimnis. Die Sehkraft lässt nach. Im Frühjahr 1750 wird er von dem englischen Augenarzt John Taylor am Grauen Star operiert. Er erholt sich nicht, ein Schlaganfall wirft ihn nieder, eine Lungenentzündung kommt hinzu. Neuere Diagnosen vermuten auch eine Diabetes als Folge seiner barocken Lebensweise. Er stirbt am 28. Juli 1750 im Alter von 65 Jahren.

Die Familie übernimmt das musikalische Erbe. Bach & Söhne expandieren, der Aktionsraum der Bache weitet sich aus, das Familienunternehmen überwindet die Grenzen Deutschlands. Mit der Internationalisierung hat auch der soziale Aufstieg seinen Höhepunkt erreicht. Für die Generation der Bach-Söhne ist ein Universitätsstudium schon die Regel. Am weitesten bringt es Johann Christian, der Jüngste, Katholik und Kammerkomponist der englischen Königin, Lehrer des Knaben Wolfgang Amadeus Mozart, der ihn bewundert und dem er rät, doch einmal nach Leipzig zu reisen. Dort könne er die Musik seines Vaters hören.

Schon bald darauf gerät das Werk Bachs in Vergessenheit. Neue Musikstile sind gefragt, Opern, Tanzmusik, Symphonien. Auch die Thomaner wären im 19. Jahrhundert wohl verschwunden, hätte es nicht die Bach-Renaissance gegeben, ausgelöst durch den 19-jährigen Felix Mendelssohn Bartholdy, der 1829 in der Berliner Singakademie die Matthäus-Passion aufführte. Er holt Bach ans Licht zurück und setzt dem hoch verehrten Komponisten ein Denkmal. Das zweite Leben des Johann Sebastian Bach beginnt, 80 Jahre nach seinem Tod.

Zitate über Johann Sebastian Bach

„Bach ist Anfang und Ende aller Musik." (Max Reger, 1906)

„Nicht Bach, Meer sollte er heißen." (Ludwig van Beethoven)

„Wir sind alle Stümper gegen ihn." (Robert Schumann)

„Das ist doch einmal etwas, aus dem sich etwas lernen lässt." (Wolfgang Amadeus Mozart)

„Ich breche ab und sage nicht mehr, als dass diejenigen Recht zu haben scheinen, welche viele Künstler gehört, aber doch alle bekennen, es sei nur ein Bach in der Welt gewesen." (Jakob Adlung, „Anleitung zur musikalischen Gelehrtheit", 1758)

„Es mag sein, dass nicht alle Musiker an Gott glauben; an Bach jedoch alle." (Mauricio Kagel, 1985)

„In dieser Woche habe ich drei Mal die Matthäuspassion gehört, jedes Mal mit dem selben Gefühl der unermesslichen Bewunderung. Wer das Christentum völlig verlernt hat, der hört es hier wirklich wie ein Evangelium." (Friedrich Nietzsche)

„Ist es einer Musik gelungen, uns in unserem ganzen Wesen nach dem Edlen auszurichten, so hat sie das Beste getan. Hat ein Komponist seine Musik so weit bezwungen, dass sie dieses Beste tun konnte, so hat er das Höchste erreicht. Bach hat dieses Höchste erreicht." (Paul Hindemith)

„Seine Musik ist einfach zeitlos." (Sting)

„Urvater der Harmonie." (Ludwig van Beethoven)

„Von Klangfülle war er so besessen, dass er – abgesehen von seinem fortwährenden exzessiven Pedalspiel – diejenigen Tasten mit einem Stöckchen im Mund herunterdrückte, die er im jeweiligen Augenblick weder mit Händen noch mit Füßen erreichen konnte." (Charles Burney, 1776)

„Was ich zu Bachs Lebenswerk zu sagen habe: Hören, spielen, lieben, verehren und – das Maul halten!" (Albert Einstein in einer Umfrage der „Illustrierten Wochenschrift", 1928)

„Wer ihn nicht gehört, hat sehr vieles nicht gehört." (Johann Friedrich Daube, 1756)

„Er schreibt tonal, aber ohne Farbexzesse. Er besitzt eine unendliche Palette an Grautönen. Der Frieden und die Andacht der letzten Fuge sind überwältigend. Er moduliert nie im konventionellen Sinn, lässt aber den Eindruck eines expandierenden Universums entstehen." (Glenn Gould, 2005)

„Für mich ist Bach der größte Prediger. Seine Kantaten und Passionen wirken eine Ergriffenheit der Seele, in welcher der Mensch für alles Wahre und Einende empfänglich und über das Kleine und Trennende erhoben wird." (Charles-Marie Widor, 1958)

„Meine Liebe zu Bach ließ mich Musiker werden. Alles was mich interessierte, war von ihm geprägt. Es ist kaum vorstellbar, dass der größte Musiker der Geschichte, dessen Werk uns noch heute magnetisch anzieht und der Maßstab der musikalischen Kunst der letzten zwei Jahrhunderte ist, mit seiner Musik keine Wirkung erzielte, bei Musikern und dem Publikum seiner Zeit. Bach war der größte Nonkonformist der Musikgeschichte." (Glenn Gould, 2005)

„Musik hören ... zum Beispiel Glenn Gould. Und zwar nicht Beethoven, sondern Bach." (Helmut Schmidt auf die Frage, welche Tätigkeit ihm im Leben die größte Freude bereitet hat, 2008)

„... sein großes Genie, welches alles umfasste, alles in sich vereinigte, was zur Vollendung einer der unerschöpflichsten Künste erforderlich ist, brachte auch die Orgelkunst so zur Vollendung, wie sie vor ihm nie war und nach ihm schwerlich sein wird." (Johann Nikolaus Forkel, 1802)

„Was Newton als Weltweiser, war Bach als Musiker." (Christian Friedrich Daniel Schubart)

„Bach ist der liebe Gott der Musik." (Claude Debussy)

J. S. Bach: Toccata und Fuge d-Moll (BWV 565)

Lerninhalte:
- Kennenlernen eines Orgelwerkes von Johann Sebastian Bach
- Wissen um den kompositorischen Aufbau des Werkes
- Wissen, was eine Toccata und eine Fuge sind
- Ganzheitliches Hören des Werkes
- Wertung der Bedeutung des Werkes

Arbeitsmittel/Medien:

- Arbeitsblatt 1/Folie 8: J. S. Bach: Toccata und Fuge d-Moll, BWV 565
- Arbeitsblatt 2/Folie 10: Die Orgel
- Bild 1 für die Tafel: Bach an der Orgel
- Bilder 2/3 für die Tafel: Motiv Toccata / Thema Fuge
- Folie 1: Orgel und Orgeltisch
- Folie 2: Werke für Orgel
- Folien 3/4/5/6/7: Partitur Toccata und Fuge d-Moll BWV 565
- Folie 9: Geschichte und Bau der Orgel
- CD: J. S. Bach: Toccaten & Fugen, BWV 538, 540, 56. 2 CDs. Helmut Walcha/Orgeln in Alkmaar & Straßburg. Deutsche Grammophon Gesellschaft DGG, ADD, 62-64. jpc-Bestellnummer 8003748
- www.youtube.com Johann Sebastian Bach: Toccata und Fuge d-Moll, BWV 565. Karl Richter - Ottobeuren (9:06)
- www.youtube.com J.S. Bach – Toccata und Fuge, BWV 565 played by Hans-Andre Stamm – Waltershausen (8:32)
- www.youtube.com Bach, Toccata and Fugue in D minor, organ. Bach's most famous organ piece, with a bar-graph score (Musikanimationsmaschine) (8.34). smalin. musanim.com
- www.youtube.com J.S. Bach: Toccata und Fuge in d-Moll, BWV 565. Ulrich Böhme – Leipzig, Thomaskirche (8:40)
- www.noten-klavier.de/noten/toccata-d-minor.htm
- DVD: Johann Sebastian Bach: Leben und Werk (u. a. Toccata und Fuge d-Moll, BWV 565; Johann Sebastian Bach – Lebensstationen). 90 Minuten. Label: Querstand (www.querstand.de). Bewertung: Musikalisch sehr gut, KMD Gottfried Preller an der Orgel sehr gut!!! Schön, dass man die Arnstädter neue (Bach)-Orgel sehen und hören kann. Interessant die zwei jüngeren Kalkanten und die Balgkammer, denn sie erinnern an die Bachzeit.

- 2 DVD: Johann Sebastian Bach: Weihnachtsoratorium, BWV 248. English Baroque Solists, Monteverdi Choir unter Leitung von John Eliot Gardiner. Aufgenommen am 23. und 27. Dezember 1999 in der Herderkirche in Weimar. DVD 1 (101 Minuten), DVD 2 (97 Minuten). Label: Arthaus, FSK0.

Folie 2

Die „Werke für Orgel" sind im Bach-Werke-Verzeichnis (BWV) unter den Nummern 525 bis 771 aufgeführt. Lässt man diejenigen beiseite, die vermutlich nicht von Bach stammen, bleiben etwa 220 Orgelkompositionen – ein Fünftel seines Gesamtwerks. Diese Zahl zeigt die Bedeutung der Orgel für Bach. Instrumentale Choralbearbeitungen, Partiten, Fantasien, Präludien, Fugen bildeten von früher Jugend bis ins hohe Alter die Grundelemente seiner Kompositionen. In seinen Orgelkompositionen wurde Bach besonders von der norddeutschen Orgelschule beeinflusst, also von Komponisten wie etwa Dietrich Buxtehude, Nicolaus Bruhns und Johann Adam Reinken.

Verlaufsskizze

I. Hinführung

Stummer Impuls	Tafel (S. 41)	Bild 1: Johann Sebastian Bach an der Orgel
Aussprache		
	Folie 1 (S. 42)	Orgel und Orgeltisch
Aussprache		
L.info		Bach war der beste und berühmteste Orgelspieler seiner Zeit, zugleich anerkannter Fachmann für die Orgel. Insgesamt sind 15 Bände der großen Ausgabe der Bachgesellschaft dem Orgelschaffen gewidmet:
	Folie 2 (S. 39)	Konzerte, Sonaten, Präludien und Fugen, Toccaten, Triosonaten, Choralvorspiele und Choralvariationen.
Überleitung		L: Kennenlernen des berühmtesten Orgelwerkes der Musikgeschichte.
Zielangabe	Tafelanschrift	**J. S. Bach: Toccata und Fuge d-Moll, BWV 565**

II. Erarbeitung

Stummer Impuls	Tafel (S. 45)	Bild 2: Noten Toccata (Eingangsmotiv)
Aussprache		
Höraufgabe		L: Wie wirkt dieser erste Teil auf dich?
Hören	CD	
Aussprache		Improvisatorischer Charakter, kraftvoll, dynamische, gewaltige Akkordballungen, wirkt durch die zahlreichen Pausen sehr zerrissen
Stummer Impuls	Tafel (S. 46)	Bild 3: Noten Fuge (Thema)
Aussprache		
L stellt Thema vor	Klavier/Gesang	
Höraufgabe		L: Wie oft kommt das Thema in seiner ganzen Länge vor? Lege eine Strichliste an.
Hören	CD	Fuge
Aussprache		Das Thema kommt zwölfmal vor. Die Fuge weist bis zur Wiederkehr von Toccatamotiven eine durchgehende, motorisch-fließende Bewegung in Sechzehntelnoten auf.
Ganzheitliches Hören	CD	Toccata und Fuge d-Moll, BWV 565
	Folien 3–7 (S. 47–51)	Orgel-Partitur

III. Wertung

		L: Worin liegt der Erfolg dieses wohl berühmtesten Orgelstückes der Welt begründet?
Aussprache		

IV. Sicherung

Zusammenfassung	Arbeitsblatt 1 (S. 43)	Toccata und Fuge d-Moll, BWV 565
Kontrolle	Folie 8 (S. 44)	

V. Ausweitung

	Folie 9 (S. 52)	Geschichte und Bau der Orgel
Zusammenfassung	Arbeitsblatt 2 (S. 53)	Die Orgel
Kontrolle	Folie 10 (S. 54)	
Unterrichtsgang		Besichtigung einer Orgel
	Orgel	U. U. Livekonzert: Toccata und Fuge d-Moll, BWV 565
Alternative	Internet	www.youtube.com

Spielwerke der Orgel im Salemer Münster

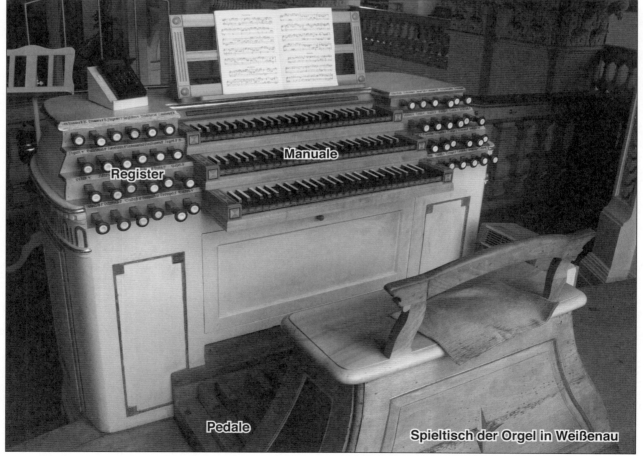

Spieltisch der Orgel in Weißenau

Arbeitsblatt 1

Mus | Name: _____ | Datum: _____

J. S. Bach: Toccata und Fuge d-Moll (BWV 565)

Bachs Toccata und Fuge in d-Moll (BWV 565) ist wohl das mit Abstand bekannteste Orgelwerk in der europäischen Musikgeschichte. Es wird traditionell Johann Sebastian Bach zugeschrieben, auch wenn dessen Autorschaft gelegentlich angezweifelt wurde.

Bachs Komposition besteht aus zwei Instrumentalstücken:

❶ _____

❷ _____

❸ Was ist eine „Toccata"?

_____
_____
_____
_____

Toccata

Fuge / Fugenthema

❹ Was ist eine „Fuge"?

_____
_____
_____
_____

❺ Welche Art der Fuge liegt in diesem Orgelwerk vor?

_____

❻ Wie oft kommt in der Fuge das Thema in seiner ganzen Länge vor?

_____

Bach hat in dieser Fuge drei Durchführungen mit bis zu vier Thema-Einsätzen verarbeitet. Die erste Durchführung geht bis Takt 28, die zweite bis Takt 80 und die letzte bis Takt 98.

❼ Die beiden Stücke sind durch deutliche motivische und harmonische Bezüge miteinander verbunden. Zeige diese anhand des Notenbildes unten auf und beschreibe sie kurz.

_____
_____

_____
_____

Albus: Musik · Klassik – neu entdecken · Best.-Nr. 698
© Brigg Pädagogik Verlag GmbH, Augsburg

J. S. Bach: Toccata und Fuge d-Moll (BWV 565)

Bachs Toccata und Fuge in d-Moll (BWV 565) ist wohl das mit Abstand bekannteste Orgelwerk in der europäischen Musikgeschichte. Es wird traditionell Johann Sebastian Bach zugeschrieben, auch wenn dessen Autorschaft gelegentlich angezweifelt wurde.

Bachs Komposition besteht aus zwei Instrumentalstücken:

❶ *Toccata, ein Präludium (Vorspiel) aus schnellen Läufen und vollgriffigen Akkorden*

❷ *Fuge, die ein sehr sangliches Thema besitzt und Bezüge zum Motiv der Toccata aufweist*

❸ Was ist eine „Toccata"?
Instrumentalstück von freier musikalischer Struktur, gleicht einer Improvisation, die meist zwischen schnellen Passagen in kurzen Notenwerten und vollstimmigen Akkorden wechselt

Toccata

Fuge / Fugenthema

❹ Was ist eine „Fuge"?
Die Fuge (von lateinisch fuga = „Flucht") ist ein musikalisches Kompositionsprinzip, das durch eine besondere Anordnung von Imitationen gekennzeichnet ist. Eine Fuge ist zumeist ein einzelnes, nach diesem Prinzip komponiertes Stück.

❺ Welche Art der Fuge liegt in diesem Orgelwerk vor?
Die Fuge ist vierstimmig und weist ausgedehnte Zwischenspiele auf.

❻ Wie oft kommt in der Fuge das Thema in seiner ganzen Länge vor?
Das Thema kommt zwölfmal in seiner ganzen Länge vor.

Bach hat in dieser Fuge drei Durchführungen mit bis zu vier Thema-Einsätzen verarbeitet. Die erste Durchführung geht bis Takt 28, die zweite bis Takt 80 und die letzte bis Takt 98.

❼ Die beiden Stücke sind durch deutliche motivische und harmonische Bezüge miteinander verbunden. Zeige diese anhand des Notenbildes unten auf und beschreibe sie kurz.

Der Mordent (❀ = Verzierung mit großer Sekunde nach unten) auf der Dominante (a') und die in rascher Bewegung abfallenden Noten in die Tonika (d') finden sich in der abfallenden Linie des Themas der Fuge wieder.

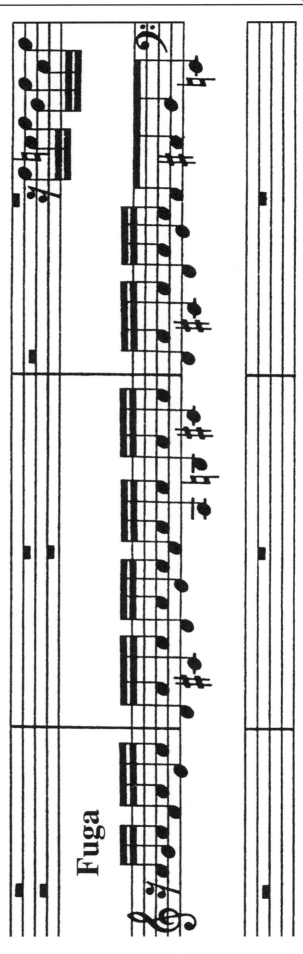

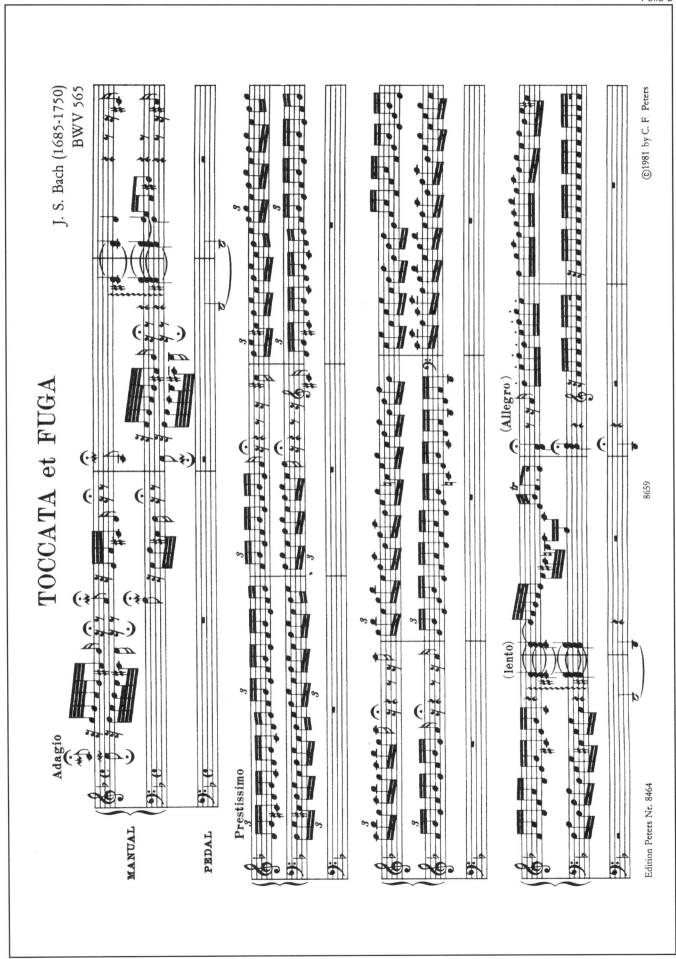

Geschichte und Bau der Orgel

Der Hirte, der in grauer Vorzeit auf den Gedanken kam, mehrere verschieden große Pfeifen aus Rohr zusammenzubinden, legte damit den Grund zum größten und kompliziertesten Musikinstrument der Welt. Der nächste logische Schritt war, diese „Panflöte" auf einen Windkasten zu setzen, diesem mit einem Balg Luft zuzuführen und die Pfeifen mittels einer Tastatur zum Klingen zu bringen. Um die Mitte des 10. Jahrhunderts konnte sich die berühmte Orgel von Winchester bereits ihrer vierhundert Pfeifen rühmen. Es waren siebzig Mann – die sogenannten Kalkanten – nötig, um den Balg zu betätigen, und zwei Spieler. Zu dieser Zeit hatten die Orgeln noch keine Klaviatur, diese wurde erst im folgenden Jahrhundert entwickelt und ausgebaut.

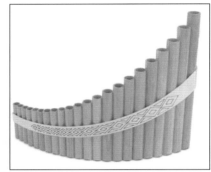

Die Kirchenorgel in ihrer heutigen Form war um 1600 voll entwickelt. Es gibt aber einige frühere Instrumente, die erhalten sind, so z. B. die Orgel in Sion (Schweiz), die noch spielbar ist. Während der folgenden zwei Jahrhunderte wurden die Orgeln immer größer und aufwändiger. Zwei, drei, sogar vier Manuale wurden gebaut, jedes regierte einen eigenen „Chor" von Registern, und die Pedalklaviatur brachte eine Vielfalt von Bassstimmen zum Erklingen. Das industrielle Zeitalter brachte technische Neuerungen. Man baute größere Orgeln und benutzte stärkeren Luftdruck; auch die Mechanik wurde verbessert. Pneumatische und elektrische Spieltrakturen traten weitgehend an die Stelle der alten Schleifladenmechanik mit ihren Stangen, Wellen und Hebeln. Allerdings hatten die technischen Neuerungen auch einige klangliche Nachteile, so dass man heute vielfach wieder zur alten Mechanik zurückkehrt.

Eine kleine Orgel hat vielleicht nur eine Reihe von Pfeifen, ein „Register". Werden mehrere Register gebaut, ergeben sich Pfeifenchöre nicht nur von gleicher Tonhöhe (z. B. Achtfußregister), sondern auch von verschiedener Tonhöhe, die z. B. um eine Oktave auseinanderstehen. In großen Orgeln verleiht die riesige 32-Fuß-Pfeife dem Klang eine einzigartige majestätische Tiefe. Jeder Chor hat einige höhere Stimmen, die nicht nur in der Oktave klingen, sondern auch in den Intervallen der Obertöne, was dem Klang strahlende Leuchtkraft verleiht. Andere Register klingen wie sanfte Flöten, die Zungenregister zeichnen sich durch charakteristische Klangfarben aus. Große Orgeln haben Pfeifen von verschiedensten Körperformen. Am bekanntesten sind die sogenannten Prinzipale, auf denen die Chöre basieren und deren Basspfeifen sofort ins Auge stechen. Andere Pfeifen laufen unten oder oben konisch zu, haben einen viereckigen, ovalen und manchmal sogar dreieckigen Querschnitt, was die Klangfarbe beeinflußt. Pfeifen können oben offen oder gedackt sein und bestehen entweder aus Zinnlegierungen (mit Blei) oder aus Holz. Eine große Domorgel kann bis zu 5000 Pfeifen haben, und die Pfeifen mancher Manuale stehen in sogenannten „Schwellkästen" zur Erzielung von Crescendo- und Decrescendo-Effekten.

Die größte Orgel, die je gebaut wurde, steht in der Atlantic City Congress Hall in New Jersey, USA. Sie hat sieben Manuale und mehr als 30 000 Pfeifen. Die größte Kirchenorgel der Welt kann man im Passauer Dom besichtigen und hören. Sie besteht aus fünf Einzelwerken, hat neben der Pedalklaviatur fünf Manuale, 17000 Pfeifen und 218 Register. Alle 19 Magazinbälge sind notwendig, um die nötige Luft zu liefern.

Heute kehrt der Orgelbau häufig zur klassischen Tradition zurück und viele moderne Instrumente haben wieder die alte Schleifladentraktur sowie klar unterschiedene Registerchöre. Sie stehen in flachen Gehäusen und sind so angeordnet, dass der Klang den Raum optimal füllt. Diese Orgeln sind ideal für die reine Orgelmusik der großen Orgelmeister des 17. und 18. Jahrhunderts. Heute hat die Orgel ihre rechtmäßige Stellung als die Königin der Instrumente wiedergewonnen.

Die Orgel

Die Orgel ist im Grunde eine Kombination vieler Blasinstrumente. Jeder Taste sind Pfeifen mit unterschiedlichem Klangcharakter zugeordnet. Sie können gleichzeitig als Ganzes klingen, es können aber auch nur einzelne Pfeifen beliebiger Zusammenstellung eingeschaltet werden.

Wenn der Organist eine Taste niederdrückt, wird diese Bewegung durch die Traktur auf das Spielventil übertragen. In der Zeichnung rechts ist es geöffnet.

Das elektrische Gebläse erzeugt in der angeschlossenen Windkammer einen Luftüberdruck. Durch das geöffnete Spielventil strömt Luft in die Tonkanzelle ein und von da in die Pfeifen. Wird das Spielventil durch Loslassen der Taste geschlossen, so wird augenblicklich die Luftzufuhr zu den Pfeifen unterbrochen. Damit nicht immer alle Pfeifen auf der Kanzelle ertönen, gibt es eine Einrichtung, mit der man die Luftzufuhr zu einzelnen Pfeifen unterbrechen kann.

Mit dem Herausziehen der Schleife ist der Luftdurchgang von der Tonkanzelle zu der entsprechenden Pfeifenreihe unterbrochen.

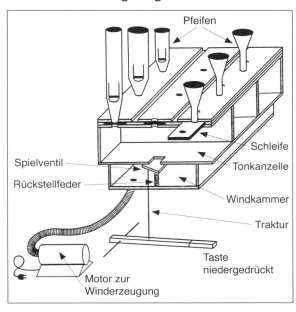

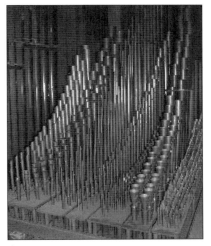

Bei der Anordnung auf der Zeichnung oben klingt also nur die linke Pfeifenreihe.

Eine Reihe gleichartiger Pfeifen heißt _____. Es wird mit der _____ eingeschaltet. Das Wichtigste einer Orgel sind die _____. Dabei werden gleichartige Pfeifen für alle Tasten zu Registern zusammengefasst. Orgeln haben dabei eine größere Zahl verschiedener Register. Die Zusammenstellung der Register wird als die Disposition der Orgel bezeichnet.

Art und _____ (Mensur) der Pfeifen kennzeichnen vorwiegend den Klang einer Orgel.

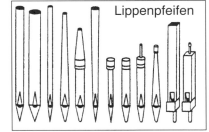

_____ kann man mit Blockflöten vergleichen, ihr Klang ist _____. Im Gegensatz dazu sind _____ vom Klang her schärfer und eher den Rohrblattinstrumenten vergleichbar. Weiterhin können Pfeifen _____ oder _____ („gedackt"), _____ oder zylindrisch, aus _____, _____, _____ und anderen Metalllegierungen sein.

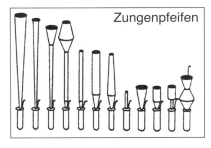

Je länger eine Lippenpfeife ist, desto _____ , je kürzer, desto _____ ist ihr Ton.

Die Orgel

Die Orgel ist im Grunde eine Kombination vieler Blasinstrumente. Jeder Taste sind Pfeifen mit unterschiedlichem Klangcharakter zugeordnet. Sie können gleichzeitig als Ganzes klingen, es können aber auch nur einzelne Pfeifen beliebiger Zusammenstellung eingeschaltet werden.

Wenn der Organist eine Taste niederdrückt, wird diese Bewegung durch die Traktur auf das Spielventil übertragen. In der Zeichnung rechts ist es geöffnet.

Das elektrische Gebläse erzeugt in der angeschlossenen Windkammer einen Luftüberdruck. Durch das geöffnete Spielventil strömt Luft in die Tonkanzelle ein und von da in die Pfeifen. Wird das Spielventil durch Loslassen der Taste geschlossen, so wird augenblicklich die Luftzufuhr zu den Pfeifen unterbrochen. Damit nicht immer alle Pfeifen auf der Kanzelle ertönen, gibt es eine Einrichtung, mit der man die Luftzufuhr zu einzelnen Pfeifen unterbrechen kann.

Mit dem Herausziehen der Schleife ist der Luftdurchgang von der Tonkanzelle zu der entsprechenden Pfeifenreihe unterbrochen.

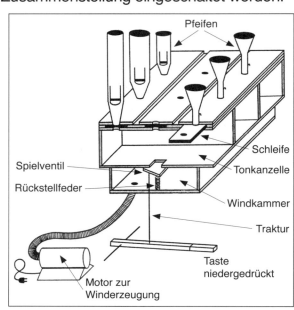

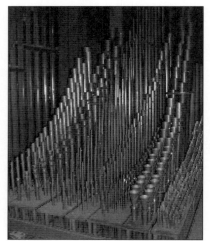

Bei der Anordnung auf der Zeichnung oben klingt also nur die linke Pfeifenreihe.

Eine Reihe gleichartiger Pfeifen heißt ____Register____. Es wird mit der ____Schleife____ eingeschaltet. Das Wichtigste einer Orgel sind die ____Pfeifen____. Dabei werden gleichartige Pfeifen für alle Tasten zu Registern zusammengefasst. Orgeln haben dabei eine größere Zahl verschiedener Register. Die Zusammenstellung der Register wird als die Disposition der Orgel bezeichnet.

Art und ____Abmessung____ (Mensur) der Pfeifen kennzeichnen vorwiegend den Klang einer Orgel.

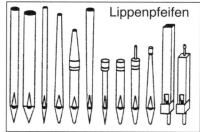

____Lippenpfeifen____ kann man mit Blockflöten vergleichen, ihr Klang ist ____weich____. Im Gegensatz dazu sind ____Zungenpfeifen____ vom Klang her schärfer und eher den Rohrblattinstrumenten vergleichbar. Weiterhin können Pfeifen ____offen____ oder ____geschlossen____ („gedackt"), ____konisch____ oder zylindrisch, aus ____Holz____, ____Zinn____, ____Kupfer____ und anderen Metalllegierungen sein.

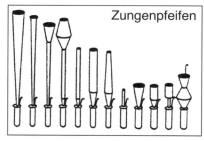

Je länger eine Lippenpfeife ist, desto ____tiefer____, je kürzer, desto ____höher____ ist ihr Ton.

Mus Name: _____ Datum: _____

J. S. Bach: Solokantate „Jauchzet Gott in allen Landen" (BWV 51), 1. Arie

Bach hat über alle seine Schaffensperioden hinweg Kantaten geschrieben. Von den etwa 300 Kirchenkantaten sind noch 199 erhalten geblieben. Sie umfassen, da ihre Texte zum größten Teil aus der Bibel und dem Gesangsbuch entnommen worden sind, alle Zeiten des Kirchenjahres. Die vorliegende Kantate wurde vermutlich am 17. September 1730 zum ersten Mal aufgeführt. Als Kantate zum 15. Sonntag nach Trinitatis „und für alle Zeit" geschrieben, zählt sie zur Gattung der Solokantaten. Die Kantate besteht aus vier Teilen: 1. Arie, 2. Rezitativ, 3. Arie und 4. Choral mit Arie.

❶ Welche Besetzung weist der erste Teil der Solokantate auf?

❷ Wie lautet der Text der ersten Arie?

❸ Beurteile das Anforderungsniveau, das Bach an seine beiden Solisten stellt.

❹ Welche Form hat die Arie?

❺ Wo verwendet Bach in seiner Arie C-Dur, wo a-Moll? Beziehe dich dabei auf den Text.

❻ Wie unterscheiden sich Rezitativ und Arie?

J. S. Bach: Solokantate „Jauchzet Gott in allen Landen" (BWV 51), 1. Arie

Bach hat über alle seine Schaffensperioden hinweg Kantaten geschrieben. Von den etwa 300 Kirchenkantaten sind noch 199 erhalten geblieben. Sie umfassen, da ihre Texte zum größten Teil aus der Bibel und dem Gesangsbuch entnommen worden sind, alle Zeiten des Kirchenjahres. Die vorliegende Kantate wurde vermutlich am 17. September 1730 zum ersten Mal aufgeführt. Als Kantate zum 15. Sonntag nach Trinitatis „und für alle Zeit" geschrieben, zählt sie zur Gattung der Solokantaten. Die Kantate besteht aus vier Teilen: 1. Arie, 2. Rezitativ, 3. Arie und 4. Choral mit Arie.

❶ Welche Besetzung weist der erste Teil der Solokantate auf?
Sopran, Trompete, Streicher, Basso continuo

❷ Wie lautet der Text der ersten Arie?
Jauchzet Gott in allen Landen! Was der Himmel und die Welt an Geschöpfen in sich hält, müssen dessen Ruhm erhöhen, und wir wollen unserm Gott gleichfalls jetzt ein Opfer bringen, dass er uns in Kreuz und Not allezeit hat beigestanden.

❸ Beurteile das Anforderungsniveau, das Bach an seine beiden Solisten stellt.
Schwierige Koloraturarie, verlangt von der Sängerin eine ausgefeilte Atemtechnik und die Fähigkeit, ein dreigestrichenes c singen zu können. Sehr virtuoser, extrem schwer zu spielender Trompetenpart auf einer Barocktrompete (Naturtrompete), die keine Ventile hat und sich auf die Naturtonreihe über dem Grundton beschränken muss.

❹ Welche Form hat die Arie?
Sogenannte „Da-capo-Arie" (a-b-a-Form)

❺ Wo verwendet Bach in seiner Arie C-Dur, wo a-Moll? Beziehe dich dabei auf den Text.

Der Teil a steht in C-Dur („Jauchzet Gott in allen Landen"), der Teil b in a-Moll, der parallelen Moll-Tonart („Was der Himmel ... beigestanden")

❻ Wie unterscheiden sich Rezitativ und Arie?
Rezitativ: Ein Secco-Rezitativ wird lediglich vom Continuo (Generalbass) begleitet. Da es die Handlung enthält (viel Text, keine Textwiederholungen), wird auf besondere Sprachnähe Wert gelegt. Die Form und der Vortragsrhythmus sind frei (Sänger bestimmt das Tempo).

Arie: Sie treibt die Handlung nicht voran, sondern drückt Affekte und Seelenstimmungen aus (wenig Text, Textwiederholungen, wenig Handlung, viele Instrumente, Sänger richtet sich nach dem Dirigenten).

Exkurs: Arbeitsblatt

Mus | Name: _____ | Datum: _____

J. S. Bach: Brandenburgisches Konzert Nr. 3, G-Dur (BWV 1048), 1. Satz

Die Brandenburgischen Konzerte sind eine Gruppe von sechs Konzerten von Johann Sebastian Bach. Sie sind dem Markgrafen Christian Ludwig von Brandenburg-Schwedt (1677–1734) gewidmet, den Bach im Winter 1718/1719 in Berlin kennengelernt hatte. Im September 1721 schickte er ihm die Partitur mit einer umfangreichen Widmung. Das erste, dritte und sechste Konzert folgen der Form einer italienischen Ouvertüre aus Konzertsatz, langsamem Mittelsatz und Tanz.

❶ Welche Besetzung verwendet Bach? Kannst du die Instrumente heraushören?

_____

_____

❷ Neben dem ersten vertritt auch das dritte Brandenburgische Konzert noch die ältere Form eines Gruppenkonzerts. Was ist damit gemeint?

_____

_____

❸ Woraus bezieht der erste Satz, das Allegro, seine Spannung?

_____

_____

❹ Welche Instrumente stellen sich ab der Mitte des ersten Satzes auch solistisch vor?

_____

_____

❺ Schreibe die einzelnen Instrumente vor den Beginn der Partitur.

J. S. Bach: Brandenburgisches Konzert Nr. 3, G-Dur (BWV 1048), 1. Satz

Die Brandenburgischen Konzerte sind eine Gruppe von sechs Konzerten von Johann Sebastian Bach. Sie sind dem Markgrafen Christian Ludwig von Brandenburg-Schwedt (1677–1734) gewidmet, den Bach im Winter 1718/1719 in Berlin kennengelernt hatte. Im September 1721 schickte er ihm die Partitur mit einer umfangreichen Widmung. Das erste, dritte und sechste Konzert folgen der Form einer italienischen Ouvertüre aus Konzertsatz, langsamem Mittelsatz und Tanz.

❶ Welche Besetzung verwendet Bach? Kannst du die Instrumente heraushören?

Violinen, Violen, Violoncelli, Basso continuo mit Violone (tiefstes Streichinstrument, gehört zur Gambenfamilie; entspricht etwa dem Kontrabass) und Cembalo

❷ Neben dem ersten vertritt auch das dritte Brandenburgische Konzert noch die ältere Form eines Gruppenkonzerts. Was ist damit gemeint?

In der älteren Form eines Gruppenkonzerts werden nicht solistische Instrumente einem Orchester, sondern Orchestergruppen einander gegenübergestellt.

❸ Woraus bezieht der erste Satz, das Allegro, seine Spannung?

Die Spannung resultiert vor allem aus der Gegenüberstellung der dreistimmigen Violinen und der ebenfalls dreistimmigen Violen. Die Celli werden erst im weiteren Verlauf und nur stellenweise geteilt.

❹ Welche Instrumente stellen sich ab der Mitte des ersten Satzes auch solistisch vor?

Etwa ab der Mitte des ersten Satzes stellen sich die erste und zweite Violine (Takt 78 bis Takt 85) solistisch vor.

❺ Schreibe die einzelnen Instrumente vor den Beginn der Partitur.

Georg Friedrich Händel – der „Engländer"

Lerninhalte:
- Kennenlernen des Lebensweges von Georg Friedrich Händel
- Wissen um wichtige Werke von Georg Friedrich Händel
- Wissen, warum Händel als „deutscher Engländer" bezeichnet werden kann
- Hören von Ausschnitten aus Werken des Komponisten
- Wertung der Bedeutung des Komponisten Georg Friedrich Händel

Arbeitsmittel/Medien:
- Arbeitsblatt: Georg Friedrich Händel
- Bild 1 für die Tafel: Georg Friedrich Händel (Gemälde von Thomas Hudson)
- Bild 2 für die Tafel: Westminster Abbey, Nordwestansicht nach 1735
- Folien 1/2/3: Lebensstationen von Georg Friedrich Händel
- Folie 4: Georg Friedrich Händel: Kurzbiografie
- Folie 5: Wichtige Werke
- Folie 6: The Charming Brute (Karikatur von Joseph Goupy, 1754)
- Infoblätter 1/2: Georg Friedrich Händel – der erste „Pop-Titan" der Geschichte/Zitate über G. F. Händel
- Infoblätter 3/4: Händel – ein Phantom versetzt uns heute in Ekstase
- CD: Wir entdecken Komponisten: Georg Friedrich Händel – ein musikalisches Hörspiel. Kein Feuerwerk für den König oder: Auf seinen Kapellmeister kann er sich verlassen. (Deutsche Grammophon, 1983. Bestellnummer 437 262-2)

Folie 4

Georg Friedrich Händel
Geboren am 23. Februar 1685 in Halle. Der Vater ist Arzt. 1692 Beginn der musikalischen Ausbildung: Orgel, Musiklehre. 1695 erste Kompositionen. 1698 Besuch der Lateinschule in Halle. 1702 Immatrikulation an der Universität Halle (Jura). 1703 Geiger und Cembalist an der Hamburger Oper. Erste Opern. 1706–1710 Aufenthalt in Italien. 1710 Hofkapellmeister in Hannover. 1712 Übersiedlung nach London. 1714 Kurfürst Georg Ludwig wird englischer König George I. 1719 Gründung der Royal Academy of Music (Opernunternehmen für italienische Opern). 1726 englische Staatsbürgerschaft. 1728 Royal Academy bankrott. Gründung einer neuen Academy (1733 aufgelöst). 1729 Reise nach Italien. 1734 dritte Opernakademie (bis 1738). 1737 Schlaganfall, Kur in Aachen. 1741 Messias, Uraufführung in Dublin (1742). 1751 Beginn der Erblindung. Drei Augenoperationen. Gestorben am 14. April 1759. Beisetzung in Westminster Abbey, neben William Shakespeare und Henry Purcell.

Folie 5

Wichtige Werke
Opern:
Händel hat über vierzig Opern komponiert. Am berühmtesten ist das Largo aus seiner Oper Xerxes (Serse). Almira (1705), Agrippina (1709), Rinaldo (1711), Teseo (1713), Radamisto (1720), Ottone (1723), Giulio Cesare (1724), Scipione (1726), Alessandro (1726), Ezio (1732), Serse (1738), Imeneo (1740), Deidamia (1741) u. a.
Oratorien, Oden und Te Deum-Vertonungen:
La Resurrezione (1708), Esther (1718), Deborah (1733), Athalia (1733), Saul (1739), Israel in Egypt (1739), L'Allegro, il Penseroso ed il Moderato (1740), Messiah (1742), Samson (1743), Semele (1744), Joseph and his brethren (1744), Hercules (1745), Belshazzar (1745), Occasional Oratorio (1746), Judas Maccabaeus (1747), Joshua (1748), Alexander Balus (1748), Susanna (1749), Solomon (1749), Theodora (1750), The Choice of Hercules (1751), Jephtha (1752), The Triumph of Time and Truth (1757); Acis and Galatea (1718), Ode for the Birthday of Queen Anne (1713), Alexander's Feast (1736), Ode for St. Cecilia's Day (1739); Utrechter Te Deum (1713), Caroline Te Deum (1714), Chandos Te Deum (1717/1718), Dettinger Te Deum (1743).
Andere Vokalwerke/Instrumentalwerke/Cembalowerke:
Lateinische Kirchenmusik 1707, Italienische Solokantaten 1708/1709, Kammerduette 1708/1709. 6 Orgelkonzerte Nr. 1–6, 6 Orgelkonzerte Nr. 7–12, 4 Orgelkonzerte Nr. 13–16, 6 Concerti grossi op. 3, 12 Concerti grossi op. 6, 3 Concerti a due cori, Wassermusik (1717), Feuerwerksmusik (1749), 15 Solosonaten, 13 Triosonaten. 8 Suites de Pièces pour le Clavecin, Suiten und 6 Fugen, Chaconnen und Variationswerke.

Verlaufsskizze

I. Hinführung

Stummer Impuls	Tafel Bild 1 (S. 61)	Georg Friedrich Händel
Aussprache		
Rätsel		L: Dieser Mann war Deutscher, er wurde aber von den Engländern heiß geliebt und als einer der ihren betrachtet.

- Er gilt als der erste freie Künstler in der Musikgeschichte.
- Die Skandale, die dem Komponisten angedichtet werden, hat es nicht gegeben.
- Er starb nach heutigen Maßstäben als Millionär.
- Er wurde für seine Wohltätigkeit gerühmt.
- Er war der erste Musikunternehmer.
- Er war weltgewandt, gebildet, beherrschte viele Sprachen und war bereits sehr früh berühmt.

Stummer Impuls	Tafel Bild 2 (S. 70)	Dort liegt er begraben.
Vermutungen		
Zielangabe	Tafelanschrift	**Georg Friedrich Händel – der Engländer**

II. Erarbeitung

Hören (U. U. Ausschnitte)	CD I Dauer (51:59)	Wir entdecken Komponisten: Georg Friedrich Händel Kein Feuerwerk für den König oder: Auf seinen Kapellmeister kann er sich verlassen.
Arbeitsauftrag		L: Schreibe wichtige Daten aus dem Leben Händels auf deinen Block.
Zusammenfassung Lehrer zeigt Bilder	Folien 1/2/3 (S. 62/63/64)	Wichtige Stationen aus Händels Leben
Aussprache		
Zusammenfassung	Folie 4 (S. 59 Mitte)	Kurzbiografie Händels
L.info	Folie 5 (S. 59 u.)	Wichtige Werke
Aussprache		

III. Wertung

	Infoblätter 1/2 (S. 65/66)	Georg Friedrich Händel – der erste „Pop-Titan" der Geschichte Zitate über Händel
Erlesen/Aussprache		
	Tafelanschrift	G. F. Händel – der Europäer. Wieso der Beiname?
Aussprache		
Stummer Impuls	Folie 6 (S. 60)	The Charming Brute Karikatur von Joseph Goupy (1754)
Aussprache		

Folie 6

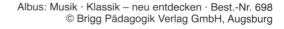

IV. Sicherung

	Arbeitsblatt (S. 67)	Georg Friedrich Händel
Erlesen mit Aussprache		

V. Ausweitung

Hausaufgabe	Infoblätter 3/4	Händel – ein Phantom versetzt uns heute in Ekstase
Erlesen	(Seite 68/69)	

❶ Händels Geburtshaus in Halle (um 1859)
❷ Händels Geburtshaus heute
❸ Georg Händel (kurfürstlicher Leibchirurg)
❹ Der kleine G. F. Händel, auf dem Dachboden insgeheim Clavichord übend

❺ König Georg I. (1660–1727)
❻ Königin Anne (1665–1714)
❼ König Georg II. (1683–1760)
❽ King's Theatre am Haymarket in London (Aufführungsort für viele Opern von G. F. Händel)
❾ Händels Grabmal in der Westminster Abbey

Georg I. von Großbritannien gemeinsam mit Georg Friedrich Händel auf einer Bootsfahrt auf der Themse
Gemälde von Edouard Jean Conrad Hamman (1819-1888)

15. Mai 1749: Feuerwerk auf der Themse
Zur Feier der Beendigung des Österreichischen Erbfolgekriegs durch den Aachener Frieden lässt der britische König Georg II. im Londoner Green Park ein Feuerwerk veranstalten.

Charles Fredrick Esq (1749)

Georg Friedrich Händel – der erste „Pop-Titan" der Geschichte

Seine Hits wie das „Halleluja", die „Sarabande" oder der zur Champions-League-Hymne hergenommene Krönungschor „Zadok the Priest" sind allbekannte Ohrwürmer. Als Komponist war er ebenso gewieft wie als Unternehmer. Er war Europas erster Superstar, und sein eigenwilliges Temperament sorgte für eine Vielzahl von Anekdoten. Als der gebürtige Hallenser Georg Friedrich Händel am 14. April 1759 in London starb, verloren gleich zwei Nationen einen ihrer größten Künstler, die Deutschen und die Engländer. Schon zu Lebzeiten setzte man dem Barock-Komponisten in London ein Denkmal.

Die erstaunliche Karriere des Georg Friedrich Händel begann in Halle an der Saale: Am 23. Februar 1685 wurde Georg Friedrich Händel dort im „Haus zum Gelben Hirschen" als Sohn eines auch bei Hofe geschätzten Mediziners geboren. Seinen ersten Unterricht bekam der außergewöhnlich begabte Knabe beim Organisten der halleschen Marktkirche: Friedrich Wilhelm Zachow unterwies ihn im Orgelspiel, in der Harmonielehre und der Komposition. Der weltoffene Zachow machte ihn nicht nur mit der deutschen Musiktradition, sondern auch mit den Kompositionen neuer italienischer und französischer Meister bekannt.

Einem Wunsch des Vaters folgend, schrieb sich der junge Händel im Februar 1702 an der Universität in Halle ein, um Jura zu studieren. Doch nur vier Wochen später nahm er auch seine erste Stelle als Organist an der reformierten Schloss- und Domkirche an. Den gerade 17-Jährigen machte das Gehalt von 50 Reichstalern jährlich finanziell unabhängig. Doch offenbar wollte er nicht nur Kirchenmusik komponieren. Die Oper, die er am Hof in Weißenfels und in der Bürgerstadt Leipzig kennengelernt hatte, sollte es sein.

Und so nahm der 18-Jährige Abschied von der Provinz und ging nach Hamburg. Auch die Bürger der weltoffenen Hafen- und Handelsstadt leisteten sich eine Oper, die vielerorts noch ein Vergnügen des Adels war. Als Geiger im Ensemble des Opernhauses am Gänsemarkt setzte Händel seine Karriere fort. Bald trat er auch als Cembalist, Kapellmeister und Komponist hervor: Vier deutschsprachige Opern entstanden in dieser Zeit, erhalten blieb seine erste: „Almira", aufgeführt im Februar 1705, nur zwei Monate später folgte „Nero". Die Premiere besuchte auch der Medici Prinz Gian Gastone, der ihn vermutlich nach Italien einlud.

Anfang 1706 brach der 21-jährige Händel ins Land des Belcanto, der Diven und Kastraten auf. Bald schon sorgte er mit seinen Orgelspiel- und Kompositionskünsten für Aufsehen. Er bereiste das Land, stand zeitweilig im Dienst des Marchese Francesco Maria Ruspoli in Rom, schrieb – da Opern dort vom Papst verboten waren – weltliche und geistliche Kantaten sowie Oratorien. Beeinflusst wurde er in dieser Zeit von Corelli, Scarlatti oder Carissimi, deren Bekanntschaft er machte. Bei den Medici in Florenz, wo das päpstliche Opern-Verbot nicht galt, komponierte er seinen „Rodrigo" (1707). Ein Triumph wurde die Uraufführung seiner „Agrippina" in Venedig (1709). Im Land der Oper hatte er wohl alles erreicht.

Nach einem Intermezzo als Kapellmeister beim Kurfürsten von Hannover ging Händel nach London, wo er fast 50 Jahre seines Lebens verbringen sollte. Zunächst war er 1711 nur zur Premiere seines „Rinaldo" im Königlichen Theater am Haymarket nach London gereist, mit 50 Aufführungen wurde es seine erfolgreichste Oper überhaupt.

Doch schon im Folgejahr ließ sich Händel in der Weltstadt nieder. Es entstanden Werke wie das „Utrechter Tedeum" unter dem Einfluss Purcells und der englischen Chormusik. Für seinen neuen Wirkungsort hatte Händel den Dienst in Hannover vorzeitig quittieren müssen, doch es gab ein Wiedersehen mit dem Kurfürsten aus Hannover, denn der bestieg 1714 als King George I. den englischen Thron. Händel versöhnte ihn mit einer pompösen Aufführung der „Wassermusik" auf der Themse. Er wurde Hofkapellmeister und stand gleichzeitig seinem Gönner, dem Herzog von Chandos in Cannons, zu Diensten, für den er eine Reihe repräsentativer Hymnen (Anthems) komponierte.

Der privilegierte Komponist aus Deutschland, der bald die ganze Londoner Musikszene dominieren sollte, bekam 1719 den Auftrag, ein königliches Opernhaus – die Royal Academy of Music – zu gründen, für das er zwischen 1720 und 1728 auch 14 italienische Opern schrieb, u. a. „Radamisto" (1720), „Giulio Cesare in Egitto" (1724) oder „Tamerlano" (1724).

Doch in London begannen sich die Bürgerlichen durchzusetzen, die als „Adelsoper" geltende italienische Opera seria lehnten sie ab. Mit ihrer „Beggars' Opera" karikierten Gay und Pepusch die italienische Oper der Händel'schen Art und landeten 1728 einen Riesenerfolg mit ihrer Geschichte von Dieben und Dirnen.

Das königliche Opernunternehmen wurde im selben Jahr wegen wirtschaftlichen Misserfolgs aufgelöst. Zwei Neugründungen scheiterten ebenso. Die harte Konkurrenz ging Händel an die Substanz. Nach einem gesundheitlichen Zusammenbruch 1737 entschloss er sich zur Aufgabe des Unternehmens Oper. Trotz der Niederlage wurde er 1738 mit einer besonderen Ehrung bedacht: Der Komponist wurde als lebensgroße Marmorstatue in den Vauxhall Gardens verewigt.

Ab 1740 wandte er sich mehr und mehr dem Oratorien-Schaffen zu. Sein „Messias", 1742 das erste Mal in London aufgeführt, sollte zu einem Standardwerk der überall blühenden Chorvereine und zu einer „zweiten Nationalhymne" werden. Außerdem trat er wieder mehr als Organist in Erscheinung und verblüffte durch seine Improvisationskünste. 1743 entstand das „Dettinger Te Deum" zur Feier des Sieges König Georgs II. über die Franzosen, zum Aachener Frieden 1748 komponierte er die „Feuerwerksmusik". Während der Arbeit an seinem Oratorium „Jephta" 1750 begann er zu erblinden, wie ein Eintrag auf der Partitur nahe legt.

Neun Jahre später starb Händel in London, beigesetzt wurde er in Westminster Abbey. 3000 Menschen nahmen teil. Er hinterließ ein umfangreiches Werk, darunter 40 Opern und 25 Oratorien, außerdem ein gewaltiges Vermögen – umgerechnet rund sieben Millionen Euro, das mangels eigener Nachkommen zum Teil seine Nichte in Halle erbte, zum Teil dem Londoner Findelhaus zugute kam.

Zitate über Georg Friedrich Händel

Zum 250. Todestag von Georg Friedrich Händel (1685–1759) ist in seinem Geburtshaus in Halle eine neue Dauerausstellung eröffnet worden. An den Wänden der Ausstellungsräume zeugen Zitate von der Beliebtheit des Barockkomponisten im Laufe der Jahrhunderte:

„... begab mich 1701 nach Leipzig, da ich unterwegs in Halle, durch die Bekanntschaft mit dem damals schon wichtigen Herrn Georg Friedrich Händel beinahe wieder Notengift eingesogen hätte." (Georg Philipp Telemann, 1740)

„Händels Figur war groß; und er war etwas untersetzt, stämmig und unbeholfen in seinem Anstande; sein Gesicht aber ... war voller Feuer und Würde, und verriet Geistesgröße und Genie." (Charles Burney/Eschenburg, 1785)

„Händel ist der größte Komponist, der je gelebt hat ... Ich würde mein Haupt entblößen und auf seinem Grabe niederknien!" (Ludwig van Beethoven, 1823)

„Die Fülle und Herrlichkeit dieser Musik-Majestät sind unbestritten." (Franz Liszt, 1857)

„Ein großer Künstler, wie die Welt ihrer wenige kennt, war hier geboren worden." (Carl Loewe, 1870)

„Von Art und Charakter durch und durch ein Deutscher, war er in der Kunst ... ein Weltbürger geworden, ein Europäer ..., der alle künstlerischen Gedanken des Okzidents in sich aufgenommen hat." (Romain Rolland, 1910)

Georg Friedrich Händel

1685 wird Georg Friedrich Händel am 23. Februar in Halle als Sohn des Wundarztes Georg Händel und seiner Ehefrau Dorothea, geb. Taust geboren. Seinen ersten Musikunterricht erhält er bei dem Organisten F. W. Zachow (1663–1712). Georg Friedrich Händel studierte Jura, während er als Organist arbeitete.

1703 tritt er als Geiger in das Orchester der Oper von R. Keiser in Hamburg ein.

1705 hat Händel erste Erfolge als Komponist und Cembalist (Oper „Almira").

Ab 1706 hält er sich in Florenz, Rom, Neapel und Venedig auf. In Rom nimmt er Verbindung zu A. Corelli und Domenico Scarlatti auf, in Neapel lernt er den Komponisten Allessandro Scarlatti kennen. Seine Oper „Agrippina" erregt in Venedig Aufsehen.

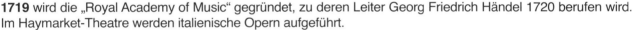
Geburtshaus in Halle

1710 wird er nach seiner Rückkehr aus Italien zum Hofkapellmeister in Hannover berufen. Mehrfach besucht er London.

1711 erobert er die englischen Bühnen mit der italienischen Oper „Rinaldo". Die englische Königin bezahlt ihm 1713 ein Jahresgehalt, obwohl er noch in Hannover im Dienst steht. Ab 1714 lebt er fast nur noch in London und leitet 1716 die Kapelle des Herzogs von Cannons.

1719 wird die „Royal Academy of Music" gegründet, zu deren Leiter Georg Friedrich Händel 1720 berufen wird. Im Haymarket-Theatre werden italienische Opern aufgeführt.

1721 schreibt Händel die Opern „Muzio Scevola" und „Il Floridante". **1723** folgen die Opern „Ottone" und „Flavio".

1728 und die folgenden Jahre wendet sich Händel verstärkt auch dem Oratorium zu. Bis 1732 komponiert Händel insgesamt 16 Opern.

1737 erleidet Händel am 13. April mit 52 Jahren einen Schlaganfall. In Aachen begibt er sich auf eine Badekur. Dort wird seine halbseitige Lähmung geheilt und er kehrt nach England zurück.

1741 schreibt er den Messias nach Worten der Heiligen Schrift. Es ist ein Meisterwerk und wird 1742 in Dublin mit sehr großem Erfolg uraufgeführt. Als das Werk in London aufgeführt wird, erhebt sich der König in dem Augenblick, als die Chöre das machtvolle „Hallelujah" anstimmen. Das gesamte Publikum steht ebenfalls von den Stühlen auf und lauscht voll Ergriffenheit dem Triumphgesang.

1743 besiegen die Engländer Frankreich bei Dettingen. Händel wird beauftragt, die Siegesmusik zu schreiben. Er tut das gleich zweifach, denn er schreibt das „Dettinger Te Deum" und das „Dettinger Anthem".

1744 organisiert Händel zur Fastenzeit einen Zyklus von zwölf Oratorienaufführungen. Es sind alles Händels Werke, und sie werden unter seiner Leitung aufgeführt. Er dirigiert dazu riesige Chormassen in der Westminsterabtei. Diese Aufführungen sind gewaltig und übersteigen alles, was im damaligen Abendland an Klang und Großartigkeit geboten wurde – u. a. erklingen: **1744** „Semele" und „Joseph and his brethren", **1745** „Hercules" und „Belshazzar", **1747** „Judas Maccabaeus", **1748** „Joshua" und „Alexander Balus", **1749** „Solomon" und **1750** „Theodora".

1751 lassen die Kräfte von Händel erneut nach und er begibt sich wieder auf eine Badekur.

1752 erscheint „Jephta", ein gewaltiges Werk. Damit erringt Händel die begeisterte Anhänglichkeit und Dankbarkeit des englischen Volkes. Man jubelt Händel zu, wenn er gesehen wird, und bei seinen Freiluftkonzerten strömen die Massen herbei. Sein Augenlicht lässt nach. Dreimal wird Händel operiert. Doch es erfolgt ein Rückfall, er kann kaum noch sehen und diktiert nun seine Werke.

1759 leitet Händel am 30. März persönlich noch einmal den „Messias" – aber er erleidet direkt darauf einen ernsten Schwächeanfall. In der Nacht des Karfreitags, kurz vor Morgengrauen des 14. April, stirbt Georg Friedrich Händel in seinem Londoner Haus. Unter höchsten Ehren setzt man ihn am 20. April im „Poets Corner" in der Westminsterabtei bei. Das ist eine der höchsten Auszeichnungen in England, denn dort werden nur berühmte Persönlichkeiten begraben.

Händel – ein Phantom versetzt uns heute in Ekstase

Aus seiner Feder stammt die Hymne der Fußball Champions League, und er war der erste Künstler, dem man ein Denkmal setzte: Im Jahr 1759 starb der Komponist Georg Friedrich Händel. Bis heute versetzt seine Musik die Massen in Ekstase. Doch als Mensch ist Händel ein Phantom geblieben.

Wir wissen, dass wir nichts wissen. Macht nichts. Seine Musik sagt alles. Georg Friedrich Händel war zwar der erste Musiker, der eine Biografie erhielt. Doch als der Theologe John Mainwaring, der ihn nicht gekannt hat, sie 1760, ein Jahr nach dessen Tod, veröffentlichte, stand darin bereits das Gespinst aus Wahrscheinlichem und Anekdotischem, auf das wir uns heute verlassen müssen und auf dessen dürftigem Fundament jeder moderne Lebensbeschreiber die Gerüste seiner Fiktion um so üppiger wachsen lässt.

Da ist der am 23. Februar 1685 in Halle an der Saale geborene Junge, der gegen den Willen seines wohlhabenden, bereits sehr alten Vaters, eines Hofchirurgen in Halle, auf dem Dachboden des Hauses heimlich auf einem Clavichord übt. Der vom Herzog in Weißenfels entdeckt und gefördert und der später als größter Orgelvirtuose seiner Zeit gefeiert wird.

Der junge Mann, der nach dem Tod des Vaters aus der pietistischen Provinz in die deutsche Opernweltstadt Hamburg zieht, gleich Erfolg hat, sich mit seinem Freund Johann Mattheson duelliert. Der aufstrebende Künstler, der bereits 1706, angeblich auf Einladung des Medici-Herzogs Gian Gastone, nach Italien zieht und im klerikalen Rom zum Star avanciert, umschwärmt von dichtenden Kardinälen. Und der sich schließlich via Hannover London erobert, die größte Stadt Europas, wo viel Geld, aber wenig Oper war.

Hier steigt er von 1711 an auf zum Unternehmer, schmeichelt den Adeligen und begeistert 30 Jahre lang die Bürger. In einer Sprache, die (wie zunächst das Englische) nicht die seine war und die hier kaum einer versteht, versetzt er Klasse und Masse ins Delirium mit schwülstig unwahrscheinlichen Stoffen von Göttern, Helden und Ungeheuern, lodernder Leidenschaft und unverstellter Sinnlichkeit. Er ist ein Visionär und ein Pragmatiker, ein Verschwender und ein Pfennigfuchser, ein Zweitverwerter und ein unglaublich origineller Geist. Er schlägt sich mit Kastraten und Primadonnen herum, die viel mehr Geld verdienen als er, er hält sich Rivalen wie Porpora und Bononcini mehr oder weniger erfolgreich vom immer üppiger werdenden Leib, er taktiert mit Adeligen, die ihn finanziell unterstützen. Er wird geliebt, gelobt und parodiert.

Er scheint schließlich unmodern, verliert sein Geld und sein Theater, erkrankt schwer. Und berappelt sich in den heißen Quellen von Aachen. Um die Welt nach 42 Opern (von denen immerhin 39 erhalten sind und die zum größten Teil in Hamburg aufbewahrt werden) noch mit 25 Oratorien zu beglücken.

An diesem Wendepunkt 1741 erfindet Händel sich neu. Und seltsamerweise sind es diese konzentrierten, strengen, meist geistlich grundierten Musikdramen, die nie unmodern werden, die Händels Namen glänzend bis in die Neuzeit getragen haben. Zusammen mit instrumentalen Gelegenheitskompositionen wie der Wasser- und der Feuerwerksmusik, den Concerti Grossi, den verstreuten Sonaten.

Händel muss die menschliche Stimme unglaublich geliebt haben. Er treibt sie in höchste Höhen, fordert ihr mannigfaltige Schwierigkeiten ab, huldigt ihr aber auch mit einer Weichheit der Melodie, einer schmeichelnden Schönheit der Linienführung, einer Eleganz, Gravität und schlanken Pathetik, die ihn bis heute fast immer wieder erkennbar macht. Er ist ein Dramatiker, ein unmittelbarer Charakterformer, ein Schmeichler und ein Melodiker – wie nach ihm Mozart, Schubert, Bellini, Verdi, Tschaikowsky, Puccini und Strauss.

Wen er liebte, ob überhaupt, das wissen wir nicht. Händel heiratet nie, der einst schöne Jüngling wird ein fetter, sehr religiöser Sybarit. Wir glauben heute, dass er wohl homosexuell gewesen ist. Jedenfalls bekommt er das erste Denkmal für einen Künstler überhaupt – in einem Londoner Vergnügungspark.

Der Franzose Louis François Roubiliac zeigt ihn als verschmitzten, Pantoffel tragenden Apollo im Hausmantel. Heute steht die Marmorstatue im Londoner Victoria & Albert Museum. Und begraben wird der berühmteste Künstler seiner Zeit, dessen Tod – wie auch den Bachs – ein kurpfuschender

Augenarzt mitverursacht, in Westminster Abbey.

Seine Opern aber sind erstaunlich schnell vergessen. Erst fast 200 Jahre später holt sie in Göttingen der Kunsthistoriker Oskar Hagen wieder auf die Bühne. In schrecklichen Bearbeitungen, die Kastratenpartien werden von Frauen oder Tenören gesungen. Doch sie verhaken sich im Repertoire, „Giulio Cesare" und „Serse" begegnet man von Zeit zu Zeit. „Ombra mai fu", das ariose Largo des Xerxes (das eigentlich ein Larghetto ist), der dabei einen schattenspendenden Baum besingt, wird ein früher Easy-Listening-Hit, den kein noch so schlimmes Arrangement zerstört.

Händel entzieht sich also als Person allen ins Kraut schießenden Spekulationen: Er ist ein Schatten, ein Phantom seiner Opern. Doch diese – und das ist eine der verrücktesten, unvorhersehbaren, aber auch beglückenden Entwicklungen der musikalischen Repertoirepflege unseres immer noch auf hohen Touren kochenden, freilich extrem rückwärtsgewandten Kulturbetriebes – stehen plötzlich wieder in großer Zahl auf den internationalen Spielplänen.

Mindestens die Hälfte seiner Musiktheaterwerke werden gegeben, dazu Oratorien in steigender Zahl als szenische Experimente. Und keiner weiß eigentlich wieso. Es gibt viele Väter dieses Phänomens, die Bayerische Staatsoper war sicherlich während der Peter-Jonas-Jahre ab 1993 ein Gralstempel dieser Bewegung. Und selbst die riesige Metropolitan Opera spielt wieder Händel, sogar mit Countertenören.

Händels Opernarien sind pure Lust – an der Verkleidung, an der Verführung, an der Verzweiflung. Sie sprechen uns direkt an, und die eigentlich veraltete Dacapo-Form, mit der heute wieder fantasievoll verzierten Wiederkehr des ersten Teils, wird sogar als moderner dramaturgischer Schachzug begriffen.

Man kann diese herrlichen, kostbaren Werke ironisieren oder ernst nehmen, vorbei kommt man an ihnen nicht (mehr). Wie die offenbar unverwüstlichen, selbst in der seltsamsten Regietheaterkapriole resistenten Schlachtrösser des Repertoires lassen sie sich immer neu aufzäumen. Man wird ihrer nicht müde und kaum mit ihnen fertig.

Ob da antike Potentaten oder christliche Heilige kämpfen, intrigieren, lieben, leiden, sie sind uns nahe, berühren uns unmittelbar, durch die Kraft und Faszination ihrer Töne, an denen wir uns offenbar nicht satt hören können.

Schumann, Mendelssohn, Haydn, auch Schubert – alle die Komponistenjubilare der letzten Zeit, sie werden doch Meister der Vergangenheit bleiben, die uns etwas bedeuten, die aber auch ihre Zeit hatten. Doch mit Händel geht es wie mit Mozart: Man hört ihm unwillkürlich zu, in seinem Takt pulsiert der Rhythmus unserer Zeit. Und seit es so viele hervorragende Musiker gibt, die seine Partituren vergegenwärtigen, ist auch die Kontaktaufnahme mit ihm kein Problem mehr.

Nach heutiger Definition hätte man den am 14. April 1759 gestorbenen Georg Friedrich Händel einen Popstar seiner Zeit genannt. Der die Musik machte, die die Leute hören wollten, die sie in Ekstase trieb. Es gehört zu den Ironien der Geschichte, dass neben dem Backsteinhaus in der Londoner Brook Street, in dem Händel ab 1723 für 36 Jahre bis zu seinem Tod lebte, Ende der Sechziger ein echter Rockstar des 20. Jahrhundert lebte. Jimi Hendrix. Beider Gedenkplaketten hängen draußen nebeneinander. Doch innen regiert in beiden Häusern heute einzig Händel.

Manuel Brug © www. Welt online – Kultur. April 2009

Westminster Abbey

G. F. Händel: Der Messias – „For unto us a child is born"

Lerninhalte:
- Kennenlernen von zwei Chorwerken von Georg Friedrich Händel
- Wissen um den Aufbau der Werke
- Wissen, was Polyphonie und Homophonie bedeutet
- Hören der Chorsätze „For unto us a child is born" und „Hallelujah"
- Wertung der Schönheit dieser Kompositionen

Arbeitsmittel/Medien:
- Bild für die Tafel: Kreuzigung Christi
- Arbeitsblatt 1/Folie 12: Der Messias: „For unto us a child is born"
- Arbeitsblatt 2/Folie 13: Der Messias: „Hallelujah"
- Folie 1: Chorsätze aus dem Messias (Texte)
- Folie 2: Informationen zum Messias
- Folie 3: Bilder von Gustave Doré: Kreuzigung Christi (1861)/Gott, die Quelle des Lichts (1861)
- Folien 4/5/6/7: Klavierauszug „For unto us a child is born" (Auszug)
- Folien 8/9/10/11: Klavierauszug „Hallelujah" (Auszug)
- 2 CD: G. F. Händel: Messiah (HWV 56); J. E. Gardiner. Label: Philips, DDD, 1982; jpc-Bestellnummer 5116449
- DVD: G. F. Händel: Messiah. Christopher Hogwood; Nvc Arts November 2005 (136 Minuten)
- www.youtube.com: Videoausschnitte. Händel: Messiah. „For unto us a child is born" (245 Einträge)
- www.youtube.com: Videoausschnitte. Händel: Messiah. „Hallelujah" (1120 Einträge)

Folie 1

Georg Friedrich Händel: Der Messias (HWV 56)

Part I, 11. Chorus: „For unto us a child is born"

For unto us a Child is born, unto us a Son is given, and the government shall be upon His shoulder, and His name shall be called Wonderful, Counsellor, The Mighty God, The Everlasting Father, The Prince of Peace.

Denn es ist uns ein Kind geboren, es ist uns ein Sohn gegeben, und die Herrschaft gelegt auf seine Schulter, und sein Name wird heißen: Wunderbar, Herrlicher, der starke Gott, der ewige Vater und Friedensfürst.

Part II, 39. Chorus: „Hallelujah"

Hallelujah, for the Lord God Omnipotent reigneth.
The Kingdom of this world is become the Kingdom of our Lord and of His Christ; and He shall reign for ever and ever, King of Kings, and Lord of Lords,
Hallelujah.

Halleluja, denn Gott der Herr regieret allmächtig.
Das Königreich der Welt ist fortan das Königreich des Herrn und seines Christ; und er regiert auf immer und ewig, Herr der Herrn, der Welten Gott,
Halleluja.

Verlaufsskizze

I. Hinführung

Stummer Impuls	Tafel (S. 74)	Bild: Kreuzigung Christi
Aussprache		
Impuls		L: Händel hat sich mit biblischen Stoffen besonders intensiv beschäftigt. Mit dieser Thematik setzt sich das berühmteste Oratorium der Welt auseinander.
Vermutungen		... Jesus Christus ... Messias
Überleitung		L: Kennenlernen von zwei Chorsätzen aus diesem Oratorium.
Zielangabe	Tafelanschrift	**G. F. Händel: Der Messias (HWV 56) – „For unto us a child is born" und „Hallelujah"**

II. Erarbeitung

L.info	Folien 2/3 (S. 73)	Georg Friedrich Händel: Der Messias (HWV 56) Besetzung/Text/Entstehung/Thematik
Aussprache		
Stummer Impuls	Folie 1 (S. 71)	Text „For unto us a child is born"
Aussprache		
1. Hören	CD	Messiah: „For unto us a child is born"
Höraufgaben		L: Wie wirkt das Stück auf dich? Instrumente?
Aussprache		
2. Hören	CD	Messiah: „For unto us a child is born"
Höraufgaben		Themen und deren Verarbeitung
Zusammenfassung	Tafelbild (S. 76 u.)	Grafik
Aussprache		
3. Hören	CD	Messiah: „For unto us a child is born"
Klavierauszug	Folien 4–7 (S. 77–80)	Chorstimmen/Orchester als Klaviersatz

III. Wertung

		L: Dieser Chorsatz gilt als einer der schönsten in der Musikgeschichte. Warum?
Aussprache		Geniale Verflechtung von Homophonie und Polyphonie Wunderbarer, transparenter Klang mit vier wuchtigen chorischen Akkordpassagen

IV. Sicherung

Zusammenfassung	Arbeitsblatt 1 (S. 75)	Messiah: „For unto us a child is born"
Kontrolle	Folie 12 (S. 76)	

V. Ausweitung

Stummer Impuls	Folie 1 (S. 71)	Text „Hallelujah"
Aussprache		
1. Hören	CD	Messiah: „Hallelujah"
Höraufgaben		L: Wie wirkt der Chorsatz auf dich? Begründe. Instrumente?
Aussprache		
2. Hören	CD	Messiah: „Hallelujah"
Höraufgaben		Themen und deren Verarbeitung
Klavierauszug	Folien 8–11 (S. 83–86)	Chorstimmen/Orchester als Klaviersatz
Zusammenfassung	Arbeitsblatt 2 (S. 81)	Der Messias: „Hallelujah"
Kontrolle	Folie 13 (S. 82)	
	DVD	Messiah
	www.youtube	Messiah (Videoausschnitte beider Chorsätze)

Georg Friedrich Händel: Der Messias (HWV 56)

❶ Besetzung
Soli (Sopran, 2 Altstimmen, Tenor, Bass); Chor (2 Sopranstimmen, Alt, Tenor, Bass); 2 Oboen, Fagott, 2 Trompeten, Pauken, Streicher, Cembalo, Orgel

❷ Text
Er stammt von Charles Jennens (1700–1773) aus Bibelzitaten des Alten und Neuen Testaments (ohne freie Dichtung); für Händel zusammengestellt im Frühsommer 1741.

❸ Entstehung
Händel komponierte das Oratorium „Der Messias" 1741 zwischen dem 22. August und dem 14. September (Teil I wurde am 28. August, Teil II am 6. September und Teil III am 12. September beendet). Mehrfache, meist jedoch geringfügige Revisionen Händels geschehen im Zusammenhang mit Aufführungen des Werkes.

❹ Erste Aufführungen
Uraufführung am 13. April 1742 in Dublin (Music Hall Fishamble Street); zweite Aufführung (ebenfalls in Dublin) am 3. Juni 1742. Schon bei der Uraufführung am 13. April 1742 in Dublin wurde „Der Messias" begeistert aufgenommen. Über 50 Aufführungen folgten zu Lebzeiten Händels. Immer wieder hat er das Werk den musikalischen Möglichkeiten der Künstler angepasst. Noch eine Woche vor seinem Tod leitete der erblindete Komponist eine Aufführung seines Meisterwerkes.
Bei der ersten Londoner Aufführung im März 1743 kam es zu einem bis heute nachwirkenden Ereignis: König Georg II. erhob sich nach den ersten Takten des Halleluja-Chores, der am Ende des zweiten Teiles steht, spontan von seinem Sitz. Dieser Geste folgte das ganze Publikum. Bis heute stehen englische Zuhörer beim „Halleluja" auf.

❺ Thematik
Wie kein anderes Musikwerk steht Händels „Halleluja" für den siegreichen Triumph des Lebens über den Tod. Für Stefan Zweig werden darin – wie er in seinen „Sternstunden der Menschheit" schreibt – alle Stimmen dieser Erde zusammengefasst, „die hellen und die dunklen, die beharrende des Mannes, die nachgiebige der Frau", es ist „ein Jubel, der von dieser Erde zurückdröhnte bis zum Schöpfer des Alls".

Gustave Doré: Kreuzigung Christi (1861)   Gustave Doré: Gott, die Quelle des Lichts (1861)

G. F. Händel: Der Messias – „For unto us a child is born"

„Der Messias" (HWV 56) ist ein Oratorium von Georg Friedrich Händel auf Bibeltexte in einer englischsprachigen Zusammenstellung von Charles Jennens. Es wurde im Sommer 1741 komponiert und am 13. April 1742 in Dublin mit riesigem Erfolg uraufgeführt.
Der Titel bezieht sich auf die jüdische Prophezeiung des Messias, der das Volk Gottes erlösen und das Reich Gottes errichten soll. Das Werk beschreibt in drei Teilen die christliche Heilsgeschichte von den alttestamentarischen Prophezeiungen des Propheten Jesaja über Leben und Sterben Jesu Christi bis zur Wiederkehr Christi am jüngsten Tag.
Das Werk gehört bis heute zu den populärsten Beispielen geistlicher Musik des christlichen Abendlandes.

Chorus Nr. 11: „For unto us a child is born"

❶ Besetzung:
_____

❷ Wie oft kommt der homophon-akkordische Block „Wonderful, Counsellor" vor?
_____

❸ Was fällt dir auf, wenn du die homophonen Blöcke von der Dauer her betrachtest?
_____
_____

❹ In welcher Reihenfolge der Stimmen setzt der Chor zu Beginn ein?

_____

❺ Führe die Einsätze der Stimmen bis zum Ende des Chorsatzes weiter.

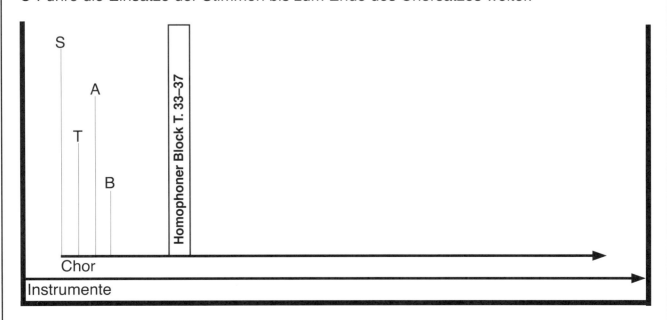

G. F. Händel: Der Messias – „For unto us a child is born"

„Der Messias" (HWV 56) ist ein Oratorium von Georg Friedrich Händel auf Bibeltexte in einer englischsprachigen Zusammenstellung von Charles Jennens. Es wurde im Sommer 1741 komponiert und am 13. April 1742 in Dublin mit riesigem Erfolg uraufgeführt.
Der Titel bezieht sich auf die jüdische Prophezeiung des Messias, der das Volk Gottes erlösen und das Reich Gottes errichten soll. Das Werk beschreibt in drei Teilen die christliche Heilsgeschichte von den alttestamentarischen Prophezeiungen des Propheten Jesaja über Leben und Sterben Jesu Christi bis zur Wiederkehr Christi am jüngsten Tag.
Das Werk gehört bis heute zu den populärsten Beispielen geistlicher Musik des christlichen Abendlandes.

Chorus Nr. 11: „For unto us a child is born"

❶ Besetzung:
Chor mit Sopran, Alt, Tenor und Bass; Violine, Viola, Violoncello, Kontrabass; Oboe, Fagott, Cembalo

❷ Wie oft kommt der homophon-akkordische Block „Wonderful, Counsellor" vor?
Insgesamt viermal (T. 33/34; T. 49/50; T. 68/69; T. 85/86)

❸ Was fällt dir auf, wenn du die homophonen Blöcke von der Dauer her betrachtest?
Die beiden ersten Blöcke sind gleich lang (T. 33–37 und T. 49–53), der dritte Block etwas länger (T. 66–72) und der letzte Block am längsten (T. 82–91).

❹ In welcher Reihenfolge der Stimmen setzt der Chor zu Beginn ein?
Zuerst beginnt der Sopran, dann folgt der Tenor, dann der Alt und zum Schluss setzt der Bass ein.

❺ Führe die Einsätze der Stimmen bis zum Ende des Chorsatzes weiter.

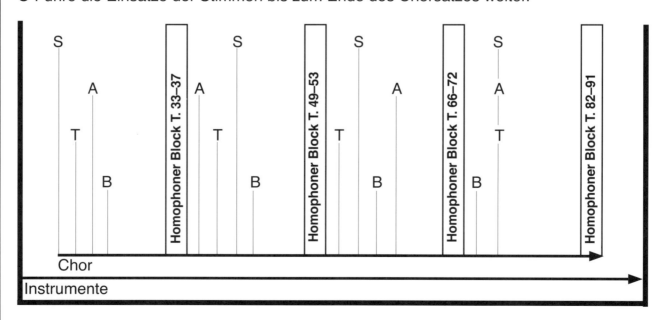

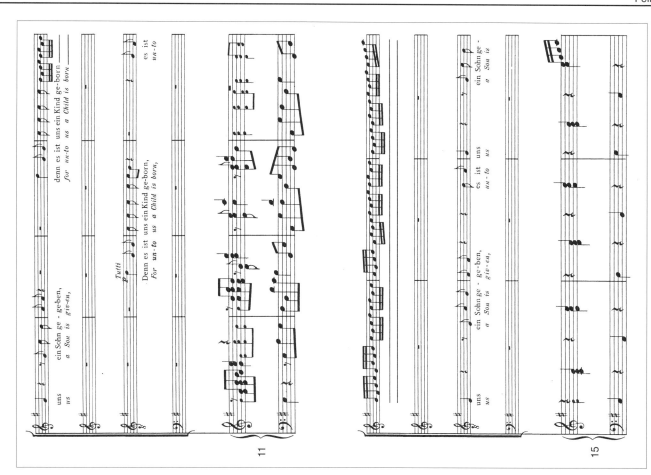

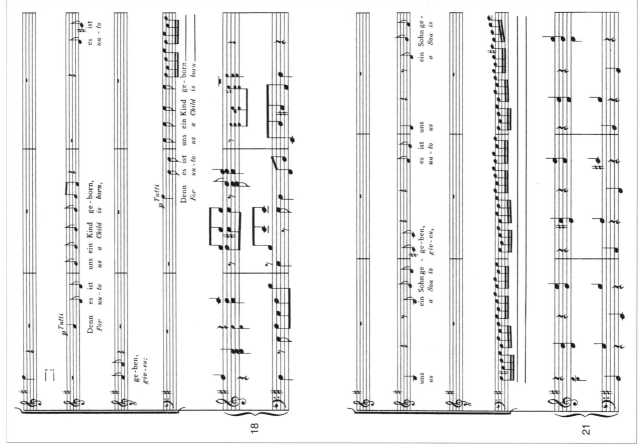

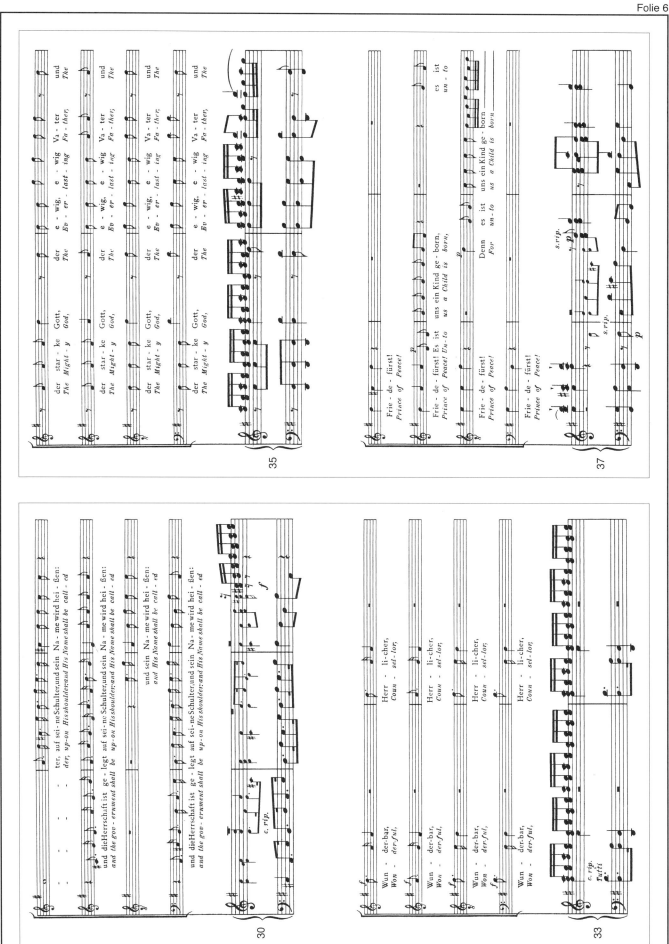

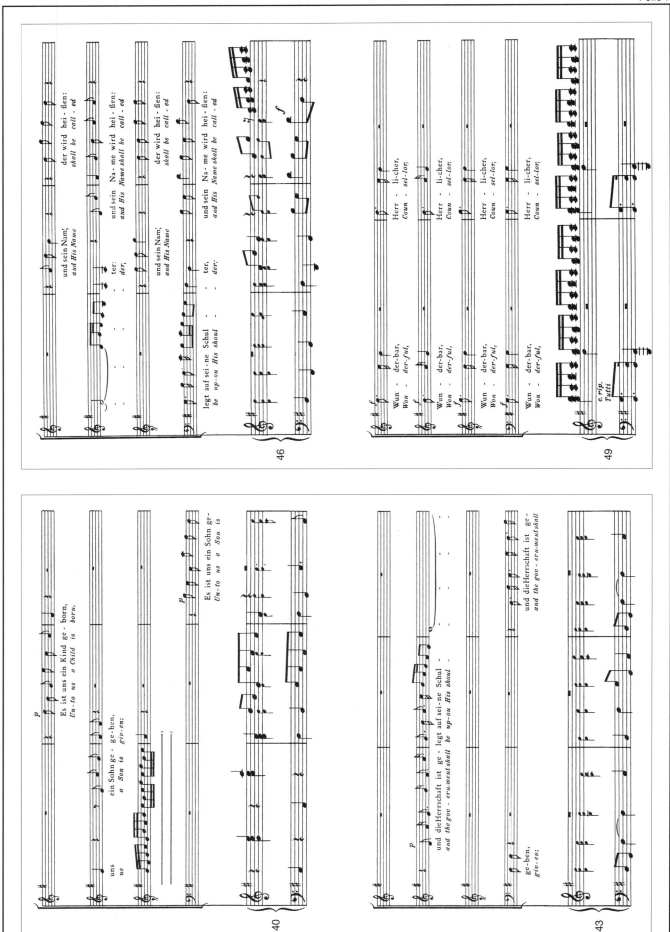

Arbeitsblatt 2

Mus Name:_____ Datum:_____

G. F. Händel: Der Messias – „Hallelujah"

❶ Der Messias ist dreiteilig aufgebaut:

① _____

② _____

③ _____

❷ Das „Hallelujah", das den zweiten Teil des Oratoriums beschließt, ist sicherlich der bekannteste Chorsatz im Messias. Was macht den weltweiten Erfolg dieses Stückes aus?

_____

_____

_____

❸ Besetzung:

_____

_____

❹ Händel verwendet in seinem Chorsatz drei Themen. Wie lautet der englische, wie der deutsche Text zu jedem der drei Themen, die im Notenbild (Sopran) abgedruckt sind?

❺ Wie werden die drei Themen von Händel verarbeitet?

Thema 1:

_____

_____

Thema 2:

_____

_____

Thema 3:

_____

_____

Albus: Musik · Klassik – neu entdecken · Best.-Nr. 698
© Brigg Pädagogik Verlag GmbH, Augsburg

G. F. Händel: Der Messias – „Hallelujah"

❶ Der Messias ist dreiteilig aufgebaut:

① _Geburt Jesu Christi_

② _Leben, Sterben und Auferstehung Jesu Christi_

③ _Erlösung aller Sterblichen am jüngsten Tag_

❷ Das „Hallelujah", das den zweiten Teil des Oratoriums beschließt, ist sicherlich der bekannteste Chorsatz im Messias. Was macht den weltweiten Erfolg dieses Stückes aus?

Die Melodien sind sehr volkstümlich und gehen sofort ins Ohr. Der Klang ist opulent und strahlend, die Rhythmik hat durch ihr fanfarenartiges Halleluja-Motiv einen mitreißenden „Drive".

❸ Besetzung:

Chor mit Sopran, Alt, Tenor und Bass; Trompete, Oboe, Fagott, Pauke, Violine, Viola, Violoncello, Kontrabass, Cembalo, Orgel

❹ Händel verwendet in seinem Chorsatz drei Themen. Wie lautet der englische, wie der deutsche Text zu jedem der drei Themen, die im Notenbild (Sopran) abgedruckt sind?

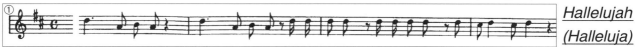

Hallelujah (Halleluja)

for the Lord God Omnipotent reigneth (denn Gott der Herr regieret allmächtig)

and He shall reign for ever and ever (und er regiert auf immer und ewig)

❺ Wie werden die drei Themen von Händel verarbeitet?

Thema 1:

Homophon-akkordischer Satz mit hoher Textverständlichkeit; Fanfarenmotiv; Einsatz aller Instrumente; Gesamtchor und Instrumente im Forte bzw. Fortissimo

Thema 2:

Zuerst unisono (T. 12), dann Thema im A/T/B (T. 17), Thema im S (T. 22), Thema im T/B (T. 25), Thema im A/T (T. 29). Die anderen Stimmen haben Begleitfunktion (Halleluja), wobei jede Stimme selbstständig ist.

Thema 3:

Das Thema wird zweimal fugal verarbeitet. Zum ersten Mal ab T. 41 (Einsatzfolge Bass-Tenor-Alt-Sopran), zum zweiten Mal ab T. 69 (Bass-Sopran-Alt-Tenor). Am Schluss ist es nahezu homophon gesetzt.

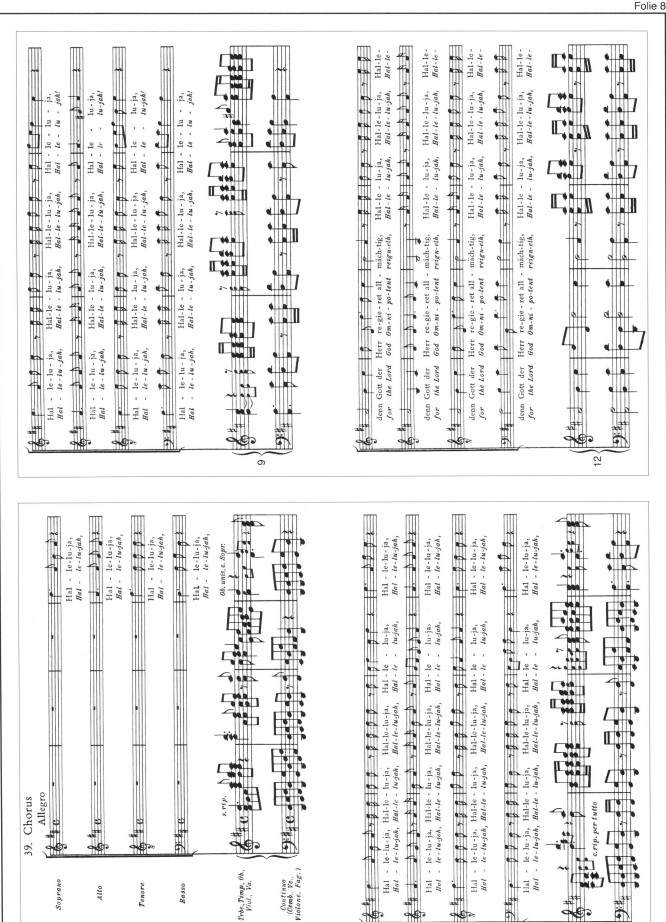

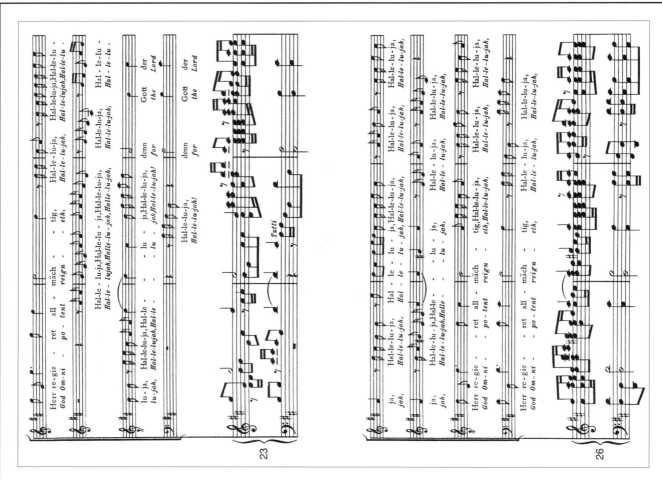
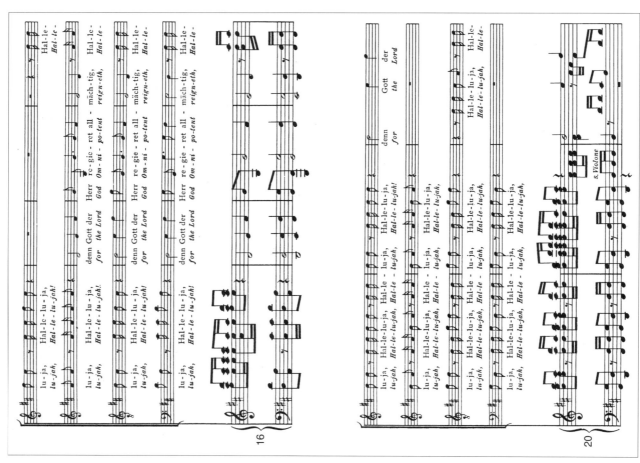

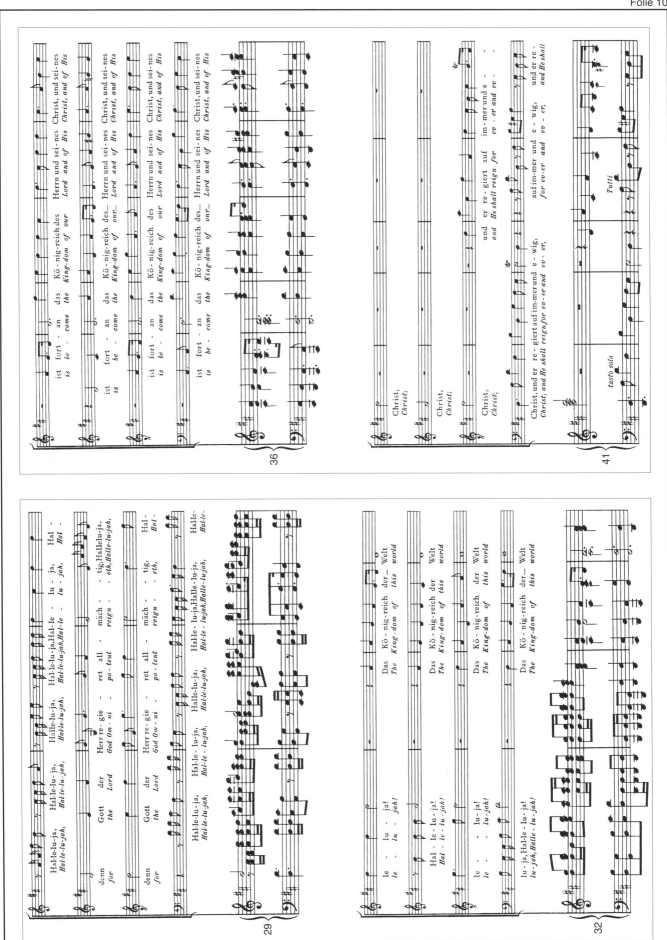

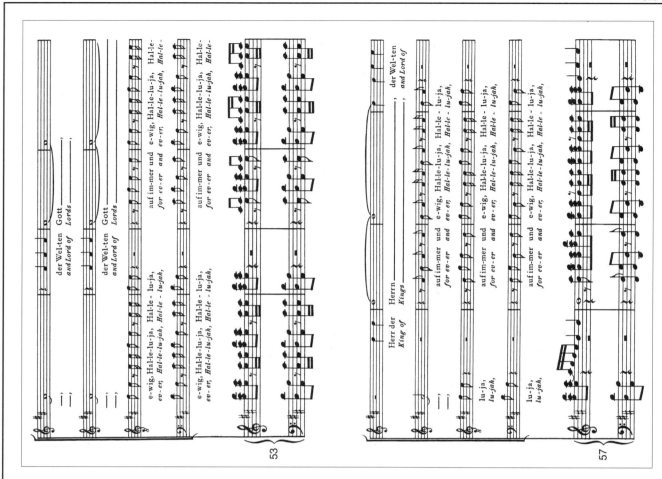
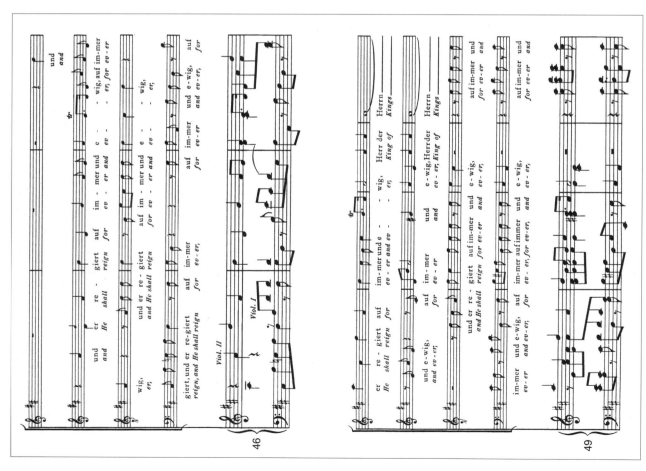

Georg Friedrich Händel: Wassermusik

Der Daily Courant vom 19. Juli 1717 berichtete von einem Ereignis, das sich zwei Tage früher ereignet hatte, wie folgt:

Am Mittwochabend, ungefähr um acht, begab sich der König in einem offenen Schiff auf eine Bootsfahrt ... und fuhr, von vielen anderen, mit Standespersonen besetzten Booten begleitet, flussaufwärts nach Chelsea. Ein Schiff der Stadtgilde trug die Musiker, die über 50 Instrumente jeglicher Art verfügten. Sie spielten die ganze Zeit – während die Boote, von der Flut getrieben und ohne gerudert zu werden, bis Chelsea fuhren – die schönsten, besonders für diese Lustfahrt von Mr. Händel komponierten Sinfonien, welche Seiner Majestät derart gefielen, dass sie auf dem Hin- und Herweg dreimal wiederholt werden mussten. Um elf ging Seine Majestät in Chelsea an Land, wo Seiner ein Souper wartete, worauf es dann wiederum sehr schöne Musik gab, die bis zwei Uhr andauerte. Danach bestieg Seine Majestät wieder das Schiff und fuhr denselben Weg zurück, wobei weiterhin musiziert wurde, bis der König an Land ging.

① Suite Nr. 1 in F-Dur, „Hornsuite" (HWV 348), Nr. 3 (Allegro)

❶ Welche Instrumente setzt Händel ein?

❷ Welche Klangwirkung erreicht Händel mit seinen Bläsern?

❸ Welche Form weist dieses Stück auf?

② Suite Nr. 2 in D-Dur, „Trompetensuite" (HWV 349), Nr. 11 (Allegro)

❶ Welche Instrumente setzt Händel ein?

❷ Welche Klangwirkung erreicht Händel mit welchen Instrumenten?

❸ Warum setzt Händel vor allem Blasinstrumente ein?

Georg Friedrich Händel: Wassermusik

Der Daily Courant vom 19. Juli 1717 berichtete von einem Ereignis, das sich zwei Tage früher ereignet hatte, wie folgt:

Am Mittwochabend, ungefähr um acht, begab sich der König in einem offenen Schiff auf eine Bootsfahrt ... und fuhr, von vielen anderen, mit Standespersonen besetzten Booten begleitet, flussaufwärts nach Chelsea. Ein Schiff der Stadtgilde trug die Musiker, die über 50 Instrumente jeglicher Art verfügten. Sie spielten die ganze Zeit – während die Boote, von der Flut getrieben und ohne gerudert zu werden, bis Chelsea fuhren – die schönsten, besonders für diese Lustfahrt von Mr. Händel komponierten Sinfonien, welche Seiner Majestät derart gefielen, dass sie auf dem Hin- und Herweg dreimal wiederholt werden mussten. Um elf ging Seine Majestät in Chelsea an Land, wo Seiner ein Souper wartete, worauf es dann wiederum sehr schöne Musik gab, die bis zwei Uhr andauerte. Danach bestieg Seine Majestät wieder das Schiff und fuhr denselben Weg zurück, wobei weiterhin musiziert wurde, bis der König an Land ging.

① Suite Nr. 1 in F-Dur, „Hornsuite" (HWV 348), Nr. 3 (Allegro)

❶ Welche Instrumente setzt Händel ein?
Streicher (Violine, Viola, Cello, Kontrabass), zwei bis vier Oboen, ein bis zwei Fagotte, zwei bis vier Hörner

❷ Welche Klangwirkung erreicht Händel mit seinen Bläsern?
„Echo-Wirkung" zwischen den Oboen/Fagotten und den Hörnern

❸ Welche Form weist dieses Stück auf?
A-B-A-Form

② Suite Nr. 2 in D-Dur, „Trompetensuite" (HWV 349), Nr. 11 (Allegro)

❶ Welche Instrumente setzt Händel ein?
Streicher, zwei bis vier Oboen, zwei Fagotte, zwei bis vier Hörner, zwei bis vier Trompeten

❷ Welche Klangwirkung erreicht Händel mit welchen Instrumenten?
strahlendes, virtuoses Bläserstück; fantastische „Echo"-Effekte zwischen Oboen/Trompeten und Fagotten/Hörnern

❸ Warum setzt Händel vor allem Blasinstrumente ein?
Holz- und vor allem Blechblasinstrumente sind auf der Themse schon von Weitem zu hören.

Georg Friedrich Händel: Feuerwerksmusik (HWV 351)

Die Feuerwerksmusik wurde anlässlich des Aachener Friedens zum Ende des Österreichischen Erbfolgekrieges am 27. April 1749 bei einem Feuerwerk uraufgeführt. Aufgrund der Witterung und technischer Probleme war das Feuerwerk ein kompletter „Reinfall", wobei sogar ein hölzerner Pavillon in Brand geriet. Händels Musik rettete den feierlichen Tag der Uraufführung. Die ursprüngliche Partitur verlangt drei Oboenstimmen, die erste zwölffach, die zweite achtfach, die dritte vierfach besetzt, je drei dreifach besetzte Trompeten- und Hornstimmen, drei Paar Pauken, acht erste und vier zweite Fagotte sowie ein Kontrafagott.

❶ Wie viele Instrumente setzte Händel ein?

❷ Welche Sätze umfasst die Suite?

❸ Für spätere Aufführungen in Konzertsälen fügte Händel Streicher hinzu. Warum?

❹ La Réjouissance

❹ Welche Instrumente spielen zusammen?

❺ Menuett II

❺ Wie wirkt das Menuett I vom Klang her im Vergleich zum Menuett II?

Georg Friedrich Händel: Feuerwerksmusik (HWV 351)

Die Feuerwerksmusik wurde anlässlich des Aachener Friedens zum Ende des Österreichischen Erbfolgekrieges am 27. April 1749 bei einem Feuerwerk uraufgeführt. Aufgrund der Witterung und technischer Probleme war das Feuerwerk ein kompletter „Reinfall", wobei sogar ein hölzerner Pavillon in Brand geriet. Händels Musik rettete den feierlichen Tag der Uraufführung. Die ursprüngliche Partitur verlangt drei Oboenstimmen, die erste zwölffach, die zweite achtfach, die dritte vierfach besetzt, je drei dreifach besetzte Trompeten- und Hornstimmen, drei Paar Pauken, acht erste und vier zweite Fagotte sowie ein Kontrafagott.

❶ Wie viele Instrumente setzte Händel ein?

Oboen: 12 + 8 + 4; Trompeten: 9; Hörner 9; Pauken: 3; Fagotte: 8 + 4; Kontrafagott: 1 ⇨ 55 Blasinstrumente (37 Holzbläser, 18 Blechbläser) und drei Paar Pauken

❷ Welche Sätze umfasst die Suite?

Ouverture (D-Dur), Bourrée (d-Moll), La Paix („Der Friede"; Largo alla Siciliana, D-Dur), La Réjouissance („Die Freude"; Allegro, D-Dur), Menuett I (d-Moll) und Menuett II (D-Dur).

❸ Für spätere Aufführungen in Konzertsälen fügte Händel Streicher hinzu. Warum?

Abrundung des Klanges; mehr Möglichkeiten zur Bildung von Kontrasten

❹ La Réjouissance

❹ Welche Instrumente spielen zusammen?

Trompete 1/Horn 1; Trompete 2/Horn 2; Trompete 3/Horn 3; Violine 1/Oboe 1; Violine 2/Oboe 2; Viola; Violoncello/Violone/Fagott 1/Fagott 2/Kontrafagott/Cembalo; Pauken

❺ Menuett II

❺ Wie wirkt das Menuett I vom Klang her im Vergleich zum Menuett II?

Es wirkt durch seine zarte Tongebung und seinen Moll-Charakter als Kontrast zum Menuett II, ähnlich einem Trio.

Joseph Haydn – „Vater" der klassischen Sinfonie

Lerninhalte:

- Kennenlernen des Lebensweges von Joseph Haydn
- Wissen um wichtige Werke von Joseph Haydn
- Wissen, warum Haydn als „Vater" der klassischen Sinfonie bezeichnet wird
- Entnahme von Informationen aus einem musikalischen Hörspiel
- Hören von verschiedenen Musikbeispielen
- Wertung der Leistung des Komponisten Joseph Haydn

Arbeitsmittel/Medien:

- Arbeitsblatt: Joseph Haydn
- Infoblätter 1/2/3 Joseph Haydn
- Bild für die Tafel: Joseph Haydn (Gemälde von T. Hardy)
- Folie 1: Bilder
- Folie 2: Kurzbiografie
- Folie 3: Wichtige Werke
- CD: Wir entdecken Komponisten: Joseph Haydn – ein musikalisches Hörspiel (DG 437257-2)

Folie 2

Joseph Haydn
Kurzbiografie

- 1740 Haydn wird Sängerknabe am Stephansdom in Wien.
- 1749 Nach Eintreten des Stimmbruchs wird Haydn entlassen. 1753 arbeitet er als Klavierbegleiter für Nicola Porpora, der ihn in Komposition schult.
- 1755 Gräfin von Thun wird durch eine Klaviersonate auf Haydn aufmerksam und nimmt ihn in ihre Dienste.
- 1758 Er wird Musikdirektor und Kammerkompositeur bei Graf Morzin in Lukawitz.
- 1761 Von Fürst Esterházy wird Haydn als zweiter Kapellmeister eingestellt; Haydn verbringt den Rest seines Berufslebens im Hause Esterházy.
- 1766 Stellung als erster Kapellmeister
- 1781 Haydn lernt Wolfgang Amadeus Mozart kennen, mit dem ihn eine lebenslange Freundschaft verbindet.
- 1790 Erste Englandreise; u. a. Ehrendoktorwürde der Universität Oxford 1791
- 1792 Zurück in Wien wird Ludwig van Beethoven kurze Zeit Haydns Klavierschüler.
- 1794 Zweite Englandreise, die bis 1795 dauert
- 1797 Komposition der Kaiserhymne (seit 1922 deutsche Nationalhymne)
- 1809 Joseph Haydn stirbt am 31. Mai in Wien.

Folie 3

Wichtige Werke

Insgesamt 104 Sinfonien, wobei die späten Sinfonien musikgeschichtlich bedeutende Meisterwerke sind; 83 Streichquartette mit wichtigen Beiträgen zur Entwicklung des Streichquartettes („Lerchenquartett", „Kaiserquartett", „Komplimentierquartett"); Kammermusik für verschiedene Besetzungen wie 11 Sonaten für Klavier und Violine/Flöte, 41 Klaviertrios, 21 Streichtrios, 6 Sonaten für Geige und Bratsche, 125 Trios für Baryton, Bratsche und Cello und viele andere Werke in verschiedenen Besetzungen; etwa 50 Klaviersonaten und verschiedene Einzelwerke; rund 50 Solokonzerte, u. a. für Klavier, Violine, Cello; bedeutende Oratorien wie „Die Schöpfung" und „Die Jahreszeiten"; 24 Opern, die allerdings selten gespielt werden

Verlaufsskizze

I. Hinführung

Impuls		L: Im Jahr 2009 wurde der 200. Todestag eines berühmten Musikers gefeiert.
St. Impuls	Bild für die Tafel (S. 98)	Joseph Haydn
	Tafelanschrift	**Joseph Haydn –**
L.info		L: Berühmt wurde Haydn durch seine 104 Sinfonien. Man nennt ihn deshalb auch den „Vater" der klassischen Sinfonie.
	Tafelanschrift	**„Vater" der klassischen Sinfonie**

II. Erarbeitung

Hören	CD Dauer (46:02)	Wir entdecken Komponisten: Joseph Haydn Vom Musizieren auf Mehlfässern, Hosenböden, Pauken und Trompeten
Arbeitsauftrag		L: Schreibe wichtige Daten aus dem Leben Haydns auf deinen Block.
Lehrer zeigt Bilder Aussprache	Folie 1 (S. 94)	
Zusammenfassung	Folie 2 (S. 91 oben)	Kurzbiografie
	Folie 3 (S. 91 unten)	Wichtige Werke
Aussprache		

III. Wertung

Lehrervortrag

Haydn war der älteste jener drei Komponisten, die vor etwa 200 Jahren in Österreich lebten und heute unter dem Begriff „Wiener Klassiker" zusammengefasst werden. Die beiden anderen waren Mozart und Beethoven. Haydn, Kind einer vielköpfigen, armen Handwerkerfamilie, durchlebte schwere Jugendjahre außerhalb des Elternhauses, erwarb sich sein Können in langen Zeiten des Hungerns und arbeitete dreißig Jahre lang als musikalischer Diener beim ungarischen Fürsten Esterházy, der seinen Beinamen „Der Prachtliebende" zu Recht trug. Der Fürst gab das von seinen Untertanen erwirtschaftete Geld mit vollen Händen für Häuser und Musik aus. Wer in seinen Besitzungen lebte, war dem Fürsten untertan – der Fürst konnte über ihn bestimmen, wie es ihm in den Sinn kam. Doch zum Glück war er freundlich und nutzte seine Macht nicht aus. Er kümmerte sich vor allem um die Musik und die Jagd. Fast täglich wurden in seinem Schloss Opern, Marionettentheater, Schauspiele und Konzerte veranstaltet. Und für beinahe alle diese Gelegenheiten wurde Musik gebraucht. Sie musste komponiert, einstudiert und aufgeführt werden. Eine große Aufgabe also für Joseph Haydn, den fürstlichen Kapellmeister und Compositeur. Erst nach dem Tode seines Dienstherrn wurde aus dem sich ehrerbietig verbeugenden und meist gehorsamen Angestellten der selbstbewusste freie Künstler, der Weltruhm erlangte und dessen Werke überall bejubelt wurden.

IV. Sicherung

Hausaufgabe	Arbeitsblatt (S. 93)	Joseph Haydn
	Infoblätter 1 / 2 / 3 (S. 95 / 96 / 97)	Joseph Haydn

Joseph Haydn

1732 wird am 1. April Joseph Haydn als Sohn des Wagenschmieds Mathias Haydn und seiner Frau Anne-Marie in Rohrau (Niederösterreich) geboren. Er ist das zweite von zwölf Kindern, von denen jedoch sechs früh starben.
1737 wird sein Bruder Michael geboren, der später ebenfalls ein bekannter Komponist wird.
1738 kommt Joseph nach Hainburg und wird bei dem mit der Familie verwandten Lehrer Mathias Franck erzogen.
1740 wird er Sängerknabe am Stephansdom in Wien, sein Lehrer ist der Domkapellmeister Georg Reutter. Von nun an erhält er regelmäßig Gesangs-, Geigen- und Klavierunterricht.
1749 nach dem Stimmwechsel wird Joseph Haydn aus dem Chor der Wiener Sängerknaben entlassen. Er ist nun ganz auf sich allein gestellt und weiß oft nicht, wie er seinen Lebensunterhalt bestreiten soll.
1753 nimmt er in Wien Unterricht bei dem italienischen Komponisten Nicola Porpora und hält sich mit musikalischen Gelegenheitsarbeiten und als Tanzmusiker finanziell über Wasser.
1759 erhält Haydn eine Anstellung als Kapellmeister beim Grafen Morzin in der Nähe von Pilsen (Böhmen) und komponiert dort seine erste Symphonie.
1760 heiratet er Anna Maria Keller; die Ehe bleibt kinderlos. Er hat bis zum Tode seiner Frau (1800) oft unter ihrem Unverständnis für seinen Beruf und seine Musik zu leiden.
1761 wird Joseph Haydn Kapellmeister beim Fürsten von Esterházy. In den nächsten dreißig Jahren schreibt

er für den unermesslich reichen Mann etwa 80 von insgesamt 104 Symphonien, außerdem Messen, Opern, Streichquartette und Sonaten. Fast alle dort entstandenen Werke führt er mit den Orchestermusikern und Sängern des Fürsten auf. Die bekannteste Symphonie aus dieser Zeit ist die „Abschiedssymphonie" von 1772.
1784 wird er von einer Pariser Konzertgesellschaft gebeten, für ihre Veranstaltungen sechs Symphonien zu komponieren, die sogenannten „Pariser Symphonien".
1790 stirbt Fürst Nicolaus Joseph von Esterházy. Haydn wird entlassen, das Orchester wird aufgelöst; der Komponist kehrt nach Wien zurück und schließt dort Freundschaft mit dem um 24 Jahre jüngeren Mozart.
Noch im gleichen Jahr nimmt er Kontakt mit dem Konzertunternehmer Salomon auf, tritt die erste Reise nach England an und schreibt für seine Konzerte in London die ersten sechs der „Zwölf Londoner Symphonien".
1791 ernennt die Universität Oxford Joseph Haydn zum Ehrendoktor.
1792 kehrt Haydn im Juli wieder zurück nach Wien und nimmt den aus Bonn gekommenen Ludwig van Beethoven als Schüler an.
1793 kauft er sich im Wiener Vorort Gumpendorf ein stattliches Haus.
1794 reist Haydn zum zweitenmal nach England und komponiert dort die zweite Serie der „Londoner Symphonien".
1796 schreibt er in Wien ein Trompetenkonzert für den Hoftrompeter Weidinger, der eine neuartige Klappentrompete erfunden hat. Außerdem beginnt er mit der Arbeit an einem großen geistlichen Werk, dem Oratorium „Die Schöpfung" für Gesangssolisten, Chor und Orchester.

1797 komponiert er das Lied „Gott erhalte Franz den Kaiser", dessen Melodie heute die deutsche Nationalhymne ist.
1804 ernennt die Stadt Wien Haydn zum Ehrenbürger.
1805 gibt er eine Zusammenstellung aller seiner Werke heraus. Er fühlt sich aber schon zu schwach, um noch weitere große Werke zu schreiben.
1809 stirbt Joseph Haydn am 31. Mai und wird auf dem Hundsturmer Friedhof bei Wien begraben. 1820 lässt ihn Fürst Nikolaus II. exhumieren und nach Eisenstadt in die Haydnkirche überführen.

Folie 1

Geburtshaus in Rohrau

Haydnhaus in Eisenstadt

Englandreise

Kohlenmarkt in Wien um 1750

Fürst Nikolaus Esterházy

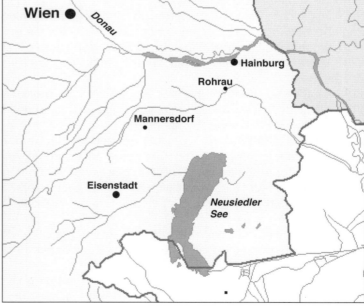
Karte um 1730

Albus: Musik · Klassik – neu entdecken · Best.-Nr. 698
© Brigg Pädagogik Verlag GmbH, Augsburg

Joseph Haydn

Mein Fürst war mit allen meinen Arbeiten zufrieden, ich erhielt Beyfall, ich konnte als Chef eines Orchesters Versuche machen, beobachten, was den Eindruck hervorbringt und was ihn schwächt, also verbessern, zusetzen, wegschneiden, wagen; ich war von der Welt abgesondert. Niemand in meiner Nähe konnte mich an mir selbst irre machen und quälen, und so mußte ich original werden.

Joseph Haydn (nach G. A. Griesinger, 1810)

Haydns Erinnerungen an sein Leben im Dienste der Fürsten Esterházy gipfelten in einem lapidaren „original" als Ziel künstlerischen Strebens. Damit sprach er ein Ideal an, das die Zeit des „Sturm und Drang", vor allem aber dann die Romantik geprägt hat. Carl Philipp Emanuel Bach war für seine Zeitgenossen das größte Original-Genie; Haydn ließ nur ihn, diesen bedeutendsten der Bach-Söhne, als geistigen Lehrmeister gelten. Noch im Spätbarock fühlte sich der Künstler in eine ideale göttliche wie weltliche Harmonie eingebunden, wobei er den Wert der eigenen Persönlichkeit durchaus nicht verleugnete. Dem Leipziger Thomaskantor Johann Sebastian Bach wäre es nie in den Sinn gekommen, sich als original oder gar als Genie bezeichnen zu wollen.

Joseph Haydn war in der Tradition des österreichischen Spätbarock erzogen worden. In der kargen Handbibliothek des alternden Meisters, bei dem nun schon die jungen Romantiker Rat suchten, hat noch ein abgegriffenes Exemplar des maßgeblichen Kontrapunkt-Lehrbuchs alter Schule gestanden: der „Gradus ad Parnassum" von Johann Joseph Fux. Haydn selbst durchlebte den gesamten Wandel der Musik in die neue, so bedeutsame Phase des 19. Jahrhunderts. Als er 1732 geboren wurde, schrieb der Thomaskantor Bach das Kyrie und Gloria zur Messe in h-moll; die „Matthäus-Passion" war gerade wenige Jahre zuvor aufgeführt worden. Als der altersschwache Haydn 1803 die Feder aus der Hand legte, komponierte Beethoven seine 3. Sinfonie, die „Eroica". Und als Haydn 1809 – im Geburtsjahr Mendelssohns – starb, schickte sich der junge Franz Schubert an, sein erstes großes Werk zu konzipieren: eine Fantasie für Klavier zu vier Händen. Dieser gewaltige Entwicklungsbogen umschließt unter anderem das gesamte Werk Mozarts.

Der selbstlos-fürsorgliche Haydn wurde von seinen Musikern und Freunden einst wie ein Vater verehrt; auch Mozart nannte ihn liebevoll den Papa Haydn. Spätere Generationen, nun fortschrittsgläubig dem Mythos Beethoven ergeben, gebrauchten diesen Beinamen eher gönnerhaft-abwertend. So dichtete der sonst so musikverständige Eduard Mörike: „Joseph Haydn – Manchmal ist sein Humor altfränkisch, ein zierliches Zöpflein – das, wie der Zauberer spielt, schalkhaft im Rücken ihm tanzt." Erst in neuerer Zeit begann man, die Eigenständigkeit dieses Klassikers zu würdigen, der – keinesfalls nur Vorläufer – Streichquartett, Sinfonie und deutsches Oratorium zur Vollendung geführt und damit Entscheidendes zu jener Epoche beigetragen hat, die man heute allgemein als Wiener Klassik bezeichnet. Haydn konnte damals mit Recht sagen: Meine Sprache versteht man in der ganzen Welt.

Am 1. April 1732 wurde Haydn auf den Namen Franciscus Josephus in der Kirche St. Veit zu Rohrau getauft. Der Vater Mathias hatte sich am Ort als Wagnermeister niedergelassen und das ganz neu erbaute „Kleinhäusl" bezogen (heute als würdige Haydn-Gedenkstätte rekonstruiert); später übernahm er auch das ehrenvolle Amt des Marktrichters. Die Mutter Anna Maria war einst Köchin auf dem das Dorf beherrschenden Schlosse der Grafen Harrach. Die Bevölkerung dieses kargen Hügellandes zwischen Hainburg/Donau und dem Neusiedler See nahe der ungarischen Grenze war seit jeher nicht vom Wohlstand verwöhnt. Wenn der Vater nach Feierabend zur Harfe griff, die Mutter einfache Lieder anstimmte, machte sich bald auch der kleine Sepperl musikalisch bemerkbar und sang alle seine simplen, kurzen Stücke ordentlich nach. „Gott der allmächtige (welchen ich alleinig so unermessene gnade zu dancken) gab mir besonders in der Music so viele leichtigkeit, indem ich schon in meinem 6ten Jahr ganz dreist einige Messen auf den Chor herab sang, auch etwas auf dem Clavier und Violin spielte." 1740 nahm ihn der berühmte Domkapellmeister Georg Reutter d. J. als Sängerknaben in dem Kapellhaus zu St. Stephan in Wien auf. Dort begann für den Achtjährigen die eigentliche Ausbildung. Im Stephansdom wie am kaiserlichen Hofe erlebte er die Vielfalt der Wiener Musikpraxis. Haydn lernte, wo immer sich eine Gelegenheit bot; zeitlebens blieb er ein Lernender, der sich alle wesentlichen Kenntnisse selbst erarbeiten musste.

Später erinnerte er sich, wie er oft als Sängerknabe mit seinem „Klavierl" unterm Arm auf den Dachboden ging, um ungestört zu arbeiten, während die Kameraden spielten. Haydn hatte dann auch die Freude, seinen fünf Jahre jüngeren Bruder Johann Michael im Kapellhaus einführen zu können. Nach dem Stimmbruch aber verlor der Sänger an Wert, und ein Lausbubenstreich wurde willkommener Anlass zum Hinauswurf. Joseph Haydn, der nun als Tanzbodengeiger, Hilfsorganist, Ständchenmusiker, Kopist und Musiklehrer gelegentlich Geld verdiente, musste sich „ganzer 8 Jahr kumerhaft herumschleppen (... durch dieses Elende brod gehen viele genien zu grund, da ihnen die zeit zum studieren manglet), die Erfahrung trafte mich leyder selbst, ich würde das wenige nie erworben haben, wan ich meinen Compositions Eyfer nicht in der nacht fortgesezt hätte." Im Alter sagte er rückblickend, dies beweise, dass aus dem Nichts doch etwas werden kann und fügte bedeutungsvoll hinzu: „Was ich aber bin, ist Alles ein Werk der dringendsten Noth." Die Hungerjahre brachten zumindest einen positiven Aspekt: Im „Alten Michaelerhaus", wo Haydn eine Dachkammer bewohnte, hatte sich der italienische Opernkomponist Nicola Porpora niedergelassen. Haydn konnte dem berühmten Manne zu Diensten stehen, half als Klavierbegleiter während des Unterrichts und wurde so mit der italienischen Sprache und Gesangskunst vertraut; nach seinen eigenen Worten gelang es ihm dabei sogar, die „ächten Fundamente der sezkunst zu erlehrnen." Er wird den Wert dieser Unterweisung für seine spätere Opernpraxis damals nur erahnt haben. Etwas wehmütig nahm er wohl auch zur Kenntnis, dass sein jüngerer Bruder Michael bereits mit zwanzig Jahren als Kapellmeister beim Bischof im ungarischen Großwardein (heute rumänisch Oradea) zu Ansehen gekommen war. Haydn war – im Gegensatz zu Mozart – zwar ein Spätentwickler, aber dieses Jahrzehnt in Armut dürfte dazu beigetragen haben, dass er erst mit 27 Jahren seine erste Sinfonie komponierte. Mozart schrieb in diesem Alter schon seine „Linzer" Sinfonie und bereitete den „Figaro" vor.

Endlich nahm man auch in Wiener Adelskreisen von dem begabten Musiker Notiz. Beim Grafen Morzin erhielt Haydn als Directeur in dessen böhmischer Sommerresidenz sogar eine lukrative Stellung, die sich aber bald in Nichts zerschlug, denn der Graf hatte weit über seine Verhältnisse gelebt und musste nun, nach finanziellem Ruin, die Kapelle entlassen.

Zum Glück suchte damals Fürst Paul Anton Esterházy für seinen alternden Kapellmeister G. J. Werner in Eisenstadt einen „Vize". In seinem dreißigsten Lebensjahr trat Haydn mit Vertrag vom 1. Mai 1761 in den Dienst des Fürstenhauses, das seinen künftigen Lebensweg prägen sollte. Die Fürsten Esterházy waren das reichste Adelsgeschlecht Ungarns und nahmen darüber hinaus im ganzen Habsburgerreich eine führende Stellung ein. Nikolaus I. „der Prachtliebende" verhalf seit 1762 dem Kulturleben zu ungeahntem Aufschwung. Er vergrößerte die Kapelle, richtete eine Opernbühne ein und lud Theatergruppen zu Gast. Als der Fürst dann aber Versailles gesehen hatte, empfand er sein stattliches Schloss im burgenländisch-ungarischen Eisenstadt zu eng als Sommerresidenz: Er ließ im Sumpfland südöstlich des Neusiedler Sees, wo die Esterházys bei Süttör ein kleines Jagdschloss besaßen, eine Prachtanlage gewaltigen Ausmaßes errichten, ein „ungarisches Versailles". Haydn und seine Musiker verbrachten von 1766 an – seit Fertigstellung der Hauptgebäude – jeweils die Sommermonate in diesem neuen Schloss, das nun Eszterháza hieß. Als 1784 die ganze Anlage mit Opernhaus, Marionettentheater, Orangerie, Tempelchen und anderen „Lusthäusern", Eremitage, Monbijou, Champs Elysees, Labyrinth und vielem mehr vollendet war, erhielten die Gäste einen Lageplan zur Hand, damit sie sich bei den ausgedehnten Festlichkeiten nicht verirrten. Die Oper dominierte nun in Haydns Schaffen. Das Opernhaus (heute – wie der größte Teil der Anlage – nicht erhalten) bot 400 Besuchern Platz und war mit den modernsten bühnentechnischen Einrichtungen versehen. Zu den Aufführungen nahm der Adel in den Logen Platz, während das Parkett für jedermann frei zugänglich war. Als Kaiserin Maria Theresia 1773 zu Gast war, führte Haydn als Höhepunkt der Feierlichkeiten seine Oper „L'infedeltà delusa" auf. Die Kaiserin soll dann in Wien mehrfach gesagt haben: Wenn ich eine gute Oper hören will, gehe ich nach Eszterháza. Und zum Stolz des Fürsten (und Haydns) borgte sich Maria Theresia gelegentlich die „Haydn-Truppe" für eigene Festlichkeiten nach Wien aus.

Heute kann sich der Musikfreund kaum vorstellen, welche Bedeutung die Oper in Haydns Schaffen einnahm: Zu vieles ist durch Brände und Kriege für immer verloren gegangen. Es ist immerhin aufschlussreich, dass Haydn 1776 in seiner autobiographischen Skizze bei der Aufzählung der wichtigsten Werke auch die Oper an die erste Stelle setzte. Und in seiner Bescheidenheit fügte er später einmal hinzu, er hätte wohl auch ein berühmter Opernkomponist werden können, wenn es ihm vergönnt gewesen wäre, nach Italien zu reisen.

Das Verhältnis des musikliebenden Fürsten zu seinem Kapellmeister war von gegenseitiger Achtung getragen, die fast an Freundschaft grenzte. Haydn sah sich am Ziel, „allwo ich zu leben und zu sterben mir wünsche." Man fühlt sich an J. S. Bach erinnert, der 1730 ähnlich an den Jugendfreund Erdmann über seinen einstigen Dienstherrn, den Fürsten Leopold von Anhalt-Köthen, schrieb: „Daselbst hatte einen gnädigen und Music wohl liebenden als kennenden Fürsten, bey welchem auch vermeinte meine Lebenszeit zu beschliessen."

Doch weder Bachs noch Haydns Wünsche erfüllten sich. Als Fürst Nikolaus 1790 unerwartet starb, ging diese wichtigste Phase im Leben Haydns jäh zu Ende. Der Sohn, Fürst Anton, löst die Kapelle auf und übersiedelte aus Sparsamkeitsgründen wieder nach Eisenstadt. Haydn behielt zwar Titel und Gehalt als Kapellmeister auf Lebenszeit, war aber nun von allen Verpflichtungen befreit. Der Konzertagent Johann Peter Salomon nutzte die Gelegenheit, Haydn zu zwei längeren Aufenthalten nach London zu verpflichten (1791/92 und 1794/95). Für die Konzerte in England schrieb Haydn die letzten zwölf seiner über hundert Sinfonien, die „Londoner"; sie wurden die Krönung seines sinfonischen Schaffens. In England, dem in der Entwicklung des bürgerlichen Musiklebens am weitesten fortgeschrittenen Lande, lernte er nun eine ganz andere Welt kennen: Er genoss dieses Leben als freier Künstler und erfreute sich zahlreicher Ehrungen, so der Ehrendoktorwürde in Oxford. Als er aber 1795, nach Wien zurückgekehrt, vom nun regierenden Fürsten Nikolaus II. Esterházy gebeten wurde, mit der neu gegründeten Kapelle die Leitung des Musiklebens in Eisenstadt zu übernehmen, zögerte er keinen Augenblick, dieser Freiheit zu entsagen. Haydn ließ sich zwar im aktiven Kapellmeisterdienst weitestgehend vertreten, lieferte aber während dieser letzten Dienstzeit im Hause Esterházy sechs große Messen, die als Vollendung seines geistlichen Werkes gelten. Sie waren zum Namenstag der Fürstin Hermenegild, geb. Prinzessin Liechtenstein, bestimmt und wurden jeweils am 12. September in der Bergkirche zu Eisenstadt aufgeführt. 1802 war es die „Harmoniemesse", zugleich Haydns letztes großes Werk (so benannt nach der starken Bläserbesetzung = Harmoniemusik). Die musikliebende Fürstin hat ihren vereinsamten Kapellmeister bis zur Todesstunde umsorgt. Sie war es auch, die Haydn zu einem letzten Triumph in der Öffentlichkeit verhalf. Als am 27. März 1808 in der Alten Universität „Die Schöpfung" unter Antonio Salieris Leitung festlich aufgeführt wurde und alle musikalischen Größen Wiens aktiv oder als Zuhörer beteiligt waren, darunter auch Haydns ehemaliger Schüler Beethoven, ließ die Fürstin den gebrechlichen Komponisten in ihrer eleganten Equipage holen und mit Fanfaren empfangen. Im Tragsessel konnte Haydn noch einmal die Begeisterung seiner Freunde entgegennehmen. Die Esterházys sorgten schließlich dafür, dass die sterblichen Überreste ihres Kapellmeisters von Wien nach Eisenstadt übergeführt wurden, um in der Bergkirche eine würdige Ruhestätte zu finden – dort, wo Haydn einst die Orgel gespielt hatte und seine Messen erklungen waren. Dem im Leben stets dankbaren Haydn widerfuhr damit die Dankbarkeit seines Fürstenhauses über den Tod hinaus auf eine in der Musikgeschichte so außergewöhnliche Weise.

Aus England hatte Haydn, nicht zuletzt unter dem Eindruck gewaltiger Händel-Aufführungen in Westminster Abbey, einen Text mitgebracht, der in Gottfried von Swietens Neufassung Grundlage für „Die Schöpfung" (1798) wurde. Mit diesem deutschen Oratorium erreichte Haydn den Gipfel seiner Popularität. Als er 1801 auf die gleiche Weise „Die Jahreszeiten" folgen ließ, fühlte sich der nun rasch alternde und kränkelnde Meister am Ende seiner Kräfte und völlig verausgabt: „Ich hätte sie nie schreiben sollen!" Ein letztes Streichquartett (op. 103) blieb 1803 unvollendet liegen. Entschuldigend gab er seine Visitenkarte aus, die den Anfang eines vierstimmigen Gesangs „Der Greis" enthielt: „Hin ist alle meine Kraft, alt und schwach bin ich." In den letzten Lebensjahren spielte sich Haydn oft am Klavier sein „Gott! erhalte Franz den Kaiser" vor. Noch kurz vor dem Tode – Haydn starb am 31. Mai 1809 – tröstete er sich während der erneuten Belagerung und Beschießung Wiens durch die Franzosen täglich mit diesem Liede, das er 1797 auf einen Text von Haschka für Kaiser Franz II. geschrieben hatte. Es wurde zur Volkshymne und später – auf den Text von Hoffmann von Fallersleben – zum „Deutschlandlied". Haydn versah diese Melodie in einem seiner späten Quartette (op. 76, Nr. 3, dem Grafen Joseph Erdödy gewidmet) mit kunstvollen Variationen.

Große Meister der Musik
© Dr. Kurt Hahn

Joseph Haydn, Gemälde von Thomas Hardy (1791)

Joseph Haydn: Sinfonie Nr. 94, G-Dur („Surprise")

Lerninhalte:
- Kennenlernen des 2. Satzes „Andante" der Haydn-Sinfonie Nr. 94, G-Dur („Surprise")
- Wissen um die Herkunft des Beinamens „Surprise" bzw. „Paukenschlag"
- Wissen, dass dem Thema die Melodie eines Volksliedes zugrunde liegt
- Wissen, wie Haydn das Ausgangsthema in seiner Sinfonie verändert hat
- Wissen um die verschiedenen Variationstypen
- Schulung zur Fähigkeit, thematische Veränderungen herauszuhören

Arbeitsmittel/Medien:
- Arbeitsblatt/Folie 8: Lösung Arbeitsblatt
- Folie 1: Sinfonie Nr. 94, G-Dur („Surprise"), 2. Satz: Andante (Formschema)
- Folien 2/3/4/5/6/7: Partitur des 2. Satzes: Andante/Variationstypen
- CD: Haydn Sinfonien Nr. 94/100/101. Phil. Hungarica. Dorat (Decca, ADD 1973). Bestellnummer bei JPC 8359896. www.jpc.de
- Video: Braimwood.www.myvideo.de/watch/4684994/Joseph_Haydn_Sinfonie_Nr_94_Mit_dem_Paukenschlag (6 min. – 29. Dezember 2008)

Tafelbild

Aufbau des 2. Satzes: Andante der Sinfonie Nr. 94, G-Dur
- Thema
- Variation 1: Umspielung des Themas
- Variation 2: Minore (Moll-Variation)
- Variation 3: Maggiore (Dur-Variation) mit Halbierung der Notenwerte ⇨ aus Achtel- werden Sechzehntelnoten
- Variation 4: Tutti-Variation ⇨ ganzes Orchester im Fortissimo
- Coda (Schlussgruppe)

Folie 7

Variationstypen

Figurative Variation
Sie wird auch Ornamentalvariation genannt. Bei ihr wird die Melodie des Themas ausgeschmückt, d. h. die Melodielinie wird umspielt und in der Regel von Variation zu Variation in immer kleinere Notenwerte aufgelöst.
Beispiel: Wolfgang Amadeus Mozart: Ah, vous dirai-je, Maman (KV 265)

Charaktervariation
Bei ihr wird das Thema tiefgreifend verändert. Jede Variation hat damit ihren eigenen Charakter. Veränderungen nach Tonart, Tongeschlecht, Takt, Tempo, Rhythmik und Harmonik sind möglich
Beispiel: Ludwig van Beethoven: Diabelli-Variationen (op. 120)

Cantus-firmus-Variation
Bei ihr bleibt die Melodie des Themas als Cantus firmus unverändert. Mit jeder Variation erhalten die Begleitstimmen einen anderen Verlauf.
Beispiel: Joseph Haydn: Streichquartett op. 76, Nr. 3, „Kaiserquartett", 2. Satz

Chaconne und Passacaglia
Ursprünglich Tanzsätze mit Variationsfolgen, sind Passacaglia und Chaconne nicht leicht voneinander zu unterscheiden. Der Passacaglia liegt im Allgemeinen ein gleichbleibendes Bassthema zugrunde (ostinater Bass), während die Chaconne in der Behandlung des Themas freier ist und sich häufig auf einer gleichbleibenden Harmoniefolge aufbaut.
Beispiel: Johann Sebastian Bach: Passacaglia c-Moll für Orgel (BWV 582)
Beispiel: Georg Friedrich Händel: Chaconne Nr. 2, G-Dur für Klavier (HWV 435)

Verlaufsskizze

I. Hinführung

Impuls Lehrer spielt/singt vor Schüler singen	Folie 1 (S. 103)	Lied: Geh im Gassle auf und n'unter
Überleitung		L: Joseph Haydn, ein berühmter Komponist der Wiener Klassik, hat dieses Lied in einer seiner Sinfonien verwendet.
Zielangabe	Tafelanschrift	**Sinfonie Nr. 94, G-Dur, 2. Satz: Andante**

II. Werkbetrachtung/Erarbeitung

1. Hören	CD (Ausschnitt)	Thema (Takte 1 bis 32)
Höraufgaben		1. Wie verändert Haydn die Melodie des Volksliedes in seinem Thema? 2. Instrumente?
Zusammenfassung	Tafelanschrift	zu 1. Haydn verwendet 4 Viertelnoten als Haltenoten (T2, T4, T6, T8); er lässt die punktierte Sechzehntelnote im Takt 6 des Volksliedes wegfallen; im Takt 8 der Sinfonie kommt ein Oktavsprung nach unten (von g' zu g) dazu zu 2. Violinen 1/2, Viola, Cello, Kontrabass, Pauke und je 2 Flöten, Oboen, Hörner, Fagotte und Trompeten
Impuls	Tafelanschrift	L: Diese Sinfonie hat folgenden Beinamen erhalten: „Paukenschlag" L: Anekdote zur Entstehung dieses Begriffes Georg August Griesinger berichtet dazu: „Ich fragte (Haydn) einst im Scherz, ob es wahr wäre, dass er das Andante mit dem Paukenschlage komponiert habe, um die in seinem Konzert eingeschlafenen Engländer zu wecken? „Nein", erhielt ich zur Antwort, „sondern es war mir daran gelegen, das Publikum durch etwas Neues zu überraschen, und auf eine brillante Art zu debütieren."
2. Hören	CD (2. Satz)	
Höraufgaben		1. Aus wie vielen Teilen einschließlich des Themas besteht er? 2. Was verändert Haydn bei den einzelnen Teilen? Partitur
	Folien 2–6 (S. 104–108)	
Aussprache	Tafelanschrift (S. 99 Mitte)	Aufbau des 2. Satzes: Andante der Sinfonie Nr. 94, G-Dur • Thema • Variation 1: Umspielung des Themas • Variation 2: Minore (Moll-Variation) • Variation 3: Maggiore (Dur-Variation) mit Halbierung der Notenwerte ⇨ aus Achtel- werden Sechzehntelnoten • Variation 4: Tutti-Variation ⇨ ganzes Orchester im ff • Coda (Schlussgruppe)
Zusammenfassung	Folie 1 (S. 103)	Formschema

III. Sicherung

Zusammenfassung	Arbeitsblatt (S. 101)	Sinfonie Nr. 94, G-Dur, „Surprise" („Paukenschlag") 2. Satz: Andante
Kontrolle	Folie 8 (S. 102)	

IV. Ausweitung

		L: Variationstypen
Aussprache	Folie 7 (S. 99 u.)	
Hausaufgabe	Video (6 min.)	Haydn: Sinfonie Nr. 94, G-Dur, 2. Satz

Arbeitsblatt

Mus Name: _____ Datum: _____

J. Haydn: Sinfonie Nr. 94, G-Dur, „Surprise", 2. Satz: Andante

Das 1791 komponierte Werk gehört zu den Londoner Sinfonien und wurde am 23. März 1792 unter der Leitung des Komponisten im Rahmen der Salomon-Konzerte in London uraufgeführt.

❶ Der 2. Satz ist mit „Andante" überschrieben. Was bedeutet das Wort?

_____

❷ Welche Instrumente setzt Haydn bei dieser Sinfonie ein?

_____

_____

❸ Vergleiche die Liedmelodie mit dem Thema des 2. Satzes der Sinfonie. Was ändert Haydn?

Lied

Geh im Gass - le auf und n'un - ter, hän - gen schwar - ze Kir - schen run - ter,
schwar - ze Kir - schen ess ich gern, die Jung - fer Nan - ni hätt' ich gern.

Sinfonie

_____

❹ Aufbau des 2. Satzes „Andante"

Er besteht aus _____ Teilen. Das Thema kehrt oft wieder, allerdings in _____ Form. Solche Wandlungen eines Themas nennt man _____.

Variation ①

_____
_____

Variation ②

_____

Variation ③

_____

Variation ④

_____

J. Haydn: Sinfonie Nr. 94, G-Dur, „Surprise", 2. Satz: Andante

Das 1791 komponierte Werk gehört zu den Londoner Sinfonien und wurde am 23. März 1792 unter der Leitung des Komponisten im Rahmen der Salomon-Konzerte in London uraufgeführt.

❶ Der 2. Satz ist mit „Andante" überschrieben. Was bedeutet das Wort?

„Andante" ist eine Tempobezeichnung und bedeutet „gehend, schreitend".

❷ Welche Instrumente setzt Haydn bei dieser Sinfonie ein?

2 Flöten, 2 Oboen, 2 Fagotte, 2 Hörner, 2 Trompeten, Pauke, Streicher (1. Violine, 2. Violine, Viola, Violoncello, Kontrabass)

❸ Vergleiche die Liedmelodie mit dem Thema des 2. Satzes der Sinfonie. Was ändert Haydn?

Lied

Sinfonie

Statt durchgehender Achtelnoten im Lied stehen vier Viertelnoten als „Haltenoten" in den Takten 2, 4, 6 und 8. Im 8. Takt steht das g' eine Oktave tiefer als Achtelnote g mit Achtelpause.

❹ Aufbau des 2. Satzes „Andante"

Er besteht aus __6__ Teilen. Das Thema kehrt oft wieder, allerdings in ____veränderter____ Form. Solche Wandlungen eines Themas nennt man ____Variationen____.

Variation ①

Sie beginnt mit einem 2. Paukenschlag. Das Thema erklingt in der 2. Violine, die 1. Violine – einmal auch mit den Flöten – umspielt das Thema.

Variation ②

Sie steht in c-Moll, wird deshalb als „Minore" bezeichnet. Die vier ersten Anfangstakte werden mit den vier Schlusstakten kombiniert.

Variation ③

Sie steht in C-Dur („Maggiore"). Zunächst erklingt die in Sechzehntel aufgelöste Melodie in der Oboe, anschließend das Originalthema in der Violine.

Variation ④

Hier wird das Thema mit allen Instrumenten im Fortissimo als glanzvoller Marsch mit Pauken, Trompeten und synkopierter Begleitung dargeboten.

J. Haydn: Sinfonie Nr. 94, G-Dur, „Surprise", 2. Satz: Andante
Formschema

Das ganze **Thema** beruht auf einer Melodie von 32 Takten. Diese Melodie stammt aus einem österreichischen Volkslied und gehört zu den schlichtesten und populärsten Weisen Haydns.

Die Melodietöne sind Bestandteil der begleitenden Akkorde. Der Rhythmus besteht aus Achtelnoten, unterbrochen durch eine Viertelnote am Ende jeder aus zwei Takten bestehenden Einheit.

Nach den ersten Takten in den 1. und 2. Violinen erklingt das Thema nochmals im Pianissimo nur in den 1. Violinen. Daraus resultiert auch die große Wirkung des Paukenschlags, eines G-Dur-Akkordes des gesamten Orchesters. Die zweite Hälfte des Themas ist beweglicher, die Tonwiederholungen sind nicht mehr so konsequent, die achttaktige Periode in den Streichern wird beim zweiten Erklingen von den Holzbläsern verstärkt.

Die **erste Variation** beginnt mit einem zweiten Paukenschlag des Orchesters. Das Originalthema erklingt in der 2. Violine, die 1. Violine – einmal auch mit den Flöten – umspielt das Thema.

In der **zweiten Variation** in c-Moll werden die vier ersten Anfangstakte mit den vier Schlusstakten kombiniert. Weil der Satz in Moll gehalten ist, wird er auch mit „Minore" überschrieben. Die folgende Passage ist eine freie Bearbeitung des thematischen Materials.

Die **dritte Variation** steht in C-Dur und ist deshalb mit „Maggiore" überschrieben. Zunächst erklingt die in Sechzehntel aufgelöste Melodie in der Oboe, anschließend in der Violine in Originalgestalt mit Gegenstimmen in den Holzbläsern.

In der **vierten Variation** wird das einfache Thema in großer Instrumentation zu einem glanzvollen Marsch mit Pauken, Trompeten und synkopierter Begleitung dargeboten.

In der **Coda** erklingt in den Trompeten ein fanfarenartiges Motiv, der erste Teil des Themas schließt den Satz im Pianissimo ab.

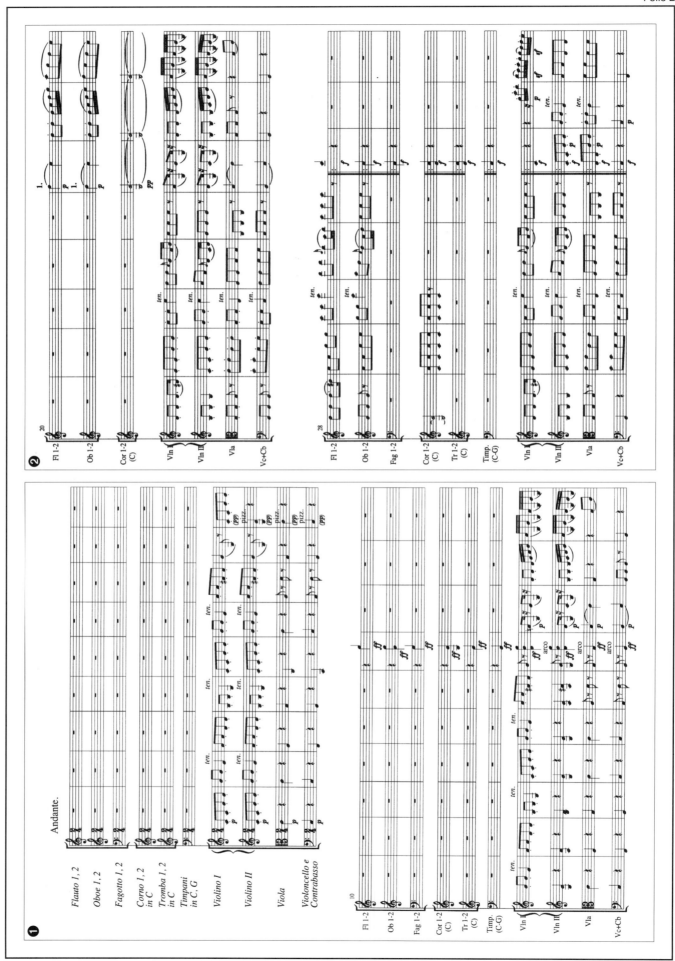

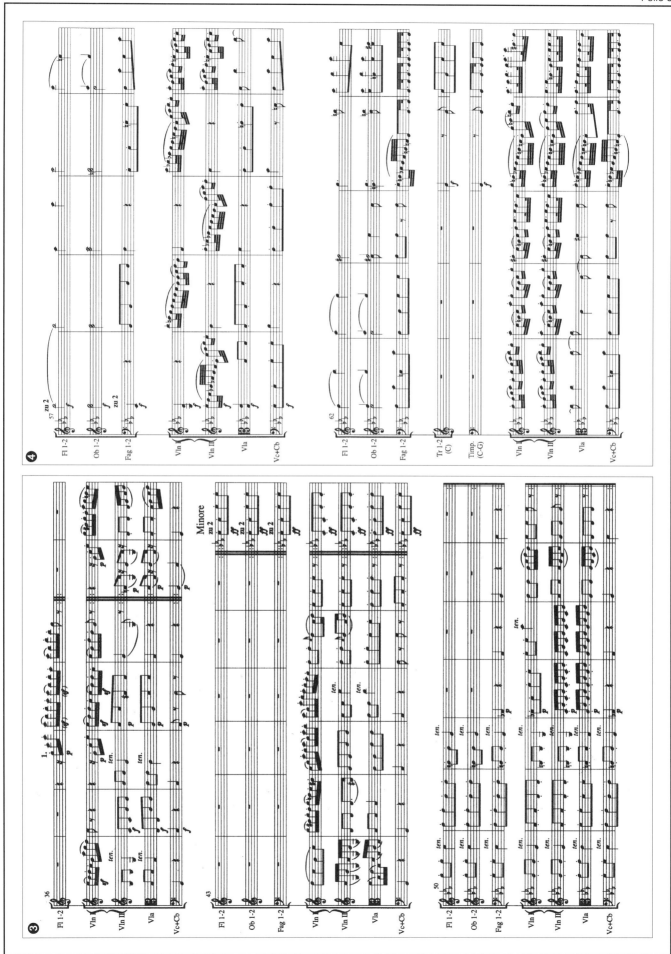

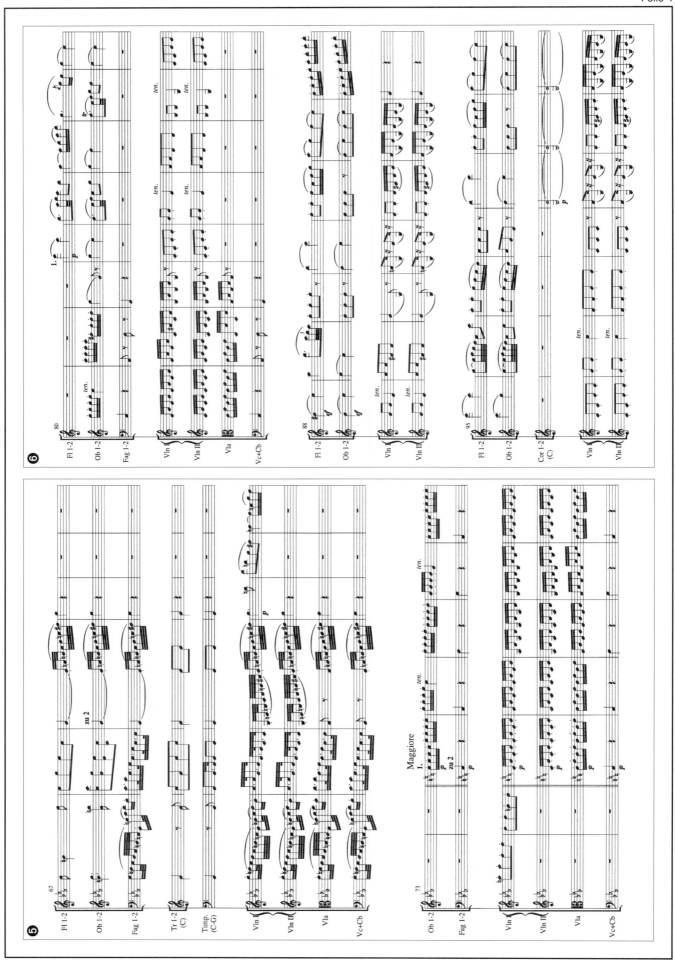

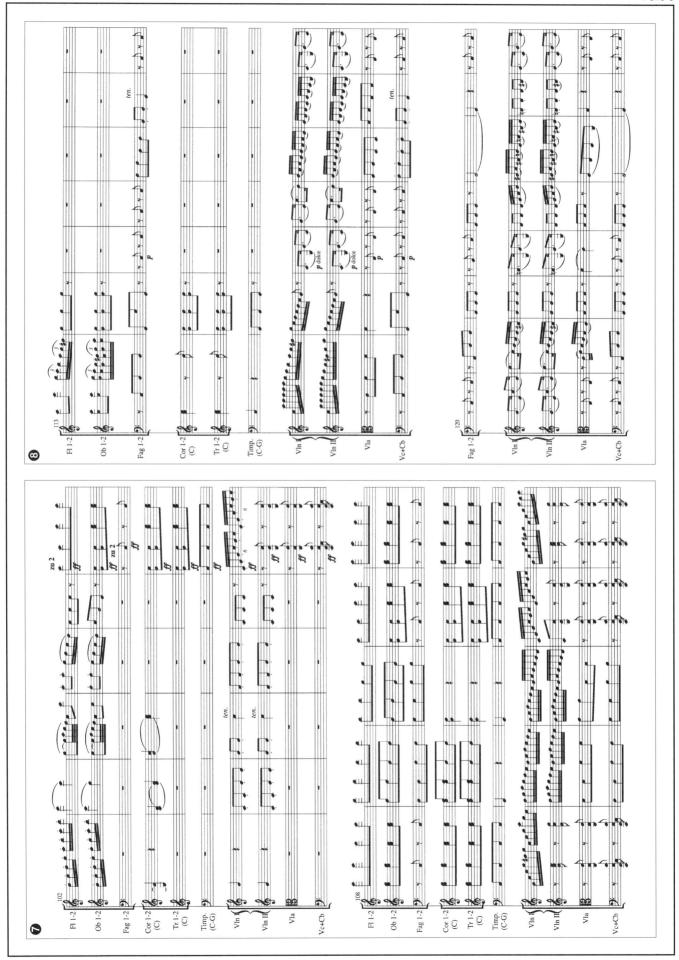

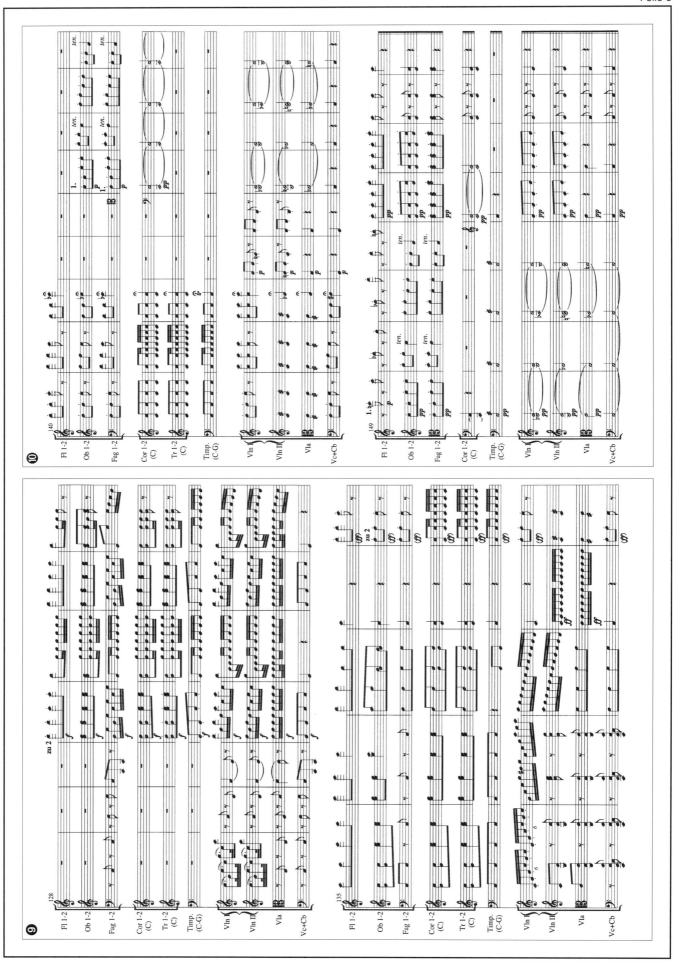

J. Haydn: Die Schöpfung (Hob. XXI:2)

Das Oratorium „Die Schöpfung" von Joseph Haydn ist eine erzählte Schöpfungsgeschichte (Text von Gottfried van Swieten, nach dem englischen „Paradise lost" von John Milton). Wie in anderen Oratorien gehen auch hier den größeren Arien und Chorsätzen oft kurze Rezitative voran. Hier gibt das Rezitativ die Worte der Genesis wieder, während die folgende Musik die biblische Erzählung in Versen aufnimmt. Die Schöpfung besteht aus drei Teilen. Der erste Teil umfasst die ersten vier Tage (Erschaffung des Lichts, der Erde, der Himmelskörper, des Wassers, des Wetters und der Pflanzen), der zweite Teil stellt den fünften und sechsten Tag vor (Tiere, Menschen) und der dritte Teil erzählt von Adam und Eva.

❶ Personen? Stimmlagen?

❷ Worum geht es im Teil I, Nr. 2?

❸ Beschreibe kurz, was sich musikalisch im Teil I, Nr. 2 ereignet.

Dieser Moment wurde bei der öffentlichen Premiere zu einer Sensation. Ein Freund Haydns schreibt: „In dem Moment, als das Licht zum ersten Mal erschien, konnte man sagen, dass Strahlen aus den leuchtenden Augen des Komponisten schossen. Die Verzauberung der elektrisierten Wiener war so allgemein, dass das Orchester einige Minuten lang nicht weiterspielen konnte."

❹ Was wird im Teil I, Nr. 4 im Rezitativ: „Und Gott machte das Firmament" vom Inhalt des Textes schon im Orchester vorweggenommen?

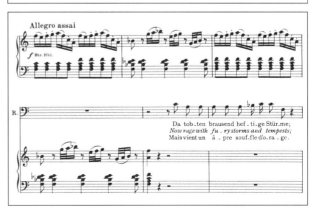

J. Haydn: Die Schöpfung (Hob. XXI:2)

Das Oratorium „Die Schöpfung" von Joseph Haydn ist eine erzählte Schöpfungsgeschichte (Text von Gottfried van Swieten, nach dem englischen „Paradise lost" von John Milton). Wie in anderen Oratorien gehen auch hier den größeren Arien und Chorsätzen oft kurze Rezitative voran. Hier gibt das Rezitativ die Worte der Genesis wieder, während die folgende Musik die biblische Erzählung in Versen aufnimmt. Die Schöpfung besteht aus drei Teilen. Der erste Teil umfasst die ersten vier Tage (Erschaffung des Lichts, der Erde, der Himmelskörper, des Wassers, des Wetters und der Pflanzen), der zweite Teil stellt den fünften und sechsten Tag vor (Tiere, Menschen) und der dritte Teil erzählt von Adam und Eva.

❶ Personen? Stimmlagen?

Gabriel (Sopran), Uriel (Tenor), Raphael (Bass), Eva (Sopran), Adam (Bass)

❷ Worum geht es im Teil I, Nr. 2?

Es geht um die Erschaffung des Himmels und der Erde durch Gott. Der Text ist der Schöpfungsgeschichte der Bibel (Genesis 1,1–4) entnommen.

❸ Beschreibe kurz, was sich musikalisch im Teil I, Nr. 2 ereignet.

Zunächst erklingt ein Rezitativ (Raphael) in c-Moll, dann ein Choral zur Erschaffung des Lichts. Dieser beginnt mit Chor und Streichern im pp. Nach einem unisono („und Gott sprach") wandelt sich c-Moll nach C-Dur (Schlussakkord auf „Licht", volles Orchester, ff). Anschließend folgt ein kurzes Rezitativ (Uriel).

Dieser Moment wurde bei der öffentlichen Premiere zu einer Sensation. Ein Freund Haydns schreibt: „In dem Moment, als das Licht zum ersten Mal erschien, konnte man sagen, dass Strahlen aus den leuchtenden Augen des Komponisten schossen. Die Verzauberung der elektrisierten Wiener war so allgemein, dass das Orchester einige Minuten lang nicht weiterspielen konnte."

❹ Was wird im Teil I, Nr. 4 im Rezitativ: „Und Gott machte das Firmament" vom Inhalt des Textes schon im Orchester vorweggenommen?

Naturereignisse wie Stürme, Wolken, Blitz und Donner, Regen, Schauer, Schnee

Exkurs: Arbeitsblatt

J. Haydn: Streichquartett op. 76, Nr. 3, „Kaiserquartett", 2. Satz

Das dritte der Erdödy-Quartette wurde durch den 2. Satz zum bekanntesten Quartett Haydns. Das „Poco Adagio, Cantabile" enthält vier Variationen über das Thema der von Haydn zuvor komponierten Kaiserhymne „Gott erhalte Franz, den Kaiser". Die Melodie der Hymne wurde von August Heinrich Hoffmann von Fallersleben als Melodie des Deutschlandliedes, der heutigen deutschen Nationalhymne, verwendet.

❶ Aus welchen Instrumenten besteht ein Streichquartett?

❷ Der zweite Satz ist ein Variationssatz. Welcher Variationstyp liegt vor?

❸ Welches Instrument spielt jeweils das Thema?

Thema: _____

1. Variation: _____

2. Variation: _____

3. Variation: _____

4. Variation: _____

❹ Ordne den vier Notenausschnitten unten die passende Variation zu.

Albus: Musik · Klassik – neu entdecken · Best.-Nr. 698
© Brigg Pädagogik Verlag GmbH, Augsburg

Exkurs: Lösung Arbeitsblatt

Mus | Lösung

J. Haydn: Streichquartett op. 76, Nr. 3, „Kaiserquartett", 2. Satz

Das dritte der Erdödy-Quartette wurde durch den 2. Satz zum bekanntesten Quartett Haydns. Das „Poco Adagio, Cantabile" enthält vier Variationen über das Thema der von Haydn zuvor komponierten Kaiserhymne „Gott erhalte Franz, den Kaiser". Die Melodie der Hymne wurde von August Heinrich Hoffmann von Fallersleben als Melodie des Deutschlandliedes, der heutigen deutschen Nationalhymne, verwendet.

❶ Aus welchen Instrumenten besteht ein Streichquartett?
Ein Streichquartett besteht aus zwei Violinen (Geigen), einer Viola (Bratsche) und einem Violoncello (Cello) als tiefster Stimmlage.

❷ Der zweite Satz ist ein Variationssatz. Welcher Variationstyp liegt vor?
Cantus-firmus-Variation, da die Melodie selbst nicht verändert wird (monothematischer Variationssatz); die Variationen betreffen die anderen Stimmen

❸ Welches Instrument spielt jeweils das Thema?
Thema: *1. Violine; 2. Violine/Viola/Cello geben das harmonische Fundament*
1. Variation: *2. Violine; 1. Violine umspielt in Sechzehnteln; Viola/Cello pausieren*
2. Variation: *Violoncello; 1. Violine spielt synkopierte Figuren; 2. Violine Gegenstimme*
3. Variation: *Viola; 1. und 2. Violine spielen synkopierte Figuren; Chromatik*
4. Variation: *1. Violine; komplizierte, vielseitige Harmonik; verstärkte Chromatik*

❹ Ordne den vier Notenausschnitten unten die passende Variation zu.

2. Variation (Thema Cello)   4. Variation (Thema 1. Violine)

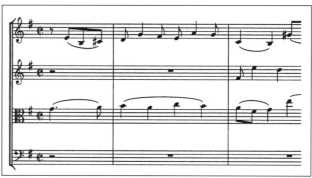

1. Variation (Thema 2. Violine)   3. Variation (Thema Viola)

Wolfgang Amadeus Mozart – Wunderkind aus Salzburg

Lerninhalte:
- Kennenlernen des Lebensweges von Wolfgang Amadeus Mozart
- Wissen um die wichtigsten Werke von Wolfgang Amadeus Mozart
- Wissen, warum Mozart als Wunderkind und Universalgenie gefeiert wird
- Wissen um die familiäre Situation Mozarts
- Entnahme von Informationen aus einem musikalischen Hörspiel
- Hören von verschiedenen Musikbeispielen
- Wertung der Leistung des Komponisten Wolfgang Amadeus Mozart

Arbeitsmittel/Medien:
- Arbeitsblatt: Wolfgang Amadeus Mozart
- Bild für die Tafel: Wolfgang Amadeus Mozart (Gemälde von B. Krafft)
- Folie 1: Mozart und seine Familie in Bildern
- Folien 2/3/5/7: Kurzbiografie Mozarts/Constanze Mozart, geborene Weber/Mozarts Tod
- Folien 4/6/8/9/10: Wichtige Werke/Belcanto auf deutschen Bühnen/ Amadeus (Film)
- CD: Wir entdecken Komponisten: W. A. Mozart I/II – ein musikalisches Hörspiel (DG 429257-2)
- Film DVD: Amadeus (1984; 160 min)
- Film DVD: Mozart – Das wahre Leben des genialen Musikers (3 DVDs)

Folie 4

Wichtige Werke

Orchesterwerke: über 30 Serenaden, Kassationen, Divertimenti etc. (Kleine Nachtmusik, KV 525; Haffner-Serenade, KV 250), 51 Sinfonien (besonders geschätzt die letzten drei: KV 543, KV 550 und KV 551), 25 Klavierkonzerte, 7 Violinkonzerte, Klarinettenkonzert, 2 Flötenkonzerte, 4 Hornkonzerte, Konzert für Flöte und Harfe, weitere Konzerte und Einzelstücke.
Kammermusik: 40 Violinsonaten, 23 Streichquartette, Klaviertrios, 10 Quintette etc.
Klavierwerke: 18 Sonaten, vierhändig: 4 Sonaten, zwei Klaviere: 1 Sonate, Fantasien, Einzelstücke.
Bühnenwerke: Idomeneo, Die Entführung aus dem Serail, Figaros Hochzeit, Don Giovanni, Cosi fan tutte, Die Zauberflöte, Frühwerke.
Kirchenmusik: 15 Messen, Requiem, Ave verum etc.
Klavierlieder: Der Zauberer, KV 472; Komm lieber Mai, KV 596; Das Veilchen, KV 476 etc.

Folie 6

Albus: Musik · Klassik – neu entdecken · Best.-Nr. 698
© Brigg Pädagogik Verlag GmbH, Augsburg

Verlaufsskizze

I. Hinführung

Stummer Impuls	Tafel (S. 118)	Bild: Wolfgang Amadeus Mozart
Impuls		L: Er gilt bei den meisten Menschen als der berühmteste Musiker aller Zeiten.
	Tafelanschrift	**Wolfgang Amadeus Mozart –**
Lehrerinfo		L: Berühmt wurde Mozart, weil er in allen Musikgattungen wie Oper, Sinfonik, Kammermusik, Lied, geistliche Musik u. a. Meisterwerke geschaffen hat.
Impuls		L: Seine überragende Begabung zeigte sich schon sehr früh.
Aussprache		
Zielangabe	Tafelanschrift	**Wunderkind aus Salzburg**

II. Erarbeitung

Hören	CD Dauer (47:17)	Wir entdecken Komponisten: Wolfgang Amadeus Mozart Das Wunderkind aus Salzburg oder: Vor lauter Tintenklecksen kann er die Noten kaum lesen.
Arbeitsauftrag		L: Schreibe wichtige Daten aus der Kindheit Mozarts auf deinen Block.
Aussprache		
Lehrerinfo	Folie 1 (S. 115)	Mozart und seine Familie in Bildern
	Folien 2/3	Wolfgang Amadeus Mozart
Erlesen mit Aussprache	(S. 119/120)	
	Folie 4 (S. 113 Mitte)	Wichtige Werke
Aussprache		
Lehrerinfo		L: Chronologisch-thematisches Verzeichnis sämtlicher Werke Mozarts durch Dr. Ludwig Ritter von Köchel, angelegt 1862 (Köchelverzeichnis KV)
Lehrerinfo	Folie 5 (S. 116)	Constanze Mozart, geborene Weber
Aussprache		

III. Wertung

Impuls		L: Die meistgespielten Opern in Deutschland?
Stummer Impuls	Folie 6 (S. 114 u.)	Belcanto auf deutschen Bühnen
Aussprache		
Ergebnis		Überragende Bedeutung Mozarts als Opernkomponist
Impuls		L: Rätsel um Mozarts Tod
	Folie 7 (S. 121)	Mozarts Tod
Aussprache		Bild: Mozart leitet kurz vor seinem Tod die erste Aufführung seines Requiems (Gemälde von Munkácsy)

IV. Sicherung

	Arbeitsblatt (S. 117)	Wolfgang Amadeus Mozart
	DVD	Amadeus
Aussprache		
Zusammenfassung	Folie 8 (S. 122)	Inhalt und Kritik
	Folien 9/10 (S. 123/124)	Vergleich der Verfilmung mit historischen Fakten

❶ Geburtshaus in Salzburg, Getreidegasse 9

❷ Leopold Mozart; Vater (1719–1787)

❸ Anna Maria Walburga Mozart, geb. Pertl; Mutter (1720–1778)

❹ Wolfgang Amadeus Mozart (1756–1791)

❺ Maria Constanze Mozart, geb. Weber; Ehefrau (1762–1842)

❻ Maria Anna Thekla Mozart, das „Bäsle"; Cousine (1758–1841)

❼ Maria Anna Mozart, das „Nannerl"; Schwester (1751–1829)

Constanze Mozart, geborene Weber

Maria Constanze Cäcilia Josepha Johanna Aloisia Mozart wurde am 5. Januar 1762 in Zell im Wiesental in Deutschland geboren und starb am 6. März 1842 in Salzburg. Sie war in erster Ehe mit Wolfgang Amadeus Mozart, in zweiter mit Georg von Nissen verheiratet.

Im Jahr 1777 lernte Wolfgang Amadeus Mozart in Mannheim die Familie Weber und die Tochter der Webers, die Koloratursängerin Aloisia kennen, in die er sich erfolglos verliebte.

Später in Wien heiratete er am 4. August 1782 deren Schwester Constanze, von der er seinem Vater unter anderem schrieb: „Sie ist nicht hässlich, aber auch nichts weniger schön, ihre ganze Schönheit besteht aus zwei kleinen schwarzen Augen und in einem schönen Wachstum. Sie hat keinen Witz, aber gesunden Menschenverstand genug, um ihre Pflichten als Frau und Mutter erfüllen zu können".

Das Leben von Constanze Mozart war nicht einfach. Von Juni 1783 bis Juli 1791 gebar sie sechs Kinder. Das erste Kind, Raimund Leopold starb bereits nach zwei Monaten, während seine Eltern auf Besuch in Salzburg weg waren. Ihr drittes Kind, Johann Thomas Leopold, lebte weniger als einen Monat, ihr viertes, Theresia, sechs Monate und ihr fünftes, Anna Maria, nur eine Stunde.

Kaum eine Frau ist in der Musikliteratur so verfemt worden wie Constanze Mozart. Dabei führten die Mozarts eine harmonische und – wenn man seinen Briefen glauben kann – sexuell erfüllte Ehe. Von dumpfer Triebhaftigkeit soll sie gewesen sein – ein Seitensprung ihrerseits ist allerdings bis heute nicht belegt.

Die Ehebrüche Mozarts werden dagegen schmunzelnd als „Mannsbilderspäße" verbucht. Sie wird als schlechte Hausfrau bezeichnet, doch lobte Schwiegervater Leopold, der ihr nicht sonderlich zugetan war, ihre Haushaltsführung als „im höchsten Grade ökonomisch".

Biographen behaupten, sie hätte Krankheiten simuliert, und übersehen dabei, dass eine Frau, die in acht Jahren sechs Kinder austrug, kräftemäßig ausgelaugt war. Sie litt nach Aussage ihrer Schwester Sophie an einer lebensgefährlichen Beinkrankheit, die sie acht Monate lang ans Bett fesselte.

Constanze und Wolfgang Amadeus Mozart hatten nur zwei überlebende Kinder, Carl Thomas und Franz Xaver Wolfgang, für die der Vater sehr wenig Zeit hatte. Als er starb, war der älteste Sohn sieben Jahre und der jüngere nur sechs Monate alt. Beide studierten Musik und konnten aufgrund der Werke ihres Vaters, die viel Geld einbrachten, sorgenfrei leben.

Der gern erhobene Vorwurf, Constanzes Lieblosigkeit sei der Grund für Mozarts Beerdigung in einem Massengrab, ist durch Nachforschungen über damalige Bestattungsgepflogenheiten widerlegt worden.

Als Mozart starb, hinterließ er sie mit zwei Kindern, mit Schulden, einer unfertigen Partitur des Requiems, für die er vollständig entlohnt worden war, und einem Stapel ungeordneter und teils unvollständiger Musikautographen. Trotz Armut und Not verkaufte sie die Manuskripte nicht, für die sie sofort Geld bekommen hätte, sondern hütete sie sorgfältig. Erst 1799 veräußerte sie sie an den Verleger André.

Es ist also maßgeblich ihr zu verdanken, dass Mozarts Autographe nicht in alle Welt verstreut worden sind. Dennoch wird sie bis heute als betrügerische Geschäftsfrau diffamiert. Sie war sicherlich kein Engel. So verzieh sie ihrem Schwiegervater nie die Demütigungen, die er ihr und ihrer Mutter zufügte. Eine triebhafte, lieblose, gefühlskalte und treulose Person, als die sie oft hingestellt wird, war sie jedoch nicht.

Wolfgang Amadeus Mozart

1756: Wolfgang Amadeus wird am 27. Januar in Salzburg im Haus Getreidegasse 9 geboren. Im Taufregister des Doms stehen die Namen Johannes Chrysostomos Wolfgang Theophilus. Wolfgang selbst nannte sich um 1770 Wolfgang Amadeo (das ist die italienische Form von Theophilus) und von etwa 1777 an Wolfgang Amadé.

1760: Vater Leopold Mozart beginnt damit, seinen Sohn schon im Lesen, Schreiben und Rechnen sowie in der Musik (Klavier- und Geigenspiel) zu unterrichten.

1762: Leopold Mozart begibt sich mit seinen „Wunderkindern" Wolfgang sowie der um fünf Jahre älteren Schwester Nannerl auf die erste Konzertreise. Sie führt nach München. Es folgen weitere Tourneen in die verschiedensten europäischen Städte, die aber oft wegen längerer Erkrankung Wolfgangs unterbrochen werden müssen.

1764: Die Familie Mozart unternimmt eine längere Konzertreise nach London. Wolfgang trifft dort auf Johann Christian Bach, den Musikmeister der Königin. Er spielt zusammen mit seiner Schwester auch eigene Werke für Klavier zu vier Händen und tritt als Geiger und Organist auf.

1769: Nach Anfertigung von über 60 Kompositionen wird der Dreizehnjährige zum dritten unbezahlten Konzertmeister an der Salzburger Hofkapelle ernannt. Er erhält die Erlaubnis für eine längere Bildungsreise nach Italien.

1770: Mozart schreibt aus dem Gedächtnis das schwierige „Miserere" von Gregorio Allegri auf, ein Chorstück, das nicht kopiert werden durfte. Wolfgang wird vom Papst mit dem Orden vom „Goldenen Sporn" ausgezeichnet.

1772: In Salzburg wird der Erzbischof Graf Colloredo in sein Amt eingeführt. Mozart wird zum bezahlten Konzertmeister ernannt.

1777: Mozart bittet um zeitweilige Entlassung aus dem Salzburger Dienst, um ungehindert reisen und Konzerte geben zu können. Er verliebt sich in Mannheim in Aloisia Weber, die Schwester seiner späteren Frau Constanze.

1779: Mozart wird wieder in Salzburg eingestellt und erhält ein Honorar für seine Tätigkeit als Hoforganist.

1781: Mozart reist mit dem Erzbischof und dessen Gefolge nach Wien, weil Colloredo seinen erkrankten Vater besucht. Mozart genießt die Atmosphäre der Großstadt, überreicht dem Grafen Arco sein Gesuch, für immer aus dem Salzburger Dienst entlassen zu werden, und wird vom Grafen mit einem Fußtritt verabschiedet. Beim Wiener Adel und dem Gros des Publikums hat er große Erfolge als Komponist, Pianist und Klavierlehrer und kann aus Zeitgründen kaum allen Aufträgen nachkommen.

1782: Er heiratet Constanze Weber, eine Sängerin.

1786: Die Uraufführung seiner Oper „Die Hochzeit des Figaro" findet statt. Der Erfolg beim Wiener Publikum bleibt jedoch mäßig – erst in Prag wird die Oper bejubelt.

1787: Mozart komponiert den „Don Giovanni" und bringt ihn in Prag zur Uraufführung, um sich beim dortigen Publikum für die herzliche Aufnahme des „Figaro" zu bedanken.

1788: Die drei letzten Symphonien entstehen.

1791: Mozart komponiert in Zusammenarbeit mit dem Theaterdirektor und Textdichter Emanuel Schikaneder „Die Zauberflöte". Außerdem entstehen das „Requiem" für den Grafen Wallsegg. Mozart stirbt am 5. Dezember und wird in einem einfachen Reihengrab auf dem St. Marxer Friedhof in Wien beigesetzt. Die genaue Lage seines Grabes ist nicht bekannt. Auf dem Wiener Zentralfriedhof befindet sich das Ehrengrab Mozarts – ein symbolisches Grabmal.

Gemälde von Barbara Krafft (1819)

Wolfgang Amadeus Mozart

Mozart war ein Wunderkind. Bereits mit drei Jahren fing er an, Klavier zu spielen, mit vier Geige, mit fünfeinhalb gab er sein erstes öffentliches Konzert. Sein Gehör war absolut. Schon als Vierjähriger konnte er hören, wenn eine Geige um einen Viertelton verstimmt war. Mit zwölf Jahren hatte Mozart drei Opern komponiert, sechs Sinfonien und Hunderte anderer Werke.
Wolfgang Amadeus Mozart wurde am 27. Januar 1756 in Salzburg geboren. Sein Vater erkannte früh das herausragende Talent seines Sohnes und dass sich damit Geld verdienen ließ.
Von Mozarts sechstem Lebensjahr an war die Familie fast ständig auf Reisen. Der kleine Wolfgang spielte zusammen mit seiner fünf Jahre älteren Schwester Maria Anna – dem Nannerl – an fast allen europäischen Fürstenhöfen. Zu den Zuhörern gehörte 1765 auch der König von England. Johann Wolfgang von Goethe, nur wenige Jahre älter als Mozart, hörte den Siebenjährigen 1763 spielen und konnte sich im hohen Alter noch gut an den „kleinen Mann" mit gepuderter Perücke und Degen erinnern. Zu Mozarts Repertoire gehörten kleine Kunststücke, die sich der Vater ausgedacht hatte, wie das Spiel mit verdeckten Tasten oder das Vom-Blatt-Spielen der Noten sämtlicher Musikstücke, die die Zuhörer mitbrachten.
Die ständigen Reisen und häufigen Auftritte gingen nicht spurlos an Mozart vorüber. Er war kleiner als andere Kinder seines Alters und häufig krank, oft sogar lebensgefährlich. 1765 erkrankte er an Typhus, zwei Jahre später an Pocken. Mozarts heiteres Wesen trug viel zu seiner Popularität bei. Da die Familie jedoch ständig unterwegs war, hatte er kaum Gelegenheit, mit anderen Kindern zu spielen oder Freundschaften zu schließen.
1769 wurde er erzbischöflicher Hofkonzertmeister in Salzburg. Anschließend traten er und sein Vater die erste Reise nach Italien an. Nach bestandener Aufnahmeprüfung wurde er in die Bologneser Accademia de Filarmonica aufgenommen. Papst Clemens XIV. verlieh ihm kurz darauf den Orden „Ritter vom Goldenen Sporn".
Wolfgang und sein Vater setzten ihre Italienreise 1770 fort, diese führte sie nach Florenz, Rom, Neapel, Pompeji, Rimini und wieder nach Mailand zurück. Während dieser Zeit komponierte Mozart die Opera seria „Mitridate", die eine Länge von sechs Stunden hatte. Anfang 1771 wurde Mozart zum Ehrenkapellmeister der Accademia filarmonica di Verona ernannt. Nach kurzem Aufenthalt in vielen kleineren Städten fuhren er und sein Vater nach Salzburg zurück, wo er an geistlichen Werken und Sinfonien arbeitete. Im August traten sie ihre zweite Italienreise an, wo Mozart die gespielte theatralische Serenade „Ascanio in Alba" schrieb, die zur Hochzeit von Erzherzog Ferdinand uraufgeführt wurde. Später reisten sie wieder nach Salzburg zurück. 1772 wurde er von Graf Colloredo angestellt und arbeitete auf dessen Wunsch an der Oper „Il sogno di Scipione". Daraufhin wurde Mozart zum Konzertmeister der Hofkapelle ernannt. Er begann die Arbeit an der Opera seria „Lucio Silla". Trotz vieler Aufgaben fühlte er sich in Salzburg nicht wohl und begab sich mit seinem Vater auf die dritte Italienreise. In Mailand wurde er mit seiner Oper fertig, wo sie dann auch uraufgeführt wurde.
1773 kehrte Mozart für vier Jahre nach Salzburg zurück, bevor er im August 1777 zu einer weiteren Konzertreise aufbrach, diesmal nur in Begleitung seiner Mutter. Auf dieser Reise lernte er auch die 17-jährige Aloisia Weber kennen, die eine verheißungsvolle Zukunft als Opernsängerin vor sich hatte. Mozart verliebte sich in sie. Da die Familie in Vater Leopolds Augen nicht wohlhabend genug war, untersagte er seinem Sohn die Heirat.
Mozart reiste weiter nach Paris. Doch der Neuigkeitswert, den er als Wunderkind gehabt hatte, war verflogen. Die Pariser Öffentlichkeit interessierte sich mehr für die Fehde zwischen den Komponisten Puccini und Christoph Willibald Gluck. Als Mozarts Mutter 1778 starb, kehrte der nunmehr 22-Jährige nach Salzburg zurück und nahm eine Stelle als Hoforganist des Fürsterzbischofs von Salzburg an.
Mozart blieb nicht lange in seiner Heimatstadt. Schon bald wurden ihm die Einschränkungen, die ihm sein Arbeitgeber auferlegte, zuviel. Mozart kündigte seinen Dienst und wurde vom erbosten Oberkämmerer des Fürsterzbischofs buchstäblich mit einem Fußtritt hinausbefördert.
Mozart zog nach Wien und wohnte bei Aloisia Webers Mutter. Da Aloisia inzwischen geheiratet hatte, übertrug er seine Liebe auf ihre Schwester Constanze. Die beiden heirateten 1782, obwohl Vater Leopold nach wie vor gegen eine solche Verbindung war.

Für die damalige Zeit verdiente Mozart viel Geld. Er erhielt Honorare für Kompositionen, Vorstellungen und Unterricht. Allein seine drei wohlhabendsten Schüler zahlten ihm etwa 700 Gulden im Jahr, was heute etwa 15 000 Euro entsprechen würde. Aber weder Mozart noch seine Frau konnten mit Geld umgehen. Sie hatten deshalb ständig Schulden und lebten am Rande des Ruins.
Mozarts Rastlosigkeit war ein weiteres Problem. Nie blieb er lange an einem Ort, ständig brauchte er Abwechslung. In einem einzigen Jahr zog er neunmal um. Dringend benötigte er eine Anstellung bei Hofe, die ihm ein regelmäßiges Einkommen verschafft hätte. Diese Gelegenheit bot sich 1787. Kaiser Joseph II. war ein großer Bewunderer seiner Musik. Bei Hofe bevorzugte man jedoch den italienischen Komponisten Antonio Salieri. Mozart war bitter enttäuscht, als der Kaiser Salieri die Stelle des Hofkapellmeisters zuwies, er selbst sich jedoch mit der des „Kammermusicus'" begnügen und Unterhaltungsmusik schreiben musste.
Mozart gab auch diese Stelle wieder auf und versuchte, sich ohne feste Anstellung durchzuschlagen. Die letzten Jahre seines Lebens waren gekennzeichnet von Armut und hohen Schulden. Dennoch schrieb er in dieser Zeit einige seiner schönsten Werke, darunter „Don Giovanni" und „Die Zauberflöte".
Ende November 1791 erkrankte Mozart schwer. Wenige Tage vor seinem Tod boten ihm ungarische Adlige eine jährliche Ehrengabe von 1000 Gulden, holländische Musikfreunde einige Tage später sogar noch mehr. Dieses Geld hätte seine finanziellen Probleme gelöst, doch es kam zu spät. Mozart starb am 5. Dezember 1791.
Der frühe Tod des genialen Komponisten Wolfgang Amadeus Mozart (1756–1791) war und ist Anlass für unzählige Spekulationen über die mögliche Todesursache: Von Gift und (unabsichtlicher) Selbstvergiftung (durch Quecksilber beim Versuch der Selbsttherapie gegen Syphilis) war und ist immer wieder die Rede. Und einige Gerüchte machten Antonio Salieri (1750–1825) zum Mörder Mozarts, ja Salieri selbst soll (angeblich) – in hohem Alter und im Irrenhaus – das gestanden haben, was mittlerweile stark bezweifelt wird. Nach neuesten medizinischen Erkenntnissen wurde Mozart mit ziemlicher Sicherheit das Opfer eines akuten rheumatischen Fiebers.
Zwei Jahre später schrieb sein erster Biograph Friedrich Schlichtegroll: „So wie Mozart früh in seiner Kindheit ein Mann wurde, so blieb er in fast allen übrigen Verhältnissen ein Kind."

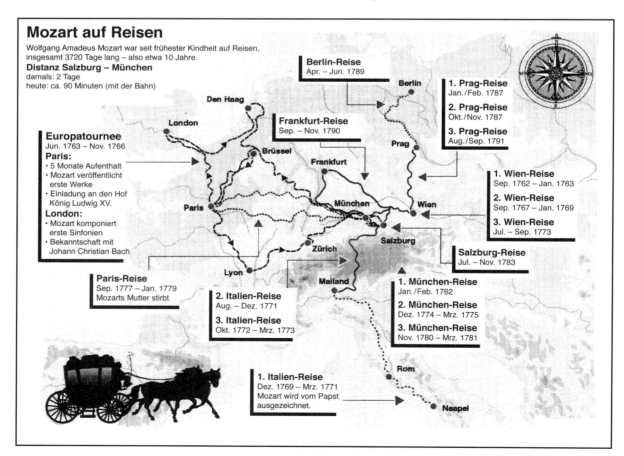

Mozarts Tod

Während seiner Krankheit besuchte ihn seine Schwägerin Sophie, Constanzes Schwester, fast täglich, und der ergreifendste Bericht von Mozarts Todesnacht stammt – wenn auch über 30 Jahre nach dieser Nacht aufgezeichnet – aus ihrer Hand. Als sie am Nachmittag des 4. Dezember in der Rauhensteingasse eintraf, öffnete ihre Schwester die Tür mit den Worten: „Gottlob, liebe Sophie, dass du da bist. Heute Nacht ist er so schlecht gewesen, dass ich schon dachte, er erlebt diesen Tag nicht mehr." Sophie ging zu dem Kranken, der ihr gleich zurief: „Ach gut, liebe Sophie, dass Sie da sind, Sie müssen mich sterben sehen." Sie versuchte, ihm die Todesgedanken auszureden, aber Mozart unterbrach sie und erwiderte: „Ich habe Todesgeschmack auf der Zunge."

Am Abend kam Süßmayr, und Mozart – das Requiem, an dem er bis zuletzt gearbeitet hatte, auf der Bettdecke liegend – erklärte seinem Schüler, wie er es nach seinem Tode vollenden sollte. Es wurde nach Dr. Closset geschickt, der als Theaterarzt aber erst nach der Vorstellung gegen 23 Uhr kommen konnte. Der Doktor verordnete ihm noch kalte Umschläge über seinen glühenden Kopf, welche ihn aber so stark erschütterten, dass er kaum noch bei Bewusstsein war.

Sein letztes war, wie er mit dem Munde die Pauken in seinem Requiem ausdrücken wollte. Plötzlich bekam er einen fürchterlichen Brechanfall – es fuhr aus ihm heraus in einem Bogen, das war braun, und er war tot.

Während Mozart mit dem Tode kämpfte, blieben die Leute vor den Fenstern seiner Wohnung stehen und winkten mit Taschentüchern, um ihre Anteilnahme zu bekunden. Sein Tod sprach sich schnell in der ganzen Stadt herum, und viele Freunde und Verehrer seiner Musik kamen am Todestag, um dem Toten Lebewohl zu sagen. Da Mozarts Leiche einen scheußlichen Geruch verbreitete, fand die Beerdigung, über die es keine Augenzeugenberichte gibt, vermutlich schon am nächsten Tag statt. Einziges Zeugnis ist eine Eintragung in das Totenbuch von St. Stephan vom 6. Dezember 1791, das angibt, dass Mozart auf dem Friedhof der Wiener Vorstadt St. Marx beigesetzt wurde.

In Anbetracht ihrer unsicheren finanziellen Lage ist es Mozarts Witwe sicher zu verzeihen, dass sie auf ein Prunkbegräbnis verzichtete, und für den Verstorbenen ein Begräbnis III. Klasse für 8 Gulden und 56 Kreuzer wählte. Weitere 3 Gulden kostete der Leichenwagen, der den Sarg zum ungefähr eine Gehstunde von Wien entfernten Friedhof brachte. Mozart wurde dort, gemäß der josephinischen Begräbnisordnung, in einer allgemeinen Begräbnisstelle beigesetzt. Um Platz und Kosten zu sparen, hatte Joseph II. in dieser Verordnung, die sich gegen den unmäßigen Aufwand bei Bestattungen richtete, verfügt, für die einfachen Begräbnisklassen ca. 2,5 m tiefe Reihengräber anzulegen, in denen die Toten in mehreren Schichten begraben wurden. Auch Mozart dürfte in solch einem Grab beerdigt worden sein.

Unverständlich ist aber, dass niemand von den Zeitgenossen – weder Familienangehörige noch Freunde oder Kollegen – sich die Mühe machten, festzuhalten, wo Mozarts Grab liegt. Erst Jahre später soll Constanze zum Friedhof gefahren sein, um sein Grab – ohne Erfolg – zu suchen. Bis heute ist ungeklärt, wo die sterbliche Hülle Mozarts ihre letzte Ruhestätte fand.

Gemälde von M. v. Munkácsy (1844–1900)

Amadeus (Spielfilm, USA 1984)

Handlung

In einer Novembernacht des Jahres 1823 wird der Hofkapellmeister Antonio Salieri mit lebensgefährlichen Verletzungen ins Hospital gebracht. In einem Anfall von Geistesgestörtheit hat er versucht, sich mit einem Messer das Leben zu nehmen. Während des Transportes und im Hospital ruft er immer wieder den Namen eines Mannes und bittet ihn beschwörend um Verzeihung. Der Name ist Mozart.

Wochen später wird der offensichtlich wirklich verrückt gewordene Salieri vom Anstaltsgeistlichen Pater Vogler besucht. Ihm gelingt es schließlich, dem Kranken eine ungewöhnliche Beichte abzunehmen. Salieri erzählt und die Bilder längst vergangener Tage werden wieder lebendig: Der junge Salieri war von dem Wunsch beseelt, Gott zu dienen durch seine Musik. Er versprach Gott seine ganze Seele, wenn dieser ihm die Gnade erweise, ein Komponist von unsterblichem Ruhm zu werden. Er lässt sich in Wien nieder und wird dort einer der berühmtesten Musiker. Doch 1781 trifft Mozart dort ein, dem auch ein großer Ruf vorauseilt. Jetzt will er sein Können am Hofe des Kaisers exerzieren.

Als Salieri Amadeus zum ersten Male begegnet, sieht er in ihm einen kichernden, albernen Geck. Doch schlimmer noch, die Musik, die er zu hören bekommt, ist das Wunderbarste, was er je in seinem Leben gehört hat. In den nächsten Wochen geht der Stern des Konkurrenten Mozart am Hofe des Kaisers Joseph II auf. Er ist nicht nur der bessere Musiker, er ist auch der weitaus begabtere Komponist. Salieri weiß, dass er diesem Stern den Glanz nehmen muss, wenn sein eigener nicht untergehen soll.

Mozarts Wohlwollen bei Hofe nimmt nach einer Probe zur „Hochzeit des Figaro" ab. Der Monarch verlässt diese mit der Bemerkung, dies sei wohl eine unpassende Musik. Salieri und seine intriganten Freunde haben das Heft wieder in der Hand. Die Abkehr der höfischen Gunst stürzt Mozarts Familie in Geldnöte. Er gibt Musikunterricht und fertigt kleine Auftragsarbeiten an. Auch körperlicher Verfall wird sichtbar. Trotzdem schreibt er bei jeder sich bietenden Gelegenheit die Notenblätter voll.

Eines Tages erscheint Amadeus' Vater in Wien. Es kommt zu einer heftigen Auseinandersetzung mit Mozarts Frau Constanze, die er gegen den Willen seines Vaters geheiratet hat. Der Vater kritisiert den Lebenswandel seines Sohnes und verlässt ihn schließlich in tiefer Enttäuschung. Amadeus sollte ihn nie wieder sehen. Die Nachricht vom Tode des Vaters ist ein Schock für Amadeus. Bei einer Aufführung des „Don Giovanni" bemerkt Salieri, dass Mozart auch seelisch ein gebrochener Mann ist. Sterbenskrank liegt Amadeus eines Tages in seinen Armen, die letzten Hinweise zur Beendigung seines „Requiems" flüsternd. In den Armen des Mannes, dem nichts als Mittelmäßigkeit beschieden war, liegt das gottbegnadete Genie, das bald darauf in einem Armengrab verscharrt werden wird. Dies ist Antonio Salieris Beichte.

Kritik und Auszeichnungen

„Amadeus" ist ein Film, der an seinem Produktionsstandort Hollywood viele wichtige Filmpreise (Oscar, Golden Globe, Los Angeles Film Critics Association Award) errungen hat, von der Filmkritik in den übrigen Landesteilen jedoch durch Nichtbeachtung geschmäht wurde. Von der internationalen Filmkritik wurde dem Film wiederholt kunstgewerbliche Oberflächlichkeit vorgeworfen.

Bei der Oscarverleihung 1985 hingegen wurde Amadeus mit insgesamt acht Oscars ausgezeichnet: Bester Film, beste Regie, bester Hauptdarsteller (F. Murray Abraham), beste Ausstattung, bestes Kostüm-Design, bestes Make-Up, beste Tonmischung, bestes Drehbuch (Peter Shaffer). Weitere Nominierungen gab es in den Kategorien: Bester Hauptdarsteller (Tom Hulce), beste Kamera, bester Schnitt. Bei der Verleihung der Golden Globes gewannen Film, Regie, Drehbuch und Abraham, Nominierungen erhielten Hulce und Jeffrey Jones in den Kategorien beste Nebenrolle. Zu den vielen anderen Preisen gehörte die Verleihung des französischen Filmpreises César als bester ausländischer Film und die Goldene Kamera in Deutschland.

Die überwältigende Mehrheit der Kritiken ist sich mit dem Oscar-Komitee einig und lobt den Film als herausragendes, „magisches" Werk mit fast perfektem Zusammenwirken von exzellentem Drehbuch, guten schauspielerischen Leistungen, brillanter Regie und Mozarts Musik. Vorlage für den Film war das Theaterstück „Amadeus" von Peter Shaffer aus dem Jahre 1979.

Amadeus

Wo entfernt sich der Film von historischen Fakten?

Die Absicht der Filmemacher lag nicht darin, eine historisch korrekte biografische Verfilmung herauszubringen, sondern ausgehend von Peter Shaffers Theaterstück Grundkonturen aus Mozarts Leben zu nehmen und damit eine dramatische, ausgeklügelte Handlung zu entwerfen, die ein Massenpublikum ansprechen kann. Da es aber vielen, die nicht so vertraut mit Mozarts Lebensgeschichte sind, unklar ist, was aus dem Leben entnommen, was davon abgeändert oder erfunden wurde, hier ein paar Fakten und Details dazu.

Der Neid Salieris

Salieri hatte, seit Mozart in Wien ankam, immer die bessere Position, war beim Publikum sowie bei Kaiser Joseph II. mindestens so hoch, wenn nicht gar höher angesehen als Mozart. Mozart strebte hingegen immer nach einer Anstellung, wie Salieri sie hatte. Somit war, auch wenn Salieri wahrscheinlich den besseren Komponisten in ihm erkannte, kein Grund gegeben, den im Film dargestellten hasserfüllten Neid auf Mozart zu entwickeln. Als Mozart Salieri einmal zu einer Aufführung der Zauberflöte einlud, lobte dieser jede Arie, was Mozart stolz seiner Frau Constanze brieflich mitteilte. Zeitzeugen berichten, beide würden zwar in Konkurrenz zueinander stehen, jedoch getragen von gegenseitigem, professionellem Respekt. Die Legende, dass Mozart von Salieri vergiftet worden sei, geht auf das 1832 verfasste fiktionale Theaterstück „Mozart und Salieri" des russischen Dichters Alexander Sergejewitsch Puschkin zurück, das die Vorlage für Nikolai Andrejewitsch Rimski-Korsakows gleichnamige Oper (1897) war.

Mozart als infantiler, außerhalb der Musik inkompetenter Clown

Nur ein Bruchteil seiner erhaltenen Briefe (wie beispielsweise die berühmten Bäsle-Briefe) lässt sich mit einem solchen Bild in Verbindung bringen. Dazu muss man auch erwähnen, dass es damals durchaus bis in höchste Schichten üblich war, mitunter im Fäkalhumor zu sprechen und zu schreiben. In den meisten Briefen vermittelt Mozart aber einen anderen Eindruck als im Film dargestellt, durchaus fähig auch zur Ernsthaftigkeit bis hin zu intellektuellen, kritischen Gedanken wie zum Beispiel über den Tod (April 1787) oder die Klassengesellschaft (20. Juli 1781). Auch außerhalb der Musik war er nicht, wie im Film dargestellt, ein hilfloser, geistig unterdurchschnittlicher Mensch – er beherrschte mehrere Fremdsprachen, beschäftigte sich mit Literatur zu Themen wie Philosophie, Geisteswissenschaften und dergleichen. Als der Bote das Requiem in Auftrag gibt, hört man die Stimme Salieris hinter der Maske. In Wahrheit gab ein Bote des Grafen Wallsegg das Requiem in Auftrag. Er wollte ein Requiem für das Begräbnis seiner Frau. Geheimhaltung verlangte er, weil der Graf die Angewohnheit hatte, Werke anderer Komponisten als seine eigenen auszugeben.

Mozart diktierte Salieri am Totenbett das Requiem

Salieri war am Totenbett nicht anwesend, diktiert wurden die Noten Mozarts Schüler Franz Xaver Süßmayr. Außerdem starb er nicht am helllichten Tag, wie im Film gezeigt, sondern nach Mitternacht um ca. 1 Uhr. Des Weiteren hatte das Schlafzimmer in seiner letzten Wohnung keine Fenster.

Salieri und Mozart dirigierten ihre Opern stehend vor der Bühne

Das war im 18. Jahrhundert nicht üblich, dafür gab es eigene Konzertmeister. Meist spielten jedoch die Komponisten die ersten Aufführungen am Cembalo oder Fortepiano mit, unterstützend mit wenigen Gesten zu den Sängern.

Constanze hat Mozart nach einem Streit verlassen

In Wahrheit musste Constanze „krankheitsbedingt" zur Kur nach Baden, was sie allerdings nicht davon abhielt, ein Kind zu bekommen, das dann Franz Xaver hieß, nach dem Namen von Mozarts Schüler Süßmayr. Mozart, der nicht vorhatte oder gar darum kämpfte, seine hohen Schulden abzubauen, konnte seine Frau nur zeitweise besuchen. Er arbeitete ständig oder trieb sich herum und versuchte, sich von seiner Seelenpein durch das andauernde Getrenntsein von seiner Frau abzulenken: durch Besuche in Cafés, um jemanden zu treffen, zu speisen und sich zu vergnügen und abendliche Besuche von Trinkstuben mit guten Freunden. So war er wenigstens beschäftigt, weil er es hasste, allein zu sein. Seine Bemühungen in seinen Briefen an Constanze, ihre Liebe zurückzugewinnen, scheiterten letztlich.

Salieri als verbitterter Einzelgänger

Salieri heiratete 1774 Theresia Helferstorfer, mit der er acht Kinder hatte. Zeitzeugen zufolge war er ein durchweg freundlicher Mensch, und er wurde auch für seine musikpädagogische Kompetenz geschätzt; unter seinen Schülern befinden sich große Namen wie Ludwig van Beethoven, Franz Schubert, Franz Liszt, Johann Nepomuk Hummel; auch Mozarts Sohn Franz Xaver Wolfgang war einer unter ihnen.

Mozart als Genie ohne Anstrengung

Ein zentrales Thema des Stückes wie des Films ist die vermeintliche „Ungerechtigkeit" Gottes oder des Schicksals bei der Verteilung von Begabungen. So empfindet dies hier Salieri, der neidvoll an seiner eigenen künstlerischen Mittelmäßigkeit leidet. Demgegenüber wird Mozart als ein Genie dargestellt, das seine Eingebungen gleichsam direkt von Gott bekommt und aus dem dadurch die Musik nur so heraussprudelt – ohne Mühe und Anstrengung, sozusagen spontan. Dieses Bild von Mozart ist jedoch unzutreffend. In Wirklichkeit komponierte er stets mit höchstem Einsatz. Er verbrachte von Kindesbeinen an alljährlich Tausende von Stunden mit Üben; er erhielt eine hervorragende Ausbildung, zuerst durch seinen aufopferungsvollen Vater. Wenn er später tatsächlich seine großartigen Kompositionen zuweilen in unvorstellbarer Geschwindigkeit zu Papier brachte, so hatte er dies nicht nur seiner sehr seltenen, genialen Begabung zu verdanken, sondern auch seiner langjährigen, mühevoll erworbenen und reichen Erfahrung, die er nun mit entsprechender Meisterschaft auszuschöpfen wusste, seinem außergewöhnlichen Gedächtnis und jener besonderen Fähigkeit, die Musik „denken" zu können, noch bevor er sie niederschrieb.

Sonstiges

Die Hochzeit fand nicht, wie im Film gezeigt, in einer kleinen bis mittelgroßen, unscheinbaren Kirche statt, sondern im Wiener Stephansdom.

Mozart wurde nicht aus finanziellen Gründen in einem Armengrab beigesetzt, wenn überhaupt; die Beerdigung in einer mehrfach belegten, nicht mit einem Grabstein gekennzeichneten Grabstätte entsprach der damals in Wien üblichen Bestattungsweise.

Erfunden wurde u. a., dass Constanze einmal heimlich mit Noten Mozarts Salieri um Hilfe bat, sowie die Dienstmagd in Mozarts Wohnung, die für Salieri Details seiner momentanen Arbeiten ausspionieren sollte.

Im Film sieht man ausschließlich einen Sohn Mozarts. Tatsächlich hatte Mozart mit seiner Frau Constanze sechs Kinder, von denen allerdings vier im Säuglingsalter verstarben.

© Wikipedia

W. A. Mozart: Serenade „Eine kleine Nachtmusik" (KV 525)

Lerninhalte:

- Kennenlernen eines der populärsten Werke Wolfgang Amadeus Mozarts, der Serenade in G-Dur (KV 525) – „Eine kleine Nachtmusik"
- Wissen um die Instrumentierung dieser Serenade
- Kenntnis des formalen Aufbaus
- Wissen um die Sonatenhauptsatzform
- Anbahnen der Fähigkeit, die Noten einer Partitur verfolgen zu können
- Hören und Beurteilen des ersten Satzes
- Kurzes Anspielen der drei anderen Sätze

Arbeitsmittel/Medien:

- Arbeitsblatt: Serenade Nr. 13, G-Dur, „Eine kleine Nachtmusik" (KV 525)
- Folie 1: Schloss am Abend
- Folien 2a/2b: Thema 1. Satz/Formschema
- Folien 3/4/5/6: Partitur „Eine kleine Nachtmusik". Erster Satz: Allegro
- Folie 7: Noten der Themen des zweiten, dritten und vierten Satzes
- Folie 8: Lösung Arbeitsblatt
- CD: W. A. Mozart: Serenade KV 525 „Eine kleine Nachtmusik". Academy St. Martin, Marriner. Philips, DDD, 1984 (Bestellnummer bei JPC 8032573. www.jpc.de)
- www.youtube.com: „Eine kleine Nachtmusik" oder www.veoh.com: „Eine kleine Nachtmusik"

Folie 1

Verlaufsskizze

I. Hinführung

Stummer Impuls	Folie 1 (S. 125)	Bild: Schloss am Abend
	Tafelanschrift	**Serenade**
Lehrerinfo		L: Serenade (ital. sereno: heiter) ist ursprünglich ein abendliches Ständchen. Seit der Wiener Klassik versteht man darunter ein Instrumentalstück mit unterhaltsamem Charakter.
Aussprache		Die berühmteste Serenade der Musikgeschichte hat Wolfgang Amadeus Mozart komponiert.
Aussprache		
Zielangabe	Tafelanschrift	**Serenade Nr. 13 in G-Dur (KV 525) – „Eine kleine Nachtmusik"**

II. Erarbeitung

1. Hören — CD, Dauer (ca. 5:00), Folie 2a (S. 127 u.) — „Eine kleine Nachtmusik", 1. Satz

L spielt Thema vor — Klavier/CD

Höraufgaben:
1. Welche Instrumente setzt Mozart ein?
2. Wie oft kommt dieses Thema vor?

Aussprache:
- zu 1. Nur Streicher (zwei Violinen, Viola, Cello, Kontrabass)
- zu 2. Fünfmal (in G-dur mit Wiederholung, in D-Dur mit Wiederholung, in G-Dur)

Lehrerinfo — Aufbau des 1. Satzes:
Dieser erste Satz ist ein Allegro in Sonatenform, das sich im Hauptsatz aggressiv in ein „Raketenthema" steigert. Das zweite Thema ist anmutiger und steht in der Dominanttonart (D-Dur). Die Exposition schließt in D-Dur und wird wiederholt. Die Durchführung beginnt in D-Dur und berührt D-Moll sowie C-Dur, bevor das Werk zu G-Dur für die Reprise zurückkehrt. Der Satz endet in der Tonika (G-Dur).

	Folie 2b (S. 129)	Formschema des ersten Satzes
2. Hören	CD	„Eine kleine Nachtmusik"
Mitlesen der Partitur	Folien 3–6	
Höraufgabe	(S. 130–133)	Heraushören des Haupt- und Seitenthemas

III. Wertung

Impuls		L: „Eine kleine Nachtmusik" ist eines der bekanntesten und populärsten Stücke der Musikgeschichte. Grund?
Aussprache		
Ergebnis		Die Melodie geht unglaublich leicht ins Ohr („Ohrwurm")
Nachsingen des Themas		

IV. Sicherung

	Arbeitsblatt (S. 127)	Serenade in G-Dur (KV 525) „Eine kleine Nachtmusik"
Aussprache		
Zusammenfassung	Folie 8 (S. 128)	

V. Ausweitung

Hören	CD	Zweiter, dritter und vierter Satz (Ausschnitte)
Anspielen der Themen		
	Folie 7 (S. 134)	Romanze, Menuett und Rondo

Albus: Musik · Klassik – neu entdecken · Best.-Nr. 698
© Brigg Pädagogik Verlag GmbH, Augsburg

Wolfgang Amadeus Mozart: Serenade Nr. 13 in G-Dur (KV 525)
„Eine kleine Nachtmusik"

Die Serenade „Eine kleine Nachtmusik" dokumentiert unübertroffene Meisterschaft in der Anwendung musikalischer Formen. Trotz der Kürze (Aufführungsdauer ca 16. Minuten) ist dieses Werk so vollkommen in seiner Form wie eine große Symphonie. Es gibt wohl kaum ein Werk in der Musikliteratur, das mit dem Namen eines Komponisten so eng verbunden ist wie Mozarts volkstümlichste Komposition KV 525.

Wann Mozart seine Serenade komponierte, wissen wir nicht genau, bekannt ist nur, dass sie am 10. August 1787 in Wien bereits vollendet vorlag. Das Werk ist für ein Streichquintett konzipiert, wird aber in der üblichen Aufführungspraxis nach Belieben verstärkt. Nach Mozarts eigener Angabe war diese Serenade fünfsätzig. Eines der zwei Menuette mit Trio ging aus heute nicht mehr feststellbarer Ursache verloren.

Die vier erhaltenen Sätze sind überschrieben mit

1. Satz: _____
2. Satz: _____ (Andante)
3. Satz: _____ (Allegretto)
4. Satz: _____ (Allegro)

Was bedeutet das Wort „Serenade"?

_____

_____

_____

Welche Besetzung hat ein Streichquintett?

_____

Formal bedient sich Mozart im ersten Satz einer einfachen Sonatenhauptsatzform in ihrer klassischen Ausprägung. Es ist ein Symphoniesatz im Kleinen.

Setze die folgenden Begriffe richtig in die Grafik unten ein:

Durchführung – Hauptthema – Verarbeitung und Veränderung der Themen – Seitenthema – **Exposition** – Hauptthema – **Reprise** – Seitenthema

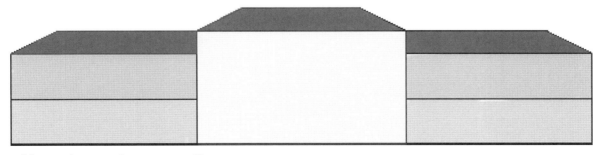

Das Hauptthema des ersten Satzes:

Wolfgang Amadeus Mozart: Serenade Nr. 13 in G-Dur (KV 525)
„Eine kleine Nachtmusik"

Die Serenade „Eine kleine Nachtmusik" dokumentiert unübertroffene Meisterschaft in der Anwendung musikalischer Formen. Trotz der Kürze (Aufführungsdauer ca 16. Minuten) ist dieses Werk so vollkommen in seiner Form wie eine große Symphonie. Es gibt wohl kaum ein Werk in der Musikliteratur, das mit dem Namen eines Komponisten so eng verbunden ist wie Mozarts volkstümlichste Komposition KV 525.

Wann Mozart seine Serenade komponierte, wissen wir nicht genau, bekannt ist nur, dass sie am 10. August 1787 in Wien bereits vollendet vorlag. Das Werk ist für ein Streichquintett konzipiert, wird aber in der üblichen Aufführungspraxis nach Belieben verstärkt. Nach Mozarts eigener Angabe war diese Serenade fünfsätzig. Eines der zwei Menuette mit Trio ging aus heute nicht mehr feststellbarer Ursache verloren.

Die vier erhaltenen Sätze sind überschrieben mit

1. Satz: _____Allegro_____
2. Satz: _____Romanze_____ (Andante)
3. Satz: _____Menuetto_____ (Allegretto)
4. Satz: _____Rondo_____ (Allegro)

Was bedeutet das Wort „Serenade"?
Serenade (ital. sereno: heiter) ist ursprünglich ein abendliches Ständchen. Seit der Wiener Klassik versteht man darunter ein Instrumentalstück mit unterhaltsamem Charakter.

Welche Besetzung hat ein Streichquintett?
2 Violinen, Viola, Cello und Kontrabass

Formal bedient sich Mozart im ersten Satz einer einfachen Sonatenhauptsatzform in ihrer klassischen Ausprägung. Es ist ein Symphoniesatz im Kleinen.
Setze die folgenden Begriffe richtig in die Grafik unten ein:

Durchführung – Hauptthema – Verarbeitung und Veränderung der Themen – Seitenthema – **Exposition** – Hauptthema – **Reprise** – Seitenthema

Das Hauptthema des ersten Satzes:

Formschema des 1. Satzes aus „Eine kleine Nachtmusik"

Formal bedient sich Mozart im ersten Satz einer einfachen Sonatenhauptsatzform in ihrer klassischen Ausprägung. Es ist ein Symphoniesatz im Kleinen mit Exposition (Themenaufstellung), Durchführung (Themenverarbeitung) und Reprise (Themenwiederholung) samt einer kurzen, sechstaktigen Coda.

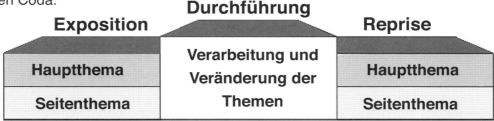

Takte 1-4:
Das Hauptthema wirkt wie eine Fanfare und könnte als Ausruf der Serenade aufgefasst werden. Deutlich wirkt im ersten Satz die heitere und unbeschwerte Schönheit Mozartscher Musik. Die ersten vier Takte des Werkes bestehen aus den einfachen Grundlagen musikalischer Gestaltungsmöglichkeit. Die Grundtonart des Werkes ist G-Dur, Mozart zerlegt in den ersten beiden Takten den G-Dur Akkord g-h-d, dem er die 5. Stufe, die Dominanttonart mit dem Dominantseptakkord d-fis-a-c im dritten und vierten Takt folgen lässt.

Takte 5-10:
Das Hauptthema findet in der Hauptthemenfortführung seine Fortsetzung.

Takte 11-17:
Die Überleitung zum Seitenthema ist eine viertaktige Melodie. Einem aufwärtsführenden spannungsgeladenen langsamen Sekundschritt stehen mehrere abwärtsführende Sekunden in rascher Tonfolge gegenüber.

Takte 18-27:
Dem zweiten Teil der Überleitung kommt die Aufgabe der Modulation in die 5. Stufe des Werkes, der Tonart D-Dur, zu. Auf die Fixierung der G-Dur Tonart in den ersten beiden Takten folgt die D-Dur-Tonleiter im 3. und 4. Takt mit der endgültigen, abschließenden Fixierung der Tonart D-Dur.

Takte 28-35:
Aus dem Dreiklang d-fis-a wird das Seitenthema gebildet und nach seiner Vorstellung in der zweiten Violine oktavversetzt gespielt.

Takte 35-51:
Graziös klingt das achttaktige Thema der Schlussgruppe, die ersten vier Takte im Piano bilden den Vordersatz, dem sich ein bestätigender Nachsatz im Forte anschließt.

Takte 51-55:
Der Epilog ist eine kurze melodische Abschlusssequenz, die die Tonart D-Dur, erkennbar durch den oft gebrauchten Leitton cis, festigt.

Takte 56-59:
Mit einfachen Mitteln wird die Durchführung des Werkes gestaltet. Vorerst erklingt das Hauptthema.

Takte 60-72:
In der äußerst kurz gehaltenen Durchführung verselbstständigt Mozart den Themenkopf der Schlussgruppe. Er erklingt in C-Dur, wandert durch mehrere Tonarten, um so gleichsam von verschiedenen tonartlichen Seiten beleuchtet zu werden.

Takte 72-75:
Den Abschluss der Durchführung bildet ein Motiv, das von allen Instrumenten des Werkes einstimmig aufgegriffen wird. Der Weg zur Reprise ist frei.

Takte 76-79:
Die Reprise ist eine Wiederholung der Exposition; sämtliche Themen erklingen in der Grundtonart G-Dur.

Takte 132-137:
Das musikalische Material der sechstaktigen Coda ist der G-Dur Akkord g-h-d, der in zerlegter Form von den ersten Violinen gespielt wird. Der 1. Satz der Serenade, erdacht mit den Gestaltungsmitteln eines Symphoniesatzes, findet seinen heiteren Abschluss.

Serenade Nr. 13 in G-Dur
(KV 525)
„Eine kleine Nachtmusik"
(Wolfgang Amadeus Mozart)

W. A. Mozart: Sinfonie Nr. 41 in C-Dur (KV 551), „Jupiter", 1. Satz

Die „Jupitersinfonie" mit ihren vier Sätzen (1. Allegro vivace, 2. Andante cantabile, 3. Menuetto: Allegretto, 4. Molto allegro) wurde am 10. August 1788 fertiggestellt. Ob diese Sinfonie zu Lebzeiten Mozarts aufgeführt wurde, ist bis heute noch nicht geklärt.

❶ Aus welchen Teilen besteht die Form eines Sonatenhauptsatzes?

❷ Welche Instrumente kannst du im 1. Satz der Sinfonie heraushören?

❸ Beschreibe das Thema 1 (Takt 1 bis Takt 4).

❹ Das Thema 2 erscheint zuerst von Takt 56 bis Takt 62. Beschreibe es.

❺ Das Thema 3 tritt im Takt 101 zum ersten Mal auf. Welche Instrumente spielen es? Beschreibe kurz das Thema.

❻ Warum erhielt diese Mozartsinfonie den Beinamen „Jupiter"?

Exkurs: Lösung Arbeitsblatt

Lösung

W. A. Mozart: Sinfonie Nr. 41 in C-Dur (KV 551), „Jupiter", 1. Satz

Die „Jupitersinfonie" mit ihren vier Sätzen (1. Allegro vivace, 2. Andante cantabile, 3. Menuetto: Allegretto, 4. Molto allegro) wurde am 10. August 1788 fertiggestellt. Ob diese Sinfonie zu Lebzeiten Mozarts aufgeführt wurde, ist bis heute noch nicht geklärt.

❶ Aus welchen Teilen besteht die Form eines Sonatenhauptsatzes?

Exposition, Durchführung, Reprise, Coda

❷ Welche Instrumente kannst du im 1. Satz der Sinfonie heraushören?

Flöte, zwei Oboen, zwei Fagotte, zwei Hörner in C, zwei Trompeten in C, Pauken, zwei Violinen, Viola, Cello, Kontrabass, Cembalo zur Verstärkung der Bass-Stimme

❸ Beschreibe das Thema 1 (Takt 1 bis Takt 4).

Das Thema 1 besteht aus zwei gegensätzlichen Motiven (Dualismus). Das erste Motiv als Art Fragemotiv spielt das ganze Orchester im Forte (unisono), das zweite, lyrische Motiv als Antwortmotiv spielen nur die Streicher im Piano.

❹ Das Thema 2 erscheint zuerst von Takt 56 bis Takt 62. Beschreibe es.

Das Thema 2 ist das sogenannte Seitenthema. Die sangliche Melodie wird nur von den ersten Violinen gespielt, die anderen Streicher haben nur Begleitfunktion.

❺ Das Thema 3 tritt im Takt 101 zum ersten Mal auf. Welche Instrumente spielen es? Beschreibe kurz das Thema.

Das Thema 3 wird nur von den ersten und zweiten Violinen leise und im Pizzicato gespielt. Es hat motorischen Charakter.

❻ Warum erhielt diese Mozartsinfonie den Beinamen „Jupiter"?

Er drückt das Erhabene, die absolute Schönheit, das Symbol von Gleichmaß und Vollendung, eine „göttliche Vollkommenheit" aus.

W. A. Mozart: Die Zauberflöte (KV 620). Zweiter Aufzug, Nr. 14
Arie der Königin der Nacht: „Der Hölle Rache kocht in meinem Herzen"

Die Zauberflöte ist eine Oper in zwei Aufzügen, die 1791 im Freihaustheater in Wien uraufgeführt wurde. Das Libretto stammt von Emanuel Schikaneder. Im Auftrag der Königin der Nacht soll Tamino ihre Tochter Pamina aus der Gewalt Sarastros befreien. Der Vogelfänger Papageno ist sein Weggefährte. Zauberflöte und Glockenspiel sollen helfen, drohende Gefahren zu überwinden. Bald erkennt Tamino, wie heimtückisch die Fürstin der Finsternis ist, und stellt sich auf die Seite Sarastros, des Herrschers über den siebenfachen Sonnenkreis. Tamino und Pamina stellen sich erfolgreich den Prüfungen Sarastros und werden ein Paar. Auch Papageno bekommt seine Papagena.

❶ Diese Arie der Königin der Nacht gehört zu den berühmtesten Koloratur-Arien der Opernwelt. Worum geht es in dieser Arie, die oft den Beinamen „Der Hölle Rache" trägt?

_____
_____
_____

❷ Welche Instrumente begleiten diese Arie? In welcher Tonart steht sie?

_____
_____

❸ Warum zählt diese Koloratur-Arie zu einer der schwierigsten in der Musikgeschichte?

_____
_____
_____
_____

> Der Hölle Rache kocht in meinem Herzen,
> Tod und Verzweiflung flammet um mich her!
> Fühlt nicht durch dich Sarastro Todesschmerzen,
> So bist du meine Tochter nimmermehr.
> Verstoßen sei auf ewig,
> Verlassen sei auf ewig,
> Zertrümmert sei'n auf ewig
> Alle Bande der Natur,
> Wenn nicht durch dich Sarastro wird erblassen!
> Hört, Rachegötter, hört der Mutter Schwur!

W. A. Mozart: Die Zauberflöte (KV 620). Zweiter Aufzug, Nr. 14
Arie der Königin der Nacht: „Der Hölle Rache kocht in meinem Herzen"

Die Zauberflöte ist eine Oper in zwei Aufzügen, die 1791 im Freihaustheater in Wien uraufgeführt wurde. Das Libretto stammt von Emanuel Schikaneder. Im Auftrag der Königin der Nacht soll Tamino ihre Tochter Pamina aus der Gewalt Sarastros befreien. Der Vogelfänger Papageno ist sein Weggefährte. Zauberflöte und Glockenspiel sollen helfen, drohende Gefahren zu überwinden. Bald erkennt Tamino, wie heimtückisch die Fürstin der Finsternis ist, und stellt sich auf die Seite Sarastros, des Herrschers über den siebenfachen Sonnenkreis. Tamino und Pamina stellen sich erfolgreich den Prüfungen Sarastros und werden ein Paar. Auch Papageno bekommt seine Papagena.

❶ Diese Arie der Königin der Nacht gehört zu den berühmtesten Koloratur-Arien der Opernwelt. Worum geht es in dieser Arie, die oft den Beinamen „Der Hölle Rache" trägt?
Von Rachsucht getrieben, gibt die Königin der Nacht ihrer Tochter Pamina ein Messer und trägt ihr auf, ihren Rivalen Sarastro zu ermorden. Andernfalls werde sie ihre Tochter verstoßen und verlassen.

❷ Welche Instrumente begleiten diese Arie? In welcher Tonart steht sie?
Die Arie ist in d-Moll geschrieben. Sie ist für Flöte, Oboe, Fagott, Waldhorn, Trompete, Pauke und Streicher instrumentiert.

❸ Warum zählt diese Koloratur-Arie zu einer der schwierigsten in der Musikgeschichte?
Der Tonumfang dieser Arie geht über zwei Oktaven, vom eingestrichenen f bis zum dreigestrichenen f. Neben einer extrem guten Atemtechnik erfordert sie eine besonders hohe Tessitur (Stimmumfang, der für den musikalischen Ausdruck nutzbar ist).

> Der Hölle Rache kocht in meinem Herzen,
> Tod und Verzweiflung flammet um mich her!
> Fühlt nicht durch dich Sarastro Todesschmerzen,
> So bist du meine Tochter nimmermehr.
> Verstoßen sei auf ewig,
> Verlassen sei auf ewig,
> Zertrümmert sei'n auf ewig
> Alle Bande der Natur,
> Wenn nicht durch dich Sarastro wird erblassen!
> Hört, Rachegötter, hört der Mutter Schwur!

Ludwig van Beethoven – Vollender der Wiener Klassik und Wegbereiter der Romantik

Lerninhalte:
- Kennenlernen des Lebensweges von Ludwig van Beethoven
- Wissen um die wichtigsten Werke von Ludwig van Beethoven
- Wissen, warum Beethoven als Vollender der Wiener Klassik und Wegbereiter der Romantik gilt
- Wissen um Beethovens Verhältnis zu Frauen
- Kenntnis seiner Erkrankung, die zur Taubheit führte
- Wissen um das Rätsel der „unsterblichen Geliebten"
- Entnahme von Informationen aus einem musikalischen Hörspiel
- Hören von verschiedenen Musikbeispielen
- Wertung der Leistung des Komponisten Ludwig van Beethoven

Arbeitsmittel/Medien:
- Arbeitsblätter 1/2: Ludwig van Beethoven
- Bild für die Tafel: Ludwig van Beethoven (Porträt. kaar.at)
- Infoblätter 1/2: Das Heiligenstädter Testament
- Folie 1: Zitat von Ludwig van Beethoven
- Folien 2/3: Ludwig van Beethoven
- Folien 4/5: Beethoven in Bildern
- Folie 6: Wichtige Werke
- Folie 7: Beethovens rätselhafte „unsterbliche Geliebte"
- Folie 8: Der Mensch Beethoven
- Folie 9: Ludwig van Beethoven – Starkomponist und Eigenbrödler
- CD: Wir entdecken Komponisten: Ludwig van Beethoven III – ein musikalisches Hörspiel. Die neun Symphonien oder: Von Hörrohren, Taktmessern und Kanonen. (DG 419993-2)
- Film DVD: Klang der Stille – Copying Beethoven. 2006. 104 Minuten.
- Film DVD: Ludwig van B. – Meine unsterbliche Geliebte. 1994. 120 Minuten.
- Beethovens unsterbliche Geliebte. Ein neuer Beitrag zu ihrer Enträtselung von Felix Weltsch. Der Monat 066/1954. www.ceeol.com
- www.martinschlu.de./kulturgeschichte/klassik/beethoven

Folie 1

> „Was ich bin, bin ich durch mich selbst. Tausende von Fürsten hat es gegeben und wird es geben. Aber es gibt nur einen ..."

Folie 6

Wichtige Werke

9 Symphonien, 5 Klavierkonzerte, 1 Oper (Fidelio), 2 Messen, 1 Violinkonzert, 1 Tripelkonzert, 1 Chorfantasie, 32 Klaviersonaten, Ouvertüren, Fantasien, Violin- und Cellosonaten, Streichquartette, Kantaten

Verlaufsskizze

I. Hinführung

Stummer Impuls	Tafel (S. 143)	Bild: Ludwig van Beethoven
Impuls	Folie 1 (S. 139)	„Was ich bin, bin ich durch mich selbst. Tausende von Fürsten hat es gegeben und wird es geben. Aber es gibt nur einen ...".
	Tafelanschrift	**Ludwig van Beethoven –**
Lehrerinfo		L: Beethoven steht an der Schwelle von der Klassik zur Romantik.
Zielangabe	Tafelanschrift	**Vollender der Wiener Klassik und Wegbereiter der Romantik**

II. Erarbeitung

Hören	CD III Dauer (52:04)	Wir entdecken Komponisten: Ludwig van Beethoven Die neun Symphonien oder: Von Hörrohren, Taktmessern und Kanonen.
Arbeitsauftrag		L: Schreibe wichtige Informationen über Beethovens Leben auf deinen Block.
Aussprache		
Erlesen	Folien 2/3 (S. 141/142)	Ludwig van Beethoven
L.info	Folien 4/5 (S. 146/147)	Stationen aus dem Leben Beethovens
Stummer Impuls Aussprache	Folie 6 (S. 139 u.)	Wichtige Werke
Stummer Impuls Aussprache	Folie 7 (S. 148)	Beethovens rätselhafte „unsterbliche Geliebte"
Gruppenarbeit	Infoblätter 1/2 (S. 149/150)	Beethovens Heiligenstädter Testament 1. Gib den Inhalt des Testaments wieder. 2. Warum verfasst Beethoven im Alter von 32 Jahren schon ein Testament? 3. Was meinst du zur Rechtschrift und Formulierung?
Aussprache		

III. Wertung

Stummer Impuls Aussprache	Folie 8 (S. 151)	Der Mensch Beethoven
Impuls Aussprache	Folie 9 (S. 152)	Ludwig van Beethoven: Starkomponist und Eigenbrödler

IV. Sicherung

Erlesen	Arbeitsblätter 1/2 (S. 144/145)	

V. Ausweitung

Zusammenfassung (Auswahl) Kritische Aussprache	DVDs	

Ludwig van Beethoven

Ludwig van Beethoven wurde 1770 in Bonn geboren, damals noch eine unbekannte Kleinstadt. Er stammte aus einer Musikerfamilie. Vater und Großvater waren Sänger im kurfürstlichen Orchester. Sein Vater war sehr ehrgeizig. Am liebsten wollte er aus seinem Sohn ein Wunderkind wie Mozart machen. Schon mit vier Jahren musste der kleine Ludwig, auf einem Stuhl stehend, Klavier spielen. Oft wurde er nachts zum Üben vom betrunken heimkommenden Vater aus dem Schlaf gezerrt.

Als Ludwig van Beethoven 12 Jahre alt war, hatte der Vater die Familie so weit in den Ruin getrieben, dass Ludwig mitverdienen musste – zunächst als Gehilfe seines Lehrers, des Hoforganisten Christian Gottlob Neefe, dann als kurfürstlicher Hilfsorganist mit 150 Gulden Monatsgehalt. Mit 17 Jahren reiste Beethoven in die österreichische Hauptstadt Wien, damals das kulturelle und musikalische Zentrum Europas. Er sollte bei Wolfgang Amadeus Mozart studieren. Doch die Reise stand unter keinem guten Stern. Zwar sagte ihm Mozart eine große Zukunft voraus, aber schon nach wenigen Wochen erfährt Beethoven, dass seine Mutter todkrank ist, und kehrt nach Bonn zurück.

Die Mutter stirbt. Zur Trauer über ihren Tod und der Enttäuschung über die verpasste Chance in Wien kommt eine weitere Last hinzu. Weil der Vater inzwischen gänzlich dem Alkohol verfallen ist, muss Beethoven für die Familie sorgen. Glück im Unglück: Er macht die Bekanntschaft einer reichen Witwe, deren Kinder er unterrichtet und die ihn einflussreichen Persönlichkeiten vorstellt.

Sein außergewöhnliches Talent erregt die Aufmerksamkeit des österreichischen Komponisten Joseph Haydn, der ihn 1792 nach Wien einlädt. Beethoven nimmt das Angebot an und kehrt Bonn für immer den Rücken.

Im Wien des ausgehenden 18. Jahrhunderts wartete man nur auf jemanden wie Beethoven. Wolfgang Amadeus Mozart war 1791 gestorben und die Musikliebhaber der Stadt brauchten ein neues Idol. Schnell wurde Beethoven ein gefragter Künstler, und man war bereit, für seine Kompositionen, seine Veröffentlichungen und seinen Unterricht zu zahlen, was er verlangte.

Als gefeierter Star und kurz davor, auch internationale Berühmtheit zu erlangen, verdiente Beethoven mehr als alle anderen Künstler seiner Zeit. Doch eine Wolke verdunkelt den Horizont. Beethoven bemerkte, wie sein Gehör immer schlechter wurde. Er konsultierte eine Vielzahl von Ärzten, die ganz unterschiedliche Diagnosen stellten, aber alle das Gleiche voraussagten: Die Schwerhörigkeit sei unheilbar und würde bis zu völliger Taubheit voranschreiten. Für Beethoven eine traumatische Erfahrung, die ihn 1802 an den Rand des Selbstmords trieb. Er wurde mürrisch und argwöhnisch, neigte immer mehr zu sinnlosen Zornesausbrüchen und zog sich zunehmend von den Mitmenschen zurück.

Beethoven blieb zeit seines Lebens Junggeselle. Zwar äußerte er häufiger den Wunsch zu heiraten, schreckte dann aber doch immer wieder davor zurück. Mit 30 Jahren verliebte er sich in die Gräfin Giulietta Guicciardi, aber Standesunterschiede machten eine Heirat unmöglich. Die Gräfin heiratete einen anderen. Daraufhin soll er ihrer Cousine Josephine drei Jahre lang den Hof gemacht haben, aber auch ihre Familie war gegen eine solche Verbindung. Drei Jahre später war es Therese Malfatti, die Tochter einer seiner Ärzte, in die er sich verliebte. Doch Beethoven war unentschlossen und konnte sich zu keinem Heiratsantrag durchringen. Abgesehen von einigen glühenden Liebesbriefen an eine „unsterbliche Geliebte", geschrieben um 1812, scheint es, als habe er sich mit dem Junggesellenleben abgefunden.

Der Kontakt zu seiner Familie in Bonn jedoch war nicht abgebrochen. 1815 starb sein Bruder Caspar. Er hatte die Vormundschaft für seinen 9-jährigen Sohn Karl seiner Frau Johanna und Beethoven übertragen. Beethoven, der Johanna nicht sonderlich schätzte, versuchte, ihr die Vormundschaft entziehen zu lassen. Nach einem dreijährigen Rechtsstreit wurde Johannas Vormundschaft auch tatsächlich annulliert. Doch Beethoven, der abwechselnd äußerst streng und sehr nachgiebig war, eignete sich nicht als Vormund. Karl litt darunter, geriet auf die schiefe Bahn und unternahm schließlich einen Selbstmordversuch.

Obwohl Beethoven hervorragend verdiente, lebte er in einem verfallenen Haus in Heiligenstadt bei Wien. Wegen seiner Taubheit zog er sich mehr und mehr von den Menschen zurück. Zwar dirigierte er immer noch seine eigenen Kompositionen. Den Applaus konnte er nicht mehr hören. Komponieren konnte er auch weiterhin, denn er brauchte dazu kein Instrument. Er hatte die Töne im Kopf. Jedoch verwendete er soviel Sorgfalt auf seine Kompositionen, dass er sie oft zu spät fertig stellte. Die Missa Solemnis, eine Messe zur Inthronisation des Erzbischofs von Ölmütz 1820, wurde erst 1823 fertig.

Sein letztes Werk, ein Streichquartett, vollendete er 1826. Er starb am 26. März 1827, wahrscheinlich an Leberzirrhose. Am Tag seiner Beerdigung blieben die Schulen in Wien geschlossen. Seine Beerdigung wurde zur größten Massenversammlung seit Napoleons Fall: 20 000 Menschen folgten dem Sarg zum Währinger Friedhof, einer der Sargträger war Franz Schubert, der ein Jahr später neben Beethoven selber begraben werden sollte. Franz Grillparzer schrieb die Grabrede, die vom Wiener Burgtheater-Schauspieler Heinrich Anschütz vorgetragen wurde:

„Ein Künstler war er, aber auch ein Mensch – Mensch in des Wortes vollkommenster Bedeutung. Weil er von der Welt sich abschloss, nannten sie ihn feindselig, und weil er der Empfindung aus dem Wege ging, gefühllos. Ach, wer sich hart weiß, der flieht nicht. Gerade das Übermaß der Empfindung weicht der Empfindung aus. – Wenn er die Welt floh, so war's, weil er in den Tiefen seines liebenden Gemüthes keine Waffe fand, sich ihr zu widersetzen; wenn er sich den Menschen entzog, so geschah's, nachdem er ihnen alles gegeben und nichts zurückempfangen hatte. Er blieb einsam, weil er kein Zweites fand.

Aber bis zum Tode bewahrte er ein menschliches Herz allen Menschen, ein väterliches den Seinen, Gut und Blut aller Welt. So war er, so starb er, so wird er leben für alle Zeiten. Ihr aber, die Ihr unserem Geleite gefolgt bis hierher, gebietet Eurem Schmerz! – Nicht verloren habt Ihr ihn, Ihr habt ihn gewonnen. – Ihr wisst, wenn die Pforte des Lebens hinter uns sich schließt, springen auf die Pforten zum Tempel der Unsterblichkeit. Dort steht er nun bei den Großen aller Zeiten; unantastbar für immer.

Drum scheidet trauernd, aber gefasst von hier, und wenn euch je im Leben, wie der kommende Sturm, die Gewalt seiner Schöpfungen übermannt, wenn Eure Tränen fließen in der Mitte eines jetzt noch ungebornen Geschlechts, so erinnert euch dieser Stunde, und denkt: wir waren auch dabei, als sie ihn begruben, und als er starb, haben wir geweint."

Legende zu Beethovens Leben in Bildern

1 Geburtshaus in Bonn (1770 und heute)
2 Johann van Beethoven (Vater)
3 Christian Gottlob Neefe (Musikdirektor)
4 Beethoven als Kind
5 Beethoven, die Mondscheinsonate komponierend (1801); Gemälde von Carl Vogel
6 Hörrohre Beethovens
7 Beethoven in Teplitz, grußlos am Kaiserpaar vorbeigehend
8 Beethovens Studierzimmer im Schwarzspanierhaus
9 Beethoven komponierend; Gemälde von Carl Schloesser
10 Beethoven auf dem Sterbebett; Skizze von Joseph Danhauser
11 Sarg von Beethoven mit Sargträger, darunter Franz Schubert
12 Leichenzug bei Beethovens Beerdigung in Wien

Ludwig van Beethoven

1770 wird Beethoven vermutlich am 16. Dezember 1770 in Bonn als Sohn des Tenorsängers Johann van Beethoven an der kurfürstlichen Kapelle in Bonn und seiner Frau Maria Magdalena (geb. Keverich) geboren. Das damalige Geburtshaus (Bild unten) ist heute restauriert und als Beethovenmuseum eingerichtet.

1778 gibt er aufgrund seiner musikalischen Begabung Konzerte in Köln und in Holland. Der Erfolg ist mäßig, die Hoffnungen auf ein Wunderkind wie Mozart bleiben unerfüllt.

1779 erhält er eine musikalische Ausbildung bei Christian Gottlob Neefe, Musikdirektor und Hoforganist in Bonn.

1781 bricht er die Schulausbildung ab.

1782 erscheinen erste Werke im Druck. Er darf bereits seinen Lehrer vertreten und erhält eine Anstellung als Begleitmusiker auf Bratsche und Cembalo.

1783 unternimmt er mit der Mutter eine Reise nach Rotterdam.

1787 reist Beethoven nach Wien, um bei Wolfgang Amadeus Mozart zu lernen. Doch als seine Mutter schwer erkrankt, fährt er zurück nach Bonn. Nach dem Tod der Mutter am 17. Juli 1787 ergibt sich der Vater dem Suff, worauf er unter Vormundschaft gestellt wird. Die Hauptverantwortung für die Familie, von sieben Kindern überleben letztendlich nur Ludwig und die Brüder Kaspar Anton Karl und Nikolaus Johann, geht an den jungen Ludwig über.

1789 besucht Beethoven akademische Vorlesungen und wurde finanziell von Mäzenen unterstützt.

1790 lernt er Joseph Haydn kennen.

1792 stirbt Beethovens Vater, der Kurfürst genehmigt weiterhin Gehaltszahlungen. Im November reist Beethoven mit einem Stipendium von Kurfürst Maximilian Franz nach Wien. Graf Ferdinand von Waldstein führt den Komponisten bei der adeligen Gesellschaft ein. Außerdem nimmt er Unterricht bei Joseph Haydn.

1794 besetzen französische Truppen das Kurfürstentum Köln. Beethoven kann nicht in seine Heimat zurückkehren und bleibt in Wien. Als Kurfürst Maximilian die Zahlungen an Beethoven einstellt, bestreitet dieser seinen Lebensunterhalt mit Klavierstunden.

1795 verdient Beethoven Geld als freier Komponist und Musiklehrer, etwa für Erzherzog Rudolf.

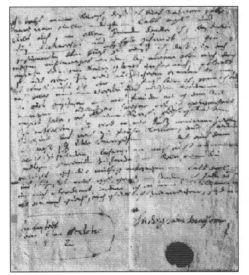

1800 erhält er jedoch Zuwendungen von Gönnern, nämlich ein jährliches Gehalt von 600 Gulden. Dafür widmet er seine Werke Adeligen. Beethovens finanzielle Situation verschlechtert sich, als die aristokratischen Kreise an Einfluss und Vermögen verlieren. Zu diesem Zeitpunkt beginnt sein Gehörleiden, die Taubheit (Ostosklerose) wird immer schlimmer. Auf Grund seiner Krankheit zieht sich Beethoven immer mehr zurück. Häufig wechselt er die Wohnungen.

1802 übersiedelt Beethoven Ende April auf Anraten seines Arztes nach Heiligenstadt, einem Vorort von Wien. Dort schreibt er am 6. und 10. Oktober einen Abschiedsbrief an seine Brüder, das sogenannte „Heiligenstädter Testament".

1808 bietet man Beethoven eine Stelle in Kassel an. Erzherzog Rudolph, Ferdinand Kinsky und Fürst Franz Joseph Lobkowitz sichern darauf vertraglich fixiert Beethoven eine lebenslange Rente von 4000 Gulden jährlich zu, jedoch werden diese durch die Inflation einige Jahre später stark entwertet.

1810 bis 1813 hält sich Beethoven zu Kuren in Baden, Franzensbad und Teplitz auf.
Ab 1814 gebraucht Beethoven Hörrohre des Mechanikers Johann Nepomuk Mälzel.
1815 gibt er Konzerte zum Wiener Kongress. Sein Bruder Karl Anton stirbt am 15. November.

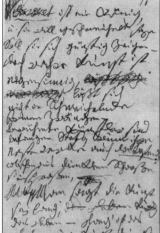

Beethoven prozessiert daraufhin langwierig mit seiner Schwägerin Johanna Beethoven um das Sorgerecht für den Neffen Karl. Im Sommer ist Beethoven wieder in Baden zur Kur.
Ab 1819 ist Beethoven völlig taub. Viele seiner Freunde haben ihn bereits verlassen, und Besucher kommunizieren mit Beethoven nur mehr schriftlich über sogenannte Konversationshefte (Bild links).
1821 erkrankt er an Gelbsucht. Ein Kuraufenthalt in Baden folgt.
1824 wird die 9. Symphonie im Kärntnertortheater mit riesigem Erfolg uraufgeführt. Beethoven hat sie nie gehört.
Ab 1826 leidet Beethoven auch noch an Leberzirrhose, Lungenentzündung, Wassersucht, Beinschwellung. Vier Operationen helfen nicht.
1827 erhält Beethoven am 24. März die Sterbenssakramente und die letzte Ölung. Er stirbt am 26. März gegen 17.45 Uhr im Schwarzspanierhaus in Wien. Der Maler Josef Danhauser

nimmt die Totenmaske ab. Drei Tage später findet die Begräbnisfeier und Einsegnung in der Dreifaltigkeitskirche in der Alserstrasse und das Begräbnis am Friedhof in Währingen/Wien unter großer Anteilnahme der Bevölkerung statt. Die von Franz Grillparzer geschriebene Trauerrede hält der Schauspieler Heinrich Anschütz. Der Nachlassverwalter Stephan von Breuning versteigert den Nachlass. Der Erlös beläuft sich auf etwa 1000 Gulden.

Am 22. Juni 1888 werden die Gebeine in ein Ehrengrab am Wiener Zentralfriedhof überführt.

Als Todesursache wird nach neuesten Erkenntnissen eine Bleivergiftung vermutet. Das fanden Wissenschaftler des Argonne National Laboratory (US-Staat Illinois) und des McCrone Forschungsinstituts in Chicago aufgrund einer Haaranalyse heraus. Die bleihaltigen Schalen der Glasharmonika, die man mit angefeuchteten Fingern spielen musste, aber auch das bleihaltige Kurwasser, das Beethoven auf seinen vielen Kuraufenthalten getrunken hatte, könnten die Todesursache gewesen sein. Während die Glasharmonika heute mit reinem Glas gefertigt wird, verwendeten die Konstrukteure zu Beethovens Zeiten teilweise Bleiglas. Das Metall war auch in der Farbe enthalten, die man mitunter zur Feinstimmung auf die Schalen auftrug. Beim Spielen eines solchen Instrumentes könnte Beethoven die tödliche Dosis aufgenommen haben, glaubt Mayling Garcia, Glasharmonikaspielerin aus Corrales in New Mexiko: „Beethoven ist mit der Glasharmonika in Verbindung gekommen, bevor die ersten Symptome auftraten." (Spiegel-online, Februar 2001)

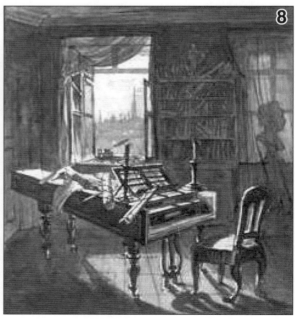

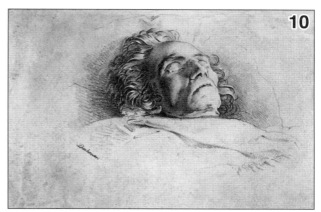

Beethovens rätselhafte „unsterbliche Geliebte"

Die „unsterbliche Geliebte" ist die rätselhafte Adressatin eines Briefs, den Ludwig van Beethoven am 6./7. Juli 1812 in Teplitz schrieb. Der Brief kam aus dem Nachlass des Komponisten in den Besitz seines Sekretärs Anton Schindler und nach dessen Tod in den Besitz seiner Schwester, die ihn 1880 an die heutige Berliner Staatsbibliothek abgab. Er wird dort unter der Signatur Mus. ep. autogr. Beethoven 127 aufbewahrt. Der Text ist mit Bleistift geschrieben und besteht aus drei Teilen.

Der Brief hat eine umfangreiche Literatur hervorgerufen und war mehrfach Gegenstand eines Spielfilms. Zuerst wurde er 1840 von Anton Schindler in seiner Beethoven-Biographie veröffentlicht, der behauptete, er sei an die junge Gräfin Giulietta Guicciardi gerichtet. 1972 stellte Maynard Solomon erstmals einen Indizienbeweis vor, nachdem es sich bei der Adressatin um Antonie Brentano handelt. Die Hypothese wird heute von zahlreichen Beethoven-Forschern geteilt. Weitere Kandidatinnen waren oder sind: Bettina Brentano, Gräfin Therese Brunsvik, Gräfin Marie Erdödy, Dorothea von Ertmann, Amalie Sebald, Josephine von Stackelberg, geb. Gräfin Brunsvik und Magdalena Willmann.

Gräfin Giulietta Guicciardi

Antonie Brentano

Bettina Brentano

Gräfin Therese Brunsvik

Gräfin Marie Erdödy

Dorothea von Ertmann

Amalie Sebald

Gräfin Josephine Brunsvik

Der Brief an die „unsterbliche Geliebte" ist eines der bis heute nicht sicher gelösten Rätsel der Beethovenforschung – nicht das wichtigste, aber eines der interessantesten. Als Anton Schindler und Johann van Beethoven nach der Beerdigung Ludwigs dessen Nachlass sichteten, fanden sie unter anderem Bankaktien in einer größeren Summe und ein Testament, in dem Ludwig alles seiner „unsterblichen Geliebten" hinterließ. Leider war kein Name genannt. Schindler verbrachte etliche Jahre seines Lebens mit der Klärung dieser Frage. Nach seinem Tod kümmerten sich weitere Musikwissenschaftler darum, und bis heute kommen eine Reihe Damen in Frage, ebenso sind einige Kinder möglicherweise Nachkommen Beethovens. Im Brief selber fällt kein Datum, doch es gibt im zweiten Teil den Hinweis auf „montag, den 6. juli". Mit etwas detektivischem Spürsinn ergeben sich einige Möglichkeiten. Mögliche Jahre, in denen der Montag auf den 6. Juli fällt, sind: 1789 – 1795 – 1801 – 1807 – 1812 – 1818.

Weitere Informationen im Internet unter: www.martinschlu.de.Kulturgeschichte – Klassik

Beethovens Heiligenstädter Testament im Originaltext

Für meine Brüder Carl und [Johann] Beethoven.

O ihr Menschen die ihr mich für feindselig störisch oder Misantropisch haltet oder erkläret, wie unrecht thut ihr mir ihr wißt nicht die geheime urßache von dem; was euch so scheinet, mein Herz und mein Sinn waren von Kindheit an für das Zarte Gefühl des wohlwollens, selbst große Handlungen Zu verrichten dazu war ich imer aufgelegt, aber bedenket nur daß seit 6 jahren ein heilloser Zustand mich befallen, durch unvernünftige ärzte verschlimert, von jahr zu Jahr in der Hofnung gebessert zu werden, betrogen, endlich zu dem uberblick eines dauernden übels daß (dessen Heilung vieleicht jahre dauern oder gar unmöglich ist) gezwungen, mit einem feuerigen Lebhaften Temperamente gebohren selbst empfänglich für die Zerstreuungen der Gesellschaft, muste ich früh mich absondern, einsam mein Leben zubringen, wollte ich auch Zuweilen mich einmal über alles das hinaussetzen, o wie hart wurde ich dur[ch] die verdoppelte trauerige Erfahrung meines schlechten Gehör's dann Zurückgestoßen, und doch war's mir noch nicht möglich den Menschen zu sagen: sprecht lauter, schrejt, denn ich bin taub, ach wie wär es möglich daß ich dann die Schwäche eines Sinnes angeben sollte; der bej mir in einem vollkomenern Grade als bej andern sein sollte, einen Sinn denn ich einst in der größten Vollkomenheit besaß, in einer Vollkomenheit, wie ihn wenige von meinem Fache gewiß haben noch gehabt haben – o ich kann es nicht, drum verzeiht, wenn ihr mich da zurückweichen sehen werdet, wo ich mich gerne unter euch mischte doppelt wehe thut mir mein unglück, indem ich dabej verkannt werden muß, für mich darf Erholung in Menschlicher Gesellschaft, feinere Unterredungen, wechselseitige Ergießungen nicht statt haben, ganz allein fast nur so viel als es die höchste Nothwendigkeit fodert, darf ich mich in gesellschaft, einlassen, wie ein Verbannter muß ich leben, nahe ich mich einer Gesellschaft, so überfällt mich eine heiße ängstlichkeit, indem ich befürchte in Gefahr gesetzt zu werden, meinen Zustand merken zu laßen – so war es denn auch dieses halbe jahr, was ich auf dem Lande zubrachte, von meinem vernünftigen Arzte aufgefordert, so viel als möglich mein Gehör zu schonen, kam er nur fast meiner jetzigen natürlichen Disposizion entgegen, obschon, vom Triebe zur Gesellschaft manchmal hingerissen, ich mich dazu verleiten ließ, aber welche Demüthigung wenn jemand neben mir stund und von weitem eine flöte hörte und ich nichts hörte; oder jemand den Hirten Singen hörte, und ich auch nichts hörte, solche Ereignüsse brachten mich nahe an Verzweiflung, es fehlte wenig, und ich endigte selbst mein Leben – nur sie die Kunst, sie hielt mich zurück, ach es dünkte mir unmöglich, die welt eher zu verlassen, bis ich das alles hervorgebracht, wozu ich mich aufgelegt fühlte, und so fristete ich dieses elende Leben - wahrhaft elend; einen so reizbaren Körper, daß eine etwas schnelle Veränderung mich aus dem Besten Zustande in den schlechtesten versezen kann – Geduld – so heist es, Sie muß ich nun zur führerin wählen, ich habe es – dauernd hoffe ich, soll mein Entschluß sejn, auszuharren, bis es den unerbittlichen parzen gefällt, den Faden zu brechen, vieleicht geht's besser, vieleicht nicht, ich bin gefaßt – schon in meinem 28 jahre gezwungen Philoßoph zu werden, es ist nicht leicht, für den Künstler schwerer als für irgend jemand – gottheit du siehst herab auf mein inneres; du kennst es, du weißt, daß menschenliebe und neigung zum wohlthun drin hausen, – o Menschen, wenn ihr einst dieses leset, so denkt, daß ihr mir unrecht gethan, und der unglückliche, er tröste sich, einen seinesgleichen zu finden, der troz allen Hindernissen der Natur, doch noch alles gethan, was in seinem Vermögen stand, um in die Reihe würdiger Künstler und Menschen aufgenomen zu werden – ihr meine Brüder Carl und [Johann], sobald ich tod bin und professor schmid lebt noch, so bittet ihn in meinem Namen, daß er meine Krankheit beschreibe, und dieses hier geschriebene Blatt füget ihr dieser meiner Krankengeschichte bej, [ein unleserliches Wort durchstrichen] da mit wenigstens so viel als möglich die welt nach meinemTode mit mir versöhnt werde – Zugleich erkläre ich euch beide hier für meinen die Erben des kleinen Vermögens, (wenn man es so nennen kann) von mir, theilt es redlich, und vertragt und helft euch einander, was ihr mir zuwider gethan, das wist ihr, war euch schon längst verziehen, dir Bruder Carl danke ich noch insbesondere für deine in dieser letztem spätem Zeit mir bewiesene Anhänglichkeit, Mein wunsch ist, daß ich euch ein bessers sorgenvolleres loseres Leben, als mir, werde, emphelt euren nach Kindern Tugend, sie nur allein kann glücklich machen, nicht Geld, ich spreche aus Erfahrung, sie war es die mich selbst im Elende gehoben, ihr danke ich nebst meiner Kunst, daß ich durch keinen selbstmord mein Leben endigte – lebt wohl und liebt euch, – allen Freunden danke ich, besonders Fürst Lichnowski und Professor Schmidt. – Die Instrumente von Fürst L. wünsche ich, daß sie doch mögen aufbewahrt werden bej einem von euch, doch entstehe des wegen kein Streit unter euch, sobald sie euch aber zu was nüzlicherm dienen können, so verkauft sie nur, wie froh bin ich, wenn ich auch noch unter meinem Grabe euch nüzen kann – so wär's geschehen – mit freuden eil ich dem Tode entgegen – kömt er früher als ich Gelegenheit gehabt habe, noch alle meine Kunst-Fähigkeiten zu entfalten, so wird er mir troz meinem Harten Schicksal doch noch zu frühe komen, und ich würde ihn wohl später wünschen – doch auch dann bin ich zufrieden, befrejt er mich nicht von einem endlosen Leidenden Zustande? – kom wann du willst, ich gehe dir muthig entgegen – lebt wohl und vergeßt mich nicht ganz im Tode, ich habe es um euch verdient, indem ich in meinem Leben oft an euch gedacht, euch glücklich zu machen, sejd es –

Ludwig van Beethoven
Heiglnstadt
am 6ten ot october
1802

L.S.

Heiglnstadt am 10ten Ocktober 1802 so nehme ich den Abschied von dir – und zwar traurig – ja die geliebte Hofnung – die ich mit hieher nahm, wenigstens bis zu einem gewissen Puncte geheilet zu sejn sie muß mich nun gänzlich verlassen, wie die Blätter des Herbstes herabfallen, gewelckt sind; so ist – auch sie für mich dürr geworden, fast wie ich hieher kam – gehe ich fort – selbst der Hohe Muth – der mich oft in den Schönen Somertägen beseelte – er ist verschwunden – o Vorsehung – laß einmal einen reinen Tag der Freude mir erscheinen – so lange schon ist der wahren Freude inniger Widerhall mir fremd – o wann – o wann o Gottheit – kann ich im Tempel der Natur und der Menschen ihn wider fühlen, – Nie? – – nein – o es wäre zu hart.

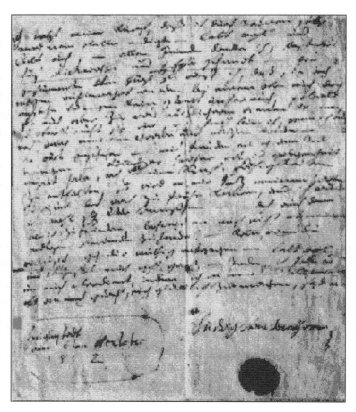

Der Mensch Beethoven

Bettina von Arnim, Schwester von Clemens von Brentano, war eine der erstaunlichsten Erscheinungen des 19. Jahrhunderts. Sie war eine Frau voller Geheimnisse, hat viele bezaubert, wurde geliebt und bewundert. Die damalige Begegnung der beiden war von großer Intensität geprägt. Bettina von Arnim hat später in ihren Schriften, voller Emphase und tiefer Bewunderung für den berühmten Musiker, das Zusammentreffen beschrieben. Wahrhaftiger, als sie über den Menschen und Künstler Beethoven geschrieben und geurteilt hat, dürfte es kaum ein anderer Zeitgenosse getan haben. Mit der ihr eigenen Empfindsamkeit, ihrer Aufgeschlossenheit und ihrem Kunstverständnis hat sie den Menschen Beethoven und seine Musik besser erkannt als viele andere.

Kein Mensch wusste, wo er wohnte; er hält sich oft ganz versteckt. – Seine Wohnung ist ganz merkwürdig: im ersten Zimmer zwei bis drei Flügel, alle ohne Beine auf der Erde liegend, Koffer, worin seine Sachen, ein Stuhl mit drei Beinen; im zweiten Zimmer sein Bett, welches winters wie sommers aus einem Strohsack und dünner Decke besteht, ein Waschbecken auf einem Tannentisch, die Nachtkleider liegen auf dem Boden. Hier warteten wir eine gute halbe Stunde, denn er rasierte sich gerade. Endlich kam er. Seine Person ist klein (so groß sein Geist und Herz ist), braun, voll Blatternarben, was man nennt: garstig, hat aber eine himmlische Stirn, die von der Harmonie so edel gewölbt ist, dass man sie wie ein herrliches Kunstwerk anstaunen möchte, schwarze Haare, sehr lang, die er zurückschlägt, scheint kaum dreißig Jahre alt; er weiß seine Jahre selbst nicht, glaubt aber doch fünfunddreißig.

Dieser Mensch hat einen sogenannten Stolz, dass er weder dem Kaiser noch den Herzögen, die ihm eine Pension umsonst geben, zu Gefallen spielt, und in ganz Wien ist es das Seltenste, ihn zu hören. Auf meine Bitte, dass er spielen möchte, antwortete er: „Nun, warum soll ich denn spielen?" – „Weil ich mein Leben gern mit dem Herrlichsten erfüllen will, und weil Ihr Spiel eine Epoche für dieses Leben sein wird", sagte ich.

Er versicherte mir, dass er dieses Lob zu verdienen suchen wolle, setzte sich neben das Klavier auf die Ecke eines Stuhles und spielte leise mit einer Hand, als wolle er suchen, den Widerwillen zu überwinden, sich hören zu lassen. Plötzlich hatte er alle Umgebung vergessen, und seine Seele war ausgedehnt in einem Weltmeere von Harmonie. Ich habe diesen Mann unendlich lieb gewonnen. In allem, was seine Kunst anbelangt, ist er so herrschend und wahrhaft, dass kein Künstler sich ihm zu nähern getraut, in seinem übrigen Leben aber so naiv, dass man aus ihm machen kann, was man will. Er ist durch seine Zerstreuung darüber ordentlich zum Gespött geworden; man benutzt dies auch so, dass er selten soviel Geld hat, um nur das Notdürftigste anzuschaffen. Freunde und Brüder zehren ihn auf; seine Kleider sind zerrissen, sein Aussehen ganz zerlumpt, und doch ist seine Erscheinung bedeutend und herrlich. Dazu kommt noch, dass er sehr harthörig ist und beinahe gar nichts sieht. Wenn er aber gerade komponiert hat, so ist er ganz taub, und seine Augen sind verwirrt im Blicke auf das Äußere: Das kommt daher, weil die ganze Harmonie sich in seinem Hirne fortbewegt und er nur auf diese seine Sinne richten kann; das also, was ihn mit der Welt in Verbindung hält (das Gesicht und Gehör), ist ganz abgeschnitten, so dass er in der tiefsten Einsamkeit lebt.

Bettina Brentano

Ludwig van Beethoven – Starkomponist und Eigenbrödler

Ludwig van Beethoven wurde am 16. Dezember 1770 in Bonn geboren. Sein Vater war Hofmusiker in Bonn, seine Familie eine aus Brabant eingewanderte Musikerfamilie. Den ersten Musikunterricht erhielt Beethoven von seinem Vater, doch bald übernahmen Christian Gottlob Neefe und andere seine Ausbildung. 1778, im zarten Alter von acht Jahren, gab der kleine Beethoven zum ersten Mal ein öffentliches Konzert. 1782 erschienen seine ersten gedruckten Klavierkompositionen. Bereits mit 13 Jahren war Beethoven Mitglied der kurfürstlichen Kapelle in Bonn. Doch es hielt ihn nicht lange in der Provinz. 1792 – mit gerade 22 Jahren – zog er nach Wien, um sich musikalisch weiterzubilden. Er nahm unter anderem Musikunterricht bei Joseph Haydn und verlor sein Herz an die österreichische Metropole, in der er bis zu seinem Tod, am 26. März 1827, lebte.

Ludwig van Beethoven war ein Eigenbrödler, ein schwieriger Mensch. Er war ein mit allen Wassern gewaschenes Schlitzohr, er pflegte sein Image als bärbeißiger Frauenheld, im Geschäftsleben war er durchtrieben, er hatte den typisch rheinischen Blick fürs Reale und entsprechenden Humor, und er war dem Alkohol sehr zugeneigt. Er trank während seiner Zeit in Wien (also immerhin an die 30 Jahre lang) pro Tag im Schnitt zwei Flaschen Weiß- und eine Flasche Rotwein. Das wurde ihm letztlich auch zum Verhängnis.

Bereits zu Lebzeiten war Beethoven weltberühmt. Der Pianist, Kapellmeister und Komponist schrieb 9 Sinfonien, eine Oper (Fidelio), Kammermusik, Klaviersonaten und Konzerte. Sein bekanntestes Werk ist auch zugleich eines seiner letzten. Die 9. Sinfonie wurde erst drei Jahre vor seinem Tod uraufgeführt und wurde ein triumphaler Erfolg. Ein Lied daraus ist die „Ode an die Freude". Selbst nicht an der Klassik interessierte Leute kennen diese Melodie, ohne allerdings zu wissen, dass die Hymne zu Beethovens letzter Sinfonie gehört. Der berühmte Dichter Friedrich von Schiller hat den Text dazu verfasst.

Auf Äußerlichkeiten legte Beethoven keinen großen Wert. Eines seiner besonderen Kennzeichen war sein ungepflegtes Haar, das oft in alle Himmelsrichtungen abstand. Am liebsten trug er einen bodenlangen Gehrock – auch als der schon lange aus der Mode gekommen war – und einen Zylinder, den Beethoven allerdings häufig verlor oder verlegte.

Aber vielleicht hatte er gerade deshalb so viel Glück bei den Frauen. Beethoven war ein „Weiberheld" – obwohl meistens unrasiert, ungepflegt und im Zimmer herumspuckend, wie es ein guter Bekannter von ihm ausdrückte. Er hatte etliche Affären, die jedoch nie lange hielten. Verheiratet war der Musiker jedoch nie.

Der Choleriker – einer seiner Spitznamen war „Generalissimus" – war für seine spontanen Gefühlsausbrüche bekannt. Er begeisterte sich für Philosophie, Kunst und Politik. Was ihn zur Weißglut brachte, waren Standesdünkel, Dummheit, Überheblichkeit, gesellschaftliche Verpflichtungen und die Zensur.

Obwohl Beethovens Gesundheitszustand als robust bezeichnet werden kann, musste er bereits früh mit chronischen Krankheiten leben. Schon mit 25 Jahren begann ein starkes Hörleiden, das sich bis 1819 zu völliger Taubheit entwickelte. Um so erstaunlicher, dass Beethoven trotzdem bis zu seinem Tode als Pianist und Komponist tätig war. Ludwig van Beethoven starb mit 57 Jahren unter Umständen an einer Leberzirrhose in Wien.

L. v. Beethoven: Violinkonzert D-Dur op. 61, 1. Satz

Lerninhalte:

- Kennenlernen eines der schönsten Violinkonzerte in der Musikgeschichte
- Wissen um die Stellung der Solovioline im Vergleich zum Orchester
- Kenntnis des formalen Aufbaus des ersten Satzes mit seinen sechs Motiven
- Wissen, was eine Kadenz ist
- Fähigkeit, die Noten in einer Partitur verfolgen zu können
- Hören und Beurteilen des ersten Satzes

Arbeitsmittel/Medien:

- Arbeitsblatt: Violinkonzert D-Dur, op. 61, 1. Satz
- Folie 1: Geigerin mit Solopart
- Folie 2: Formaler Aufbau des 1. Satzes (Text)
- Folie 3: Motive des 1. Satzes (Notenausschnitte)
- Folien 4/5/6/7/8: Partitur Violinkonzert D-Dur, op. 61, 1. Satz: Allegro ma non troppo
- Folie 9: Stradivari/Stradivari-Geige
- Folie 10: Lösung Arbeitsblatt
- CD: L. v. Beethoven: Künstler: Isabelle Faust, Alexander Melnikov, Prague Philharmonia, Jiri Belohlavek. Label: HMF, DDD 2006 (jpc-Bestellnummer 2871989)
- www.youtube.com: Beethoven Violinkonzert

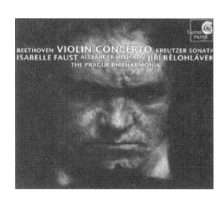

Folie 1

Verlaufsskizze

I. Hinführung

Stummer Impuls	Folie 1 (S. 153)	Bild: Sologeigerin
Aussprache		
Überleitung		L: Kennenlernen eines Violinkonzertes
Zielangabe	Tafelanschrift	**L. v. Beethoven: Violinkonzert D-Dur, op. 61, 1. Satz: Allegro ma non troppo**

II. Erarbeitung

L.info — Tafelanschrift
- 1. Satz: Allegro ma non troppo (21.32)
- 2. Satz: Larghetto (8:57)
- 3. Satz: Rondo: Allegro (8:46)

1. Hören — CD — Violinkonzert D-Dur, op. 61, 1. Satz: Exposition (Orchester)

Höraufgaben
❶ Mit welchem Motiv beginnt Beethoven den ersten Satz? Welches Instrument spielt es?
❷ Welches Motiv ist sehr sanglich und besteht aus acht Takten? Kannst du es nachsingen?

Zusammenfassung — Folie 3 (S. 159) — Die sechs Motive des ersten Satzes

2. Hören — CD — Violinkonzert D-Dur, op. 61, 1. Satz: Exposition (Orchester)

Höraufgaben
❶ Zeige an, wann das jeweilige Motiv erscheint.
❷ Welche Instrumente spielen das jeweilige Motiv?

Mitlesen — Folie 3 (S. 159)
Zusammenfassung — Folie 2 (S. 156)
Erlesen des Textes

3. Hören — CD — Violinkonzert D-Dur, op. 61, 1. Satz

Höraufgaben
❶ Warum hört man die Solovioline zu Beginn so deutlich?
❷ Lies den Part der Solovioline in der Partitur mit.

Folien 4–8 (S. 160–164)

Aussprache

III. Wertung

Stummer Impuls — Folie 9 (S. 155)

Stradivari
Antonio Giacomo Stradivari, laut neueren Forschungen, 1648 geboren (Geburtsort unbekannt), am 18. Dezember 1737 in Cremona gestorben, war ein italienischer Geigenbaumeister. Man schätzt, dass Stradivari in seiner Laufbahn etwa 1100 Violinen, Bratschen, Celli, einige Gitarren und eine Harfe gebaut hat. Von den Celli gibt es heute nur noch ca. 60 Stück, insgesamt sind schätzungsweise noch 650 Instrumente erhalten.
Stradivari-Geige

Aussprache

Eine fast 300 Jahre alte Stradivari-Violine ist bei einer Auktion in New York 2006 für mehr als 3,5 Millionen Dollar (2,73 Millionen Euro) versteigert worden. Das ist der höchste Preis, den je ein Musikinstrument bei einer Versteigerung erzielt hat.

L.info
Problematik des Beethoven'schen Tempos
Missachtung der Metronomvorschriften führt zu unzulässigen Dehnungen: Karajan / A. S. Mutter (1. Satz: 25:58; 2. Satz: 11:05; 3. Satz: 10:00)

IV. Sicherung

	Arbeitsblatt (S. 157)	L. v. Beethoven: Violinkonzert D-Dur, op. 61, 1. Satz
Kontrolle	Folie 10 (S. 158)	
Internet	Video	www.youtube.com. Beethoven: Violinkonzert

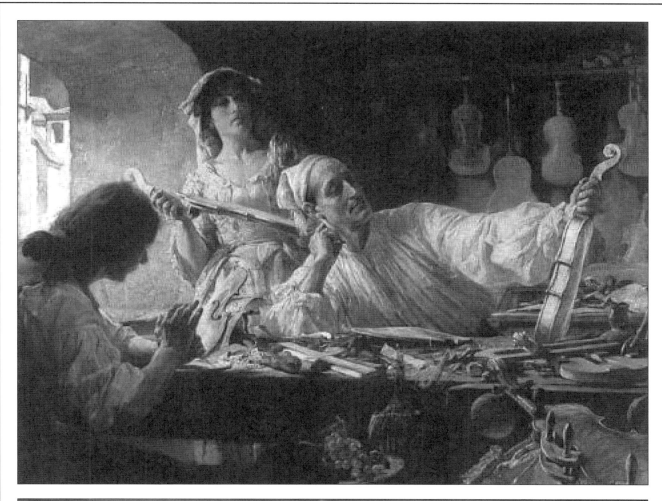

Violinkonzert D-Dur, op. 61, 1. Satz: Allegro ma non troppo

Der erste Satz des Konzerts umfasst ganze 535 Takte und dauert je nach Interpretation und Solokadenz zwischen 20 und 26 Minuten. Damals dauerte ein ganzes Violinkonzert in der Regel nicht länger als 25 Minuten. Beethoven sprengte also den konventionellen Rahmen, indem die formale Anlage auch der folgenden Werke immer größere Ausmaße annahm. Im Violinkonzert hielt Beethoven aber noch an der bewährten Sonatensatzform fest, auch wenn er diese stark erweiterte. Statt der üblichen zwei Themen stellt er in der Exposition gleich sechs Ideen vor, von denen aber fünf von lyrischem Charakter sind und untereinander kaum Kontraste aufweisen. Das einfachste Motiv steht am Anfang des Konzerts und wird allein von der Pauke vorgetragen: es ist ein aus fünf Vierteln bestehendes Motiv, welches – am Anfang noch unscheinbar – im weiteren Verlauf des Satzes an Bedeutung gewinnt. Im zweiten Takt, zusammen mit dem letzten der fünf Viertelnoten, setzen die Holzbläser ein und spielen eine achttaktige Periode, deren Vorder- und Nachsatz vom Paukenmotiv verbunden werden. Das klopfende Paukenmotiv wird von den Streichern imitiert und erhält nun auch eine melodische Komponente. Klarinette und Fagott präsentieren wenige Takte später einen dritten Gedanken, der eigentlich nur aus einer aufsteigenden Durtonleiter besteht und gerade mal zwei Takte beansprucht. Einen ersten Ausbruch bietet das Werk mit dem vierten Motiv, das harmonisch, dynamisch und mit seinem martialischen Ausdruck nach dem lyrischen Beginn überrascht. Nach acht spannungsvollen Takten und einer kurzen Überleitung findet die Exposition im fünften Gedanken zu ihrem anfänglichen Ausdruck zurück. Es handelt sich um ein volksliedhaftes Thema, das in zwei mal vier Takte unterteilt und in jeder Hinsicht einfach gehalten ist. Unmittelbar anschließend folgt eine Variation dieses Themas in Moll, Beethoven kadenziert nicht nach acht Takten, sondern erweitert die Periode. Ein sechstes Motiv, drei Takte umfassend, klangvoll und kantabel gestaltet, schließt die Exposition ab. Wie in den klassischen Konzerten üblich wird die Exposition ein zweites Mal vorgetragen, diesmal aber mit der Solovioline im Vordergrund. Bevor das Paukenmotiv aber wieder erklingt, stellt sich der Solist mit einer auskomponierten Solokadenz vor. Sie beginnt mit gebrochenen Oktaven, die, weil sie schwer sauber zu spielen sind, von Geigern gefürchtet werden. Ohne die Begleitung des Orchesters durchmisst die Violine nun ihren Tonraum, beginnt in der dreigestrichenen Oktave, klettert über typische Spielfiguren auf ihre tiefste Saite, die G-Saite, hinab und kehrt schließlich wieder in die hohe Ausgangslage zurück, übersteigt diese sogar noch bis zum viergestrichenen d. Genau mit diesem Ton fällt der Einsatz der Pauke zusammen, die die Wiederholung der Exposition einleitet. Zu dem nun schon bekannten motivischen Material fügt die Solostimme zahlreiche Variationen hinzu und zwingt den Komponisten aufgrund des konzertierenden Prinzips zu einigen Änderungen im formalen Aufbau. So wird zum Beispiel das vierte Motiv ausgespart und erst zu einem späteren Zeitpunkt, an dem man eigentlich die Durchführung erwarten würde, wiederholt. Der Grund für diese Änderung liegt in der Akustik: Das vierte Motiv ist zu laut, um der Solovioline als Hintergrund zu dienen, und so nutzt Beethoven diesen Teil zusammen mit dem fünften und sechsten Gedanken als Orchesterzwischenspiel vor der Durchführung. Wieder beginnt der Solist mit den gebrochenen Oktaven und der folgenden Kadenz. Von den sechs Ideen aus der Exposition werden in der Durchführung nur die ersten beiden verarbeitet. Vor allem das Paukenmotiv bestimmt diesen Formteil und bildet auch den klanglichen Hintergrund für die ausdrucksvolle Kantilene der Violine, die in g-moll beginnt und nach 26 Takten die Dominante der Ausgangstonart D-Dur erreicht. Mit einer chromatisch aufsteigenden Triolenkette leitet die Solovioline in die Reprise über, die nicht wie in der Exposition leise und nur mit der Pauke beginnt, sondern mit dem vollen Klang des Orchesters. Die Reprise folgt in ihrem Aufbau weitestgehend der Exposition des Solisten, nur dass gegen Ende, wie in klassischen Konzerten üblich, einer vom Solisten frei zu gestaltenden Solokadenz Raum gelassen wurde.

L. v. Beethoven: Violinkonzert D-Dur, op. 61, 1. Satz

Im Jahre 1806 schrieb Beethoven auf Wunsch des virtuosen Geigers Franz Clement sein einziges Violinkonzert. Beethoven komponierte das Werk in für ihn ungewöhnlich kurzer Zeit. Tintenvergleiche haben ergeben, dass Beethoven mit der Niederschrift der uns überlieferten Partitur erst Ende November begann und kurz vor der Uraufführung am 23. Dezember fertig wurde. Wie kaum ein anderes Konzert verbindet es hohe Virtuosität mit volksnaher Melodik und wurde dadurch zu einem der schönsten Violinkonzerte in der Musikgeschichte.

❶ Welche Instrumente kannst du im ersten Satz des Violinkonzertes heraushören?

❷ Beschreibe das Motiv, mit dem die Exposition eröffnet wird.

❸ Beschreibe das zweite Motiv. Kennzeichne es in der Partitur. Wer spielt es?

❹ Von insgesamt sechs Motiven im ersten Satz geht das fünfte Motiv besonders schnell ins Ohr. Wer spielt es?

❺ Erst nach dem Vorstellen der sechs Motive durch das Orchester setzt die Solovioline ein. Warum hört man den Einsatz deutlich?

❻ Beurteile den Stellenwert der Solovioline im Vergleich zum Orchester.

❼ Am Schluss des ersten Satzes folgt eine Kadenz. Was ist eine Kadenz?

L. v. Beethoven: Violinkonzert D-Dur, op. 61, 1. Satz

Im Jahre 1806 schrieb Beethoven auf Wunsch des virtuosen Geigers Franz Clement sein einziges Violinkonzert. Beethoven komponierte das Werk in für ihn ungewöhnlich kurzer Zeit. Tintenvergleiche haben ergeben, dass Beethoven mit der Niederschrift der uns überlieferten Partitur erst Ende November begann und kurz vor der Uraufführung am 23. Dezember fertig wurde. Wie kaum ein anderes Konzert verbindet es hohe Virtuosität mit volksnaher Melodik und wurde dadurch zu einem der schönsten Violinkonzerte in der Musikgeschichte.

❶ Welche Instrumente kannst du im ersten Satz des Violinkonzertes heraushören?

Solovioline; Flöte, Oboe, Klarinette, Fagott, Horn, Trompete, Pauke, 1. Violine, 2. Violine, Viola, Violoncello, Kontrabass

❷ Beschreibe das Motiv, mit dem die Exposition eröffnet wird.

Fünf Viertelnoten auf d eröffnen das Konzert, leise von der Pauke gespielt.

❸ Beschreibe das zweite Motiv. Kennzeichne es in der Partitur. Wer spielt es?

Die Holzbläser (Flöten, Oboen und Klarinetten) tragen ein achttaktiges, kantables Motiv vor, das in zwei Teile als eine Art Frage- und Antwortmotiv gegliedert ist. Die Streicher übernehmen das erste Motiv.

❹ Von insgesamt sechs Motiven im ersten Satz geht das fünfte Motiv besonders schnell ins Ohr. Wer spielt es?

Holzbläser (Flöten, Oboen, Fagotte)

❺ Erst nach dem Vorstellen der sechs Motive durch das Orchester setzt die Solovioline ein. Warum hört man den Einsatz deutlich?

Das Orchester hält eine ganze Note über zwei Takte hinweg und pausiert drei Takte später.

❻ Beurteile den Stellenwert der Solovioline im Vergleich zum Orchester.

Der Orchesterpart ist vorrangig, die Solovioline hat oft nur umspielende Funktion.

❼ Am Schluss des ersten Satzes folgt eine Kadenz. Was ist eine Kadenz?

Sie ist eine musikalische Improvisation am Ende des Kopfsatzes eines Instrumentalkonzertes und gibt dem Solisten die Möglichkeit, seine Virtuosität auf dem Instrument zu zeigen.

Violinkonzert D-Dur, op. 61, 1. Satz: Allegro ma non troppo
Die sechs Motive des ersten Satzes

1. Motiv

2. Motiv

3. Motiv

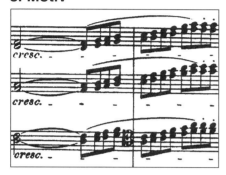

4. Motiv

5. Motiv

6. Motiv

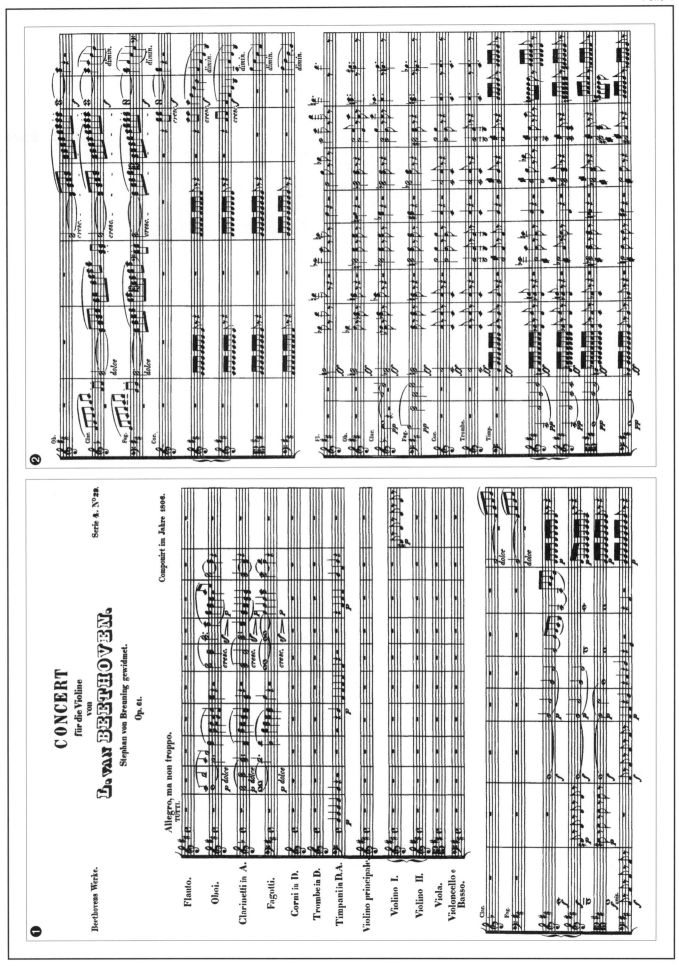

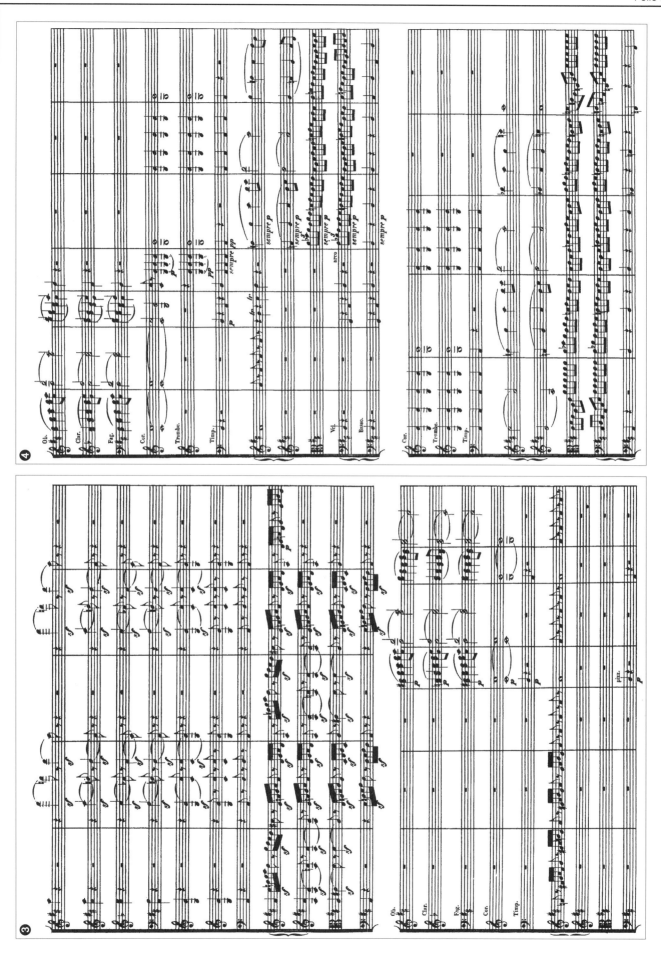

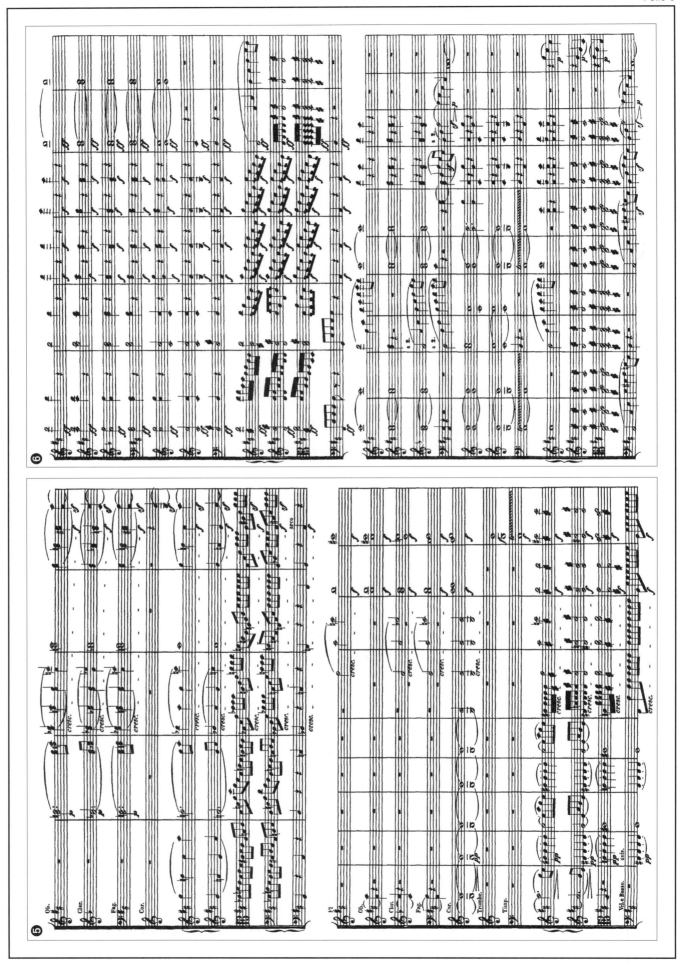

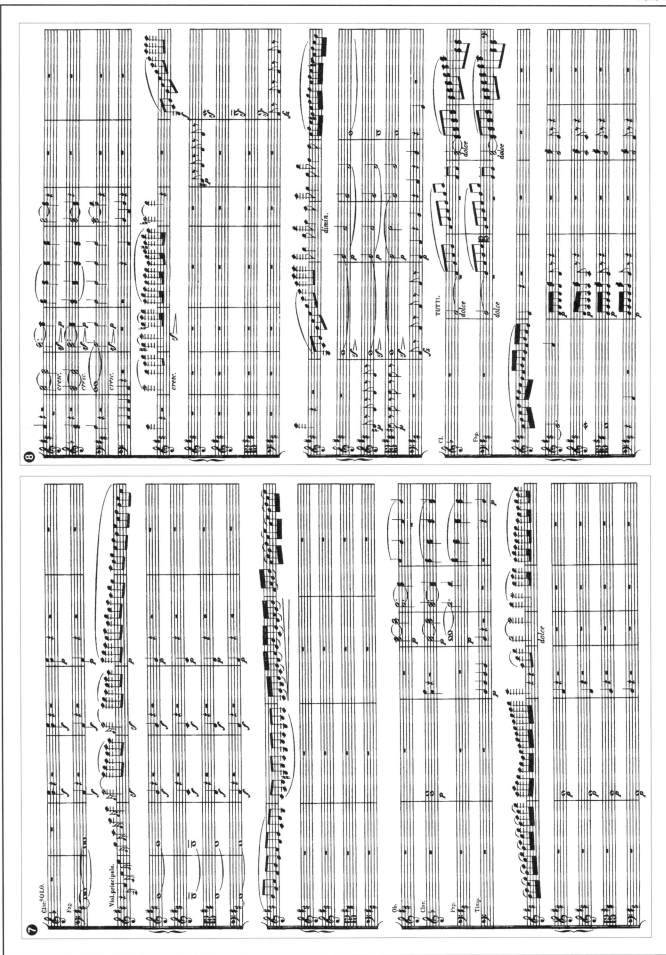

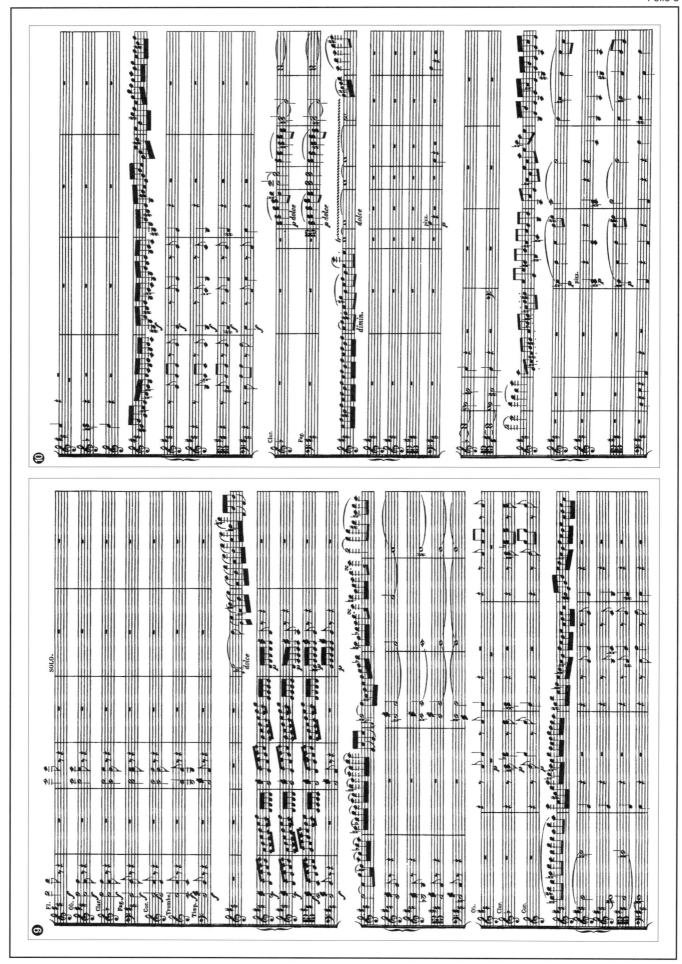

L. v. Beethoven: Sinfonie Nr. 5, c-Moll, op. 67, 1. Satz

Beethoven schrieb relativ lange an dieser Sinfonie. Begonnen 1804 kurz nach der Fertigstellung der dritten Sinfonie, der „Eroica", komponierte er bis 1808 an der fünften Sinfonie – und parallel dazu an einer ganzen Reihe anderer großer Werke. Das Markenzeichen der c-Moll-Sinfonie ist – vom ersten Akkord an – ihr unüberhörbar appellativer Charakter. Zwingender wurde zuvor in der Musikgeschichte nie der Hörer in das Geschehen einer Musik mit einbezogen. Die Uraufführung erfolgte am 22. Dezember 1808 im Theater an der Wien. Sie stand unter keinem guten Stern, denn die Musik war zu laut, das Programm viel zu lang, die Musiker nur mittelmäßig und Beethoven dirigierte selbst, aber – er war schon taub. Heute gehört die 5. Sinfonie Beethovens zu den meistgespielten Werken auf der ganzen Welt. Nahezu jeder Mensch kennt das berühmte Klopfmotiv.

❶ Aus welchen Sätzen besteht die 5. Sinfonie?

❷ Das 1. Thema: Aufbau? Wer spielt es zuerst?

❸ Wie wird das 1. Thema weitergeführt?

❹ Das 2. Thema (Seitenthema): Aufbau? Wer spielt es? Wer leitet das 2. Thema ein?

❺ Wie heißen die Teile der klassischen Sonatenhauptsatzform?

❻ Nach der _____ folgt die _____, in der das Ausgangsmotiv durch verschiedene Tonarten hindurch variiert wird. Mit dem „Oboenseufzer" und der ihm folgenden _____ wird der Übergang zur _____ eingeleitet. Diese beginnt mit dem frohen Motiv des _____ Themas, führt über eine triumphale Steigerung zur Wiederaufnahme des _____ Themas und mündet schließlich in eine grandiose _____ in c-Moll.

L. v. Beethoven: Sinfonie Nr. 5, c-Moll, op. 67, 1. Satz

Beethoven schrieb relativ lange an dieser Sinfonie. Begonnen 1804 kurz nach der Fertigstellung der dritten Sinfonie, der „Eroica", komponierte er bis 1808 an der fünften Sinfonie – und parallel dazu an einer ganzen Reihe anderer großer Werke. Das Markenzeichen der c-Moll-Sinfonie ist – vom ersten Akkord an – ihr unüberhörbar appellativer Charakter. Zwingender wurde zuvor in der Musikgeschichte nie der Hörer in das Geschehen einer Musik mit einbezogen. Die Uraufführung erfolgte am 22. Dezember 1808 im Theater an der Wien. Sie stand unter keinem guten Stern, denn die Musik war zu laut, das Programm viel zu lang, die Musiker nur mittelmäßig und Beethoven dirigierte selbst, aber – er war schon taub. Heute gehört die 5. Sinfonie Beethovens zu den meistgespielten Werken auf der ganzen Welt. Nahezu jeder Mensch kennt das berühmte Klopfmotiv.

❶ Aus welchen Sätzen besteht die 5. Sinfonie?

① *Allegro con brio* ② *Andante con moto* ③ *Scherzo. Allegro* ④ *Finale. Allegro*

❷ Das 1. Thema: Aufbau? Wer spielt es zuerst?

Die Exposition beginnt unmittelbar mit dem Klopfmotiv, das in c-Moll steht und in eine große Terz nach unten fällt. Streicher und Klarinetten spielen unisono im Fortissimo. Die zwei Fermaten erhöhen die Spannung.

❸ Wie wird das 1. Thema weitergeführt?

Das Motiv wandert durch die Stimmen und geht dabei in einen rhythmischen Achtel-Fluss über, der im Tutti auf der Dominante beendet wird. Ein verminderter Septakkord leitet das Anfangsmotiv wieder ein.

❹ Das 2. Thema (Seitenthema): Aufbau? Wer spielt es? Wer leitet das 2. Thema ein?

Ein kurzes Hornmotiv, das mit dem gleichen Rhythmus, aber einer anderen Tonfolge beginnt, leitet über zum lyrischen, sanglichen, im Piano gehaltenen Seitenthema (Paralleltonart Es-Dur). Die Streicher spielen es in gleichmäßig fließenden Viertelnoten.

❺ Wie heißen die Teile der klassischen Sonatenhauptsatzform?

Exposition (1–124), Durchführung (125–248), Reprise (249–374), Coda (375–502)

❻ Nach der ___Exposition___ folgt die ___Durchführung___, in der das Ausgangsmotiv durch verschiedene Tonarten hindurch variiert wird. Mit dem „Oboenseufzer" und der ihm folgenden ___Fermate___ wird der Übergang zur ___Reprise___ eingeleitet. Diese beginnt mit dem frohen Motiv des ___zweiten___ Themas, führt über eine triumphale Steigerung zur Wiederaufnahme des ___ersten___ Themas und mündet schließlich in eine grandiose ___Coda___ in c-Moll.

Mus Name: _____ Datum: _____

L. v. Beethoven: Sonate Nr. 5, c-Moll, op. 10, Nr. 1, 1. Satz

Ohne die drei frühen, nicht zum Kanon gehörenden Bonner Sonaten hat Ludwig van Beethoven insgesamt 32 Sonaten für Klavier geschrieben. Sie zählen zu den bedeutendsten Werken der Klavierliteratur. Die Sonate Nr. 5, c-Moll, op. 10, Nr. 1 ist der Gräfin Anna Margarete von Browne gewidmet und wurde 1796 bis 1798 komponiert.

❶ Welches Tempo schreibt Beethoven für den 1. Satz der Sonate Nr. 5 vor?

_____

❷ Kennzeichne das 1. Thema (Hauptthema).

_____
_____
_____
_____
_____

❷ Beschreibe die Überleitung zum 2. Thema (Seitenthema).

_____
_____
_____

❸ Welche Merkmale weist das 2. Thema auf?

_____
_____
_____
_____
_____

❹ In der Durchführung bringt Beethoven ein neues Motiv. Beschreibe kurz den Verlauf.

_____
_____
_____
_____

❺ Die Sonate

Um 1760 wurde die Kirchensonate und das Concerto grosso von einer neuen Form abgelöst, der klassischen Sonate, deren Einsatzbereich vom Soloklavier bis zum Orchester reicht. Sie hat im Allgemeinen drei Sätze, die sich in Charakter und Tempo unterscheiden: _____ (allegro) – _____ (lento/adagio/andante) – _____ (allegro/presto). Oft wurde zwischen dem zweiten und dritten Satz noch ein _____ oder ein _____ eingeschoben, die wie das _____, das manchmal als Schlusssatz auftaucht, noch auf die Suite der _____zeit hinweisen.

L. v. Beethoven: Sonate Nr. 5, c-Moll, op. 10, Nr. 1, 1. Satz

Ohne die drei frühen, nicht zum Kanon gehörenden Bonner Sonaten hat Ludwig van Beethoven insgesamt 32 Sonaten für Klavier geschrieben. Sie zählen zu den bedeutendsten Werken der Klavierliteratur. Die Sonate Nr. 5, c-Moll, op. 10, Nr. 1 ist der Gräfin Anna Margarete von Browne gewidmet und wurde 1796 bis 1798 komponiert.

❶ Welches Tempo schreibt Beethoven für den 1. Satz der Sonate Nr. 5 vor?

Allegro molto e con brio = sehr munter (fröhlich) und mit Schwung (Feuer)

❷ Kennzeichne das 1. Thema (Hauptthema).

Das 1. Thema steht in c-Moll und wirkt durch den Dreiklang, der punktiert zergliedert wird, wuchtig und aggressiv. Auf diesen Forte-Ausbruch folgt eine zarte Antwort, die im Piano gehalten ist.

❷ Beschreibe die Überleitung zum 2. Thema Seitenthema).

Über punktierten Halben im Bass baut sich eine kleine Melodie auf, die über drei Modulationen sequenziert nach unten verläuft.

❸ Welche Merkmale weist das 2. Thema auf?

Das 2. Thema (Seitenthema) in der parallelen Dur-Tonart (Es-Dur) hat eine kantable, leise Melodiefigur, die mit einer Achtelbewegung der linken Hand unterlegt ist („Alberti-Bässe").

❹ In der Durchführung bringt Beethoven ein neues Motiv. Beschreibe kurz den Verlauf.

Das Motiv in f-Moll wird in Oktaven gespielt. Es folgt eine Modulation nach b-Moll und nach Des-Dur, ehe die Überleitung zum 2. Thema in Moll führt.

❺ Die Sonate

Um 1760 wurde die Kirchensonate und das Concerto grosso von einer neuen Form abgelöst, der klassischen Sonate, deren Einsatzbereich vom Soloklavier bis zum Orchester reicht. Sie hat im Allgemeinen drei Sätze, die sich in Charakter und Tempo unterscheiden: __schnell__ (allegro) – __langsam__ (lento/adagio/andante) – __schnell__ (allegro/presto). Oft wurde zwischen dem zweiten und dritten Satz noch ein __Menuett__ oder ein __Scherzo__ eingeschoben, die wie das __Rondo__, das manchmal als Schlusssatz auftaucht, noch auf die Suite der __Barock__zeit hinweisen.

Franz Schubert – ein Leben für die Lieder

Lerninhalte:

- Kennenlernen des Lebensweges von Franz Schubert
- Wissen um wichtige Werke von Franz Schubert
- Wissen, dass Schubert rund 660 Lieder komponiert hat
- Entnahme von Informationen aus einem musikalischen Hörspiel
- Hören von verschiedenen Musikbeispielen
- Wertung der Leistung des Komponisten Franz Schubert

Arbeitsmittel/Medien:

- Arbeitsblätter 1/2: Franz Schubert
- Bild für die Tafel: Franz Schubert
- Folien 1–4: Peter Härtling: Schubert (Auszug „Schulgeburten")
  © Luchterhand Literaturverlag GmbH, Hamburg/Zürich 1992 (S. 10–22)
- Folien 5–7: Bilder zum Lebensweg von Franz Schubert
- Folie 8: Werke
- Folie 9: Brief von Franz Schubert an seinen Bruder Ferdinand
- Folie 10: Zitate über Franz Schubert
- CD: Wir entdecken Komponisten: Franz Schubert – ein musikalisches Hörspiel. Die verschwundene Symphonie oder: Zum Komponieren bin ich auf die Welt gekommen. (DG 437 259-2)
- 5 CDs: Peter Härtling: Schubert. Lesung mit Musik (der Autor liest selbst).
  1. CD: Schulgeburten. © Der Hörverlag
- DVD: Notturno. Der österreichische Film. Edition Standard. Österreich 1998

Folie 8

Werke:

Bühnenwerke
Vier vollendete, fünf unvollendete Opern, fünf Operetten, zwei Singspiele, ein Melodram

Orchesterwerke
Acht Sinfonien, zwei Italienische Ouvertüren

Geistliche Musik
Fünf Messen, zwei Stabat mater, ein großes Halleluja, eine achtstimmige Hymne für Männerchor mit Begleitung von Blasinstrumenten und andere kleinere Kirchenkompositionen

Klavierlieder
Über 600 Lieder und drei Liederzyklen: „Die schöne Müllerin", „Winterreise" (beide nach Gedichten von Wilhelm Müller) und „Schwanengesang"

Kammermusik
Oktett F-Dur für Streicher und Bläser, Streichquintett in C-Dur, 14 Streichquartette, Klavierquintett in A-Dur („Forellen-Quintett"), zwei Trios, zwei große Duos und drei kleinere Duos für Klavier und Violine

Klavierwerke
22 Sonaten einschließlich der „Wandererfantasie", Impromptus, Moments musicaux, Tänze und bedeutende vierhändige Klavierwerke (Militärmärsche)

Die Zählung der Sinfonien hat sich mehrfach geändert und führt daher gelegentlich zu Verwirrung. Unstritig sind die ersten sechs Sinfonien. Eine gelegentlich als Nr. 7 gezählte Sinfonie, die sogenannte Gmunden-Gasteiner, galt als verschollen. Nach heutiger Forschung ist aber erwiesen, dass sie identisch mit der „Großen Sinfonie in C-Dur" ist. Die sogenannte „Unvollendete in h-Moll" wurde früher als achte, jetzt als siebte bezeichnet. Die „Große Sinfonie in C-Dur" wurde ursprünglich als siebte, später als neunte Sinfonie gezählt. Nach heutiger Forschung zählt sie als seine achte Sinfonie.

Verlaufsskizze

I. Hinführung

Stummer Impuls	Tafel (S. 174)	Bild: Franz Schubert
Impuls	Tafelanschrift	„Zum Komponieren bin ich auf die Welt gekommen".
	Tafelanschrift	**Franz Schubert –**
Impuls		L: Eine Werkgattung hatte es Schubert besonders angetan.
Zielangabe	Tafelanschrift	**Franz Schubert – ein Leben für die Lieder**

II. Erarbeitung

L.info		Kennenlernen der Vorgeschichte: Die Eltern Schuberts
Hören oder	CD I	Peter Härtling: Schubert (Auszug „Schulgeburten")
Lehrervortrag	Folien 1–4	
Gruppenarbeit	(S. 178–181)	Arbeitsaufgaben
Aussprache		zu 4)
	Tafelanschrift	

1. **Ignaz Franz** 8.3.1784–30.3.1844
2. Elisabeth 1.3.86–13.8.88
3. Karl 23.4.87–6.2.88;
4. Franziska Magdalena 6.7.88–4.8.88
5. Franziska Magdalena 5.7.89–1.1.92
6. Franz Karl 10.8.90–10.9.90
7. Anna Karolina 11.7.91–29.7.91
8. Petrus 29.7.92–14.1.93
9. Josef 16.9.93–18.10.98
10. **Ferdinand Lukas** 18.10.1794–26.2.1859
11. **Franz Karl** 5.11.1795–20.3.1855
12. **Franz Peter** 31.1.1797–19.11.1828
13. Aloisia Magdalena 17.12.97–18.12.97
14. **Maria Theresia** 17.9.1801–1878

Hören	CD (52:55)	Wir entdecken Komponisten: Franz Schubert
Arbeitsauftrag		L: Schreibe wichtige Informationen über Schuberts Leben auf deinen Block.
begleitend zur CD	Folien 5–7 (S. 171–173)	Stationen aus Schuberts Leben
Stummer Impuls	Folie 8 (S. 169 u.)	Werke
Aussprache		

III. Wertung

Stummer Impuls	Folie 9 (S. 177)	Brief an Bruder Ferdinand
	Folie 10 (S. 182)	Zitate über Franz Schubert
Aussprache		

IV. Sicherung

	Arbeitsblätter 1/2 (S. 175/176)	Franz Schubert
Erlesen		

V. Ausweitung

Zusammenfassung	DVD (Auswahl)	1. Teil: Notturno – Love has lied (100 Minuten)
		2. Teil: Notturno – Winterjourney (131 Minuten)
Aussprache		

Legende zu Schuberts Leben in Bildern

1. Erster Wohnsitz der Schuberts in Lichtental/Wien
2. Vater Franz Theodor Schubert (1763–1830)
3. K. u. K. Stadtkonvikt (Stefanskonvikt) in Wien
4. Schubert (11 J.) in der Uniform des Konvikts (1808–1813)
5. Antonio Salieri, ital. Komponist (1750–1825)
6. Schubert im Alter von 17 Jahren
7. Joseph Freiherr von Spaun (1788–1865), ältester Freund Schuberts; Direktor der Staatslotterie, Hofrat
8. Moritz von Schwind (1804–1871), Maler
9. Eduard von Bauernfeld (1802–1890), Dichter und Beamter
10. Johann Michael Vogl (1768–1840), Sänger
11. Franz von Schober (1796–1882), Dichter und Beamter
12. Anselm Hüttenbrenner (1794–1868), Musikdirektor in Graz
13. Schubertiade bei Joseph von Spaun (Sepiazeichnung von Moritz von Schwind, 1865)
14. Ausflug der Schubertianer von Atzenbrugg nach Aumühl 1820 (Aquarell von Leopold Kupelwieser, 1820)
15. Schubert (Ölbild von Carlo Bacchi, 1927)

Franz Schubert

1797: Franz Peter Schubert wird am 31. Januar 1797 als zwölftes von 14 Kindern des Schulmeisters Franz Theodor Florian Schubert, einem Bauernsohn aus Mähren, und seiner Frau Elisabeth, geborene Vietz, in der damaligen Wiener Vorstadt Himmelpfortgrund geboren. Die Familie, Eltern und fünf überlebende Kinder, lebt sehr ärmlich. Wie es sich für einen Schulmeister gehört, wird bei Schuberts viel musiziert, Hausmusik gepflegt. Sein Vater und sein ältester Bruder Ignaz lehren den jungen Franz Geige und Klavier.

1807: Seinen ersten Musikunterricht erhält Schubert bei Michael Holzer (Orgel, Harmonielehre, Kontrapunkt), dem Regens chori der Lichtentaler Kirche.
1808: Schubert wird Sängerknabe an der Wiener Hofkapelle und lebt fortan im Stadtkonvikt. Dort haben die Jungen neben dem üblichen Fächerkanon auch täglich einige Musizierstunden im Orchester zu absolvieren, in denen u. a. Sinfonien von Haydn, Mozart und Beethoven gespielt werden. Daneben erhält Schubert Unterricht in Musiktheorie und Generalbass bei Wenzel Ruzicka, dem Leiter des Orchesters.

1812: Tod der Mutter
Ab 1812: Franz erhält bis 1817 Unterricht beim Hofkapellmeister Salieri, dessen Schwerpunkte allerdings die italienische Oper und die Kirchenmusik sind, wogegen Schuberts Vorbilder eher Mozart und Beethoven sind.
1813: Im Oktober verlässt Schubert mit Eintreten des Stimmbruchs das Konvikt, womit er seine Schulzeit beendet und somit jede materielle Sicherheit verliert. Er besucht das Lehrerseminar und komponiert.
1813: Schuberts Vater heiratet zum zweiten Mal, und zwar Anna Kleyenböck, die Franz finanziell kräftig unterstützt.
1814: Trotz seiner Neigung zum Komponieren wird er dann doch Schulmeister und tritt als Gehilfe ab September in die Armenschule seines Vaters ein.
1815: Schubert bewirbt sich als Lehrer in Laibach, er wird jedoch abgelehnt. Daraufhin reist er nach Wien, um als freischaffender Komponist zu arbeiten.
1816: Schubert unternimmt erste Versuche, einen Verleger zu finden, was sich jedoch als schwierig erweist, da die Verleger bei unbekannten Komponisten und neuen Kompositionen nur schwer zu kalkulierende Risiken eingehen. Am 17. Juni 1816 komponiert Schubert zum ersten Mal für Geld, als Auftragswerk hatte er eine kleine Kantate zu schreiben.
1817: Rossini weilt in Wien und beeinflusst in gewisser Weise Schuberts Schaffen. Mit Hilfe seiner Freunde gelingt es, den Bariton Johann Michael Vogl, der am Kammertheater tätig ist, auf Schubert aufmerksam zu machen und für dessen Musik zu begeistern. Dieser erkennt Schuberts Genius. Von nun an hat Schubert einen Sänger für seine Lieder und einen lebenslangen Freund.
1818: In Wien werden einige seiner Werke erfolgreich aufgeführt. Graf Johann Karl Esterházy von Galantha bietet Schubert eine Stelle als Sing- und Klaviermeister für seine beiden Töchter an, woraufhin Schubert sich ein Jahr vom Schuldienst befreien lässt und auf das Gut Zseliz in Ungarn zieht.

Mittlerweile hat sich auch ein Freundeskreis um Schubert gebildet, der sich zur Beschäftigung mit Kunst, Musik und Literatur trifft und aus Musikern, Dichtern und Malern besteht. Dazu gehören Moritz von Schwind, Joseph von Spaun, Anton Holzapfel, Anselm Hüttenbrenner, Johann Mayrhofer und viele mehr. Diese Zusammenkünfte sind nach Schubert benannt und heißen „Schubertiaden". Schubert ist deren musikalischer Mittelpunkt. Für diesen Kreis schreibt er vorwiegend seine Werke.

Gegen den Willen des Vaters tritt er nach seiner Rückkehr nicht wieder den Schuldienst an, sondern zieht zu Johann Mayrhofer. Im Streit mit seinem Vater verliert Schubert endgültig die Stellung als Hilfslehrer und verlässt sein Elternhaus. Er wohnt nun bei seinem Freund Franz von Schober, der ein gutes Klavier besitzt. In dieser Zeit widmet er sich verstärkt der Klaviermusik.

1819: Im Sommer macht Schubert mit Vogl und Spaun eine Reise durch Oberösterreich.

1822: Schubert befällt im Dezember ein chronisches Leiden.

1823: Es ist das wohl düsterste Jahr in Schuberts Leben. Gezeichnet von einer schweren Krankheit und dem fruchtlosen Bemühen um eine Oper, gibt Schuberts Gesundheitszustand Anlass zu Spekulationen. Mit zunehmendem Alter wird er korpulenter und neigt zu alkoholischen Exzessen. Ein Krankenhausaufenthalt im Herbst 1823 bringt zwar Besserung, aber schon im nächsten Frühjahr scheint die Krankheit den Komponisten psychisch besonders schwer zu belasten. Nach gängiger Auffassung der Schubertforschung hat sich Schubert damals eine venerische Erkrankung, wohl Syphilis, zugezogen, die jedoch wahrscheinlich nicht die Ursache seines Todes war.

Das meiste des aus dem Schuldienst oder aus verkauften Kompositionen eingenommenen Geldes gibt Schubert für Abende im Freundeskreis in den Altwiener Gasthäusern aus, was seinem Ruf nicht gerade förderlich ist. Kann er seine Rechnung nicht bezahlen, nimmt der Wirt jedoch auch gern ein Lied in Zahlung, das Schubert oft gleich am Wirtshaustisch komponiert.

1824: Schubert weilt zum zweiten Mal mit Graf Esterházy auf dessen Gut in Ungarn. Gegen Ende des Jahres 1824 geht Schubert zurück nach Wien, wo er, abgesehen von Ausflügen nach Oberösterreich und in die Steiermark, bis zu seinem Tod lebt.

1825: Schubert unternimmt eine sechsmonatige Reise mit Vogl durch Oberösterreich.

1826: Seine letzten Bemühungen um eine Anstellung als Vizekapellmeister der kaiserlichen Hofkapelle und als Kapellmeister am Wiener Kärntnertortheater werden abgelehnt. Als freier Künstler trägt er nun weiterhin ständig Sorge um seinen Lebensunterhalt.

1827: Beethoven stirbt. Schubert ist erschüttert. Er ist einer der Fackelträger.

1828: Das große künstlerische Ereignis dieses Jahres ist ein Konzert, das Schubert am 26. März – am ersten Todestag Beethovens – gibt und das ein großer Erfolg wird. Von dem Erlös kann sich Schubert ein Klavier kaufen. Anfang November will Schubert noch Kontrapunktunterricht bei Simon Sechter nehmen, doch er stirbt am 19. November um drei Uhr nachmittags an Typhus und wird neben Beethoven beigesetzt. Sein Grab befindet sich am Währinger Friedhof. Im Geburtshaus, 9. Bezirk Nußdorferstraße 54, wird eine Gedenkstätte eingerichtet. 1872 errichtet man ihm im Wiener Stadtpark ein von Carl Kundmann gestaltetes Denkmal, 1888 werden seine Gebeine in ein Ehrengrab am Wiener Zentralfriedhof überführt.

Schubert an seinen Bruder Ferdinand

Den 24. November 1812.
Gleich heraus damit, was mir am Herzen liegt, und so komme ich eher zu meinem Zwecke, und Du wirst nicht durch liebe Umschweife lang aufgehalten. Schon lange habe ich über meine Lage nachgedacht und gefunden, daß sie im Ganzen genommen zwar gut sei, aber doch noch hie und da verbessert werden könnte; Du weißt aus Erfahrung, daß man doch manchmal eine Semmel und ein Paar Äpfel essen möchte, um so mehr, wenn man nach einem mittelmäßigen Mittagsmahle, nach 8 ½ Stunden erst ein armseliges Nachtmahl erwarten darf. Dieser schon oft sich aufgedrungene Wunsch stellt sich nun immer nicht ein, und ich mußte nolens volens endlich eine Abänderung treffen. Die paar Groschen, die ich vom Herrn Vater bekomme, sind in den ersten Tagen beim Teufel, was soll ich dann die übrige Zeit thun? Die auf dich hoffen, werden nicht zu Schanden werden. Matthäus Cap. 3, V. 4. So dachte auch ich. – Was wär's denn auch, wenn Du mir monatlich ein paar Kreuzer zukommen ließest. Du würdest es nicht einmal spüren, indem ich mich in meiner Clause für glücklich hielte, und zufrieden sein würde. Wie gesagt, ich stütze mich auf die Worte des Apostels Matthäus: der da spricht: Wer zwei Röcke hat, der gebe einen den Armen etc. Indessen wünsche ich, daß Du der Stimme Gehör geben mögest, die Dir unaufhörlich zuruft, [Dich]
Deines
Dich liebenden armen, hoffenden
und nochmal armen Bruders
Franz zu erinnern.

Der Spaziergang vor dem Stadttor (Moritz v. Schwind, Lithografie 1827)

Peter Härtling: Schubert
Schulgeburten

Franz Schubert kam in einem Schulhaus zur Welt. Nicht in einem, wie wir es kennen, einem öffentlichen Gebäude, das allein der Lehre und dem Lernen dient, sondern in einem Haus, in dem gelebt, geliebt, geboren, gestorben und eben auch unterrichtet wurde. In dem es einen täglichen und einen nächtlichen Lärm gab, Geräusche nach einem festen Muster, einem Stundenrhythmus. Das Haus im Neunten Bezirk gibt es noch; es gleicht nicht mehr ganz dem am einstigen Himmelpfortgrund.

Was sich heute in der Undurchschaubarkeit der großen Stadt museal hervortut, gehörte damals, Ende des achtzehnten Jahrhunderts, zu einem vorstädtischen Bereich, in dem sich dreitausend Menschen in engen, kargen Wohnungen drängten, Handwerker in den Höfen ihre Werkstätten hatten, Taglöhner neben Beamten lebten, Lehrer neben Dienstboten. Die Enge drückte sie alle auf die Straße, wo von ihnen nicht nur viele Handel trieben und arbeiteten, sondern ebenso sich entspannten, spielten, flanierten, dem Treiben der Nachbarn nachspionierten.

Die Straßen stanken. Bei Nacht gab es so gut wie kein Licht. Die Lebensunruh wärmte die einen, machte die andern frösteln. Wer träumte, wurde rasch durch das Geschrei des Tags und die Seufzer der Nacht aufgeschreckt. Die Sommersonne trocknete die Gassen und Höfe so aus, dass der Unrat gar nicht dazu kam zu faulen. Der Regen häufelte den Dreck auf, und im Winter fror rasch, was faulen und stinken konnte.

Noch ist Franz nicht geboren, noch haben seine Eltern keine Ahnung, wo sie einander treffen, wo sie ihr gemeinsames Leben beginnen werden.

Die Gegend, aus der Franz Theodor Schubert, der Vater, stammt, kenne ich. Neudorf liegt nahe bei Mährisch-Schönberg; in einer hügeligen Landschaft, die sich in der Kindererinnerung schroff auftürmt. Das Altvatergebirge grenzt nach Osten hin den Horizont ab. Es hat, wenn mein Gedächtnis sich nicht schwärmerisch irrt, Bachtäler gegeben, die sich mit grünen Rainen durch die Wälder schnitten wie in einem Bilderbuch oder einem Lied: „Hinunter und immer weiter / Und immer dem Bache nach / Und immer frischer rauschte / Und immer heller der Bach." Vielleicht hat Vater Schubert manchmal seinen Kindern von dieser Gegend erzählt. Es kann genauso gut sein, dass er sie verschwieg, vergessen wollte. Es hat ihn ja fortgedrängt, Karl nach, dem älteren Bruder, der schon in Wien als Lehrer tätig war.

Im Winter 1783 kam Franz Theodor in Wien an. Er hatte sich in Brünn und anderswo bereits an Schulen geübt und darum keine Schwierigkeiten, sich bei seinem Bruder an der Karmeliterschule zu verdingen. Sicher brauchte er einige Zeit, mit der großen Stadt zurechtzukommen, die damals schon mehr als zweihundertfünfzigtausend Einwohner hatte. Er war ehrgeizig, wollte es zu etwas bringen. Zwei Semester lang hörte er an der Wiener Universität Philosophie.

Von Franz Theodor ist ein Porträt erhalten, ein Gemälde, das ihn als gestandenen Schulmeister zeigt und, nach längerem Hinschauen, als unheimliche Person. Das Gesicht zerfließt und wirkt dennoch in seiner Mimik angestrengt. Eine sonderbar fleischige Nasenwurzel drückt die Augen unverhältnismäßig weit auseinander. Auch die Stirn über den kaum vorhandenen Augenbrauen geht in die Breite, findet keine Form. Die Backen hängen müde und schlaff. Das seine Lüsternheit verbeißende Mündchen sitzt über einem ganz und gar kindlichen, durch ein Grübchen geteilten Kinn.

Da will einer sich um nichts in der Welt verraten, spielt den unauffälligen Bürger und gibt unfreiwillig dennoch vieles von dem preis, was ihn quält und worunter seine Nächsten leiden: Dass er fromm zu sein vorgibt, obwohl Zweifel und Verzweiflung ständig an ihm reißen; dass er auf seinen Stand pocht; dass er bis zur Rücksichtslosigkeit auf seiner Autorität besteht und sein sich immer wieder krümmendes Selbstbewusstsein verflucht; dass er den ehrbaren Ehemann, den christlichen Lehrer mit Genugtuung hervorkehrt und seiner gedachten Ausschweifungen und Begierden oft kaum Herr wird; dass er, der zeit seines Lebens von Kindern umgeben ist, ihnen nichts anderes beibringen möchte, als so zu werden wie er und seinesgleichen.

Die Musik, das ist wahr, kann ihm ans Herz greifen, besonders die einfache böhmische, diese aushausigen Melodien, die sich abgelöst haben von der wirklichen Idylle und von ihm bloß noch als sentimentale Signale gehört werden. Womit ich Franz Theodor Schubert nicht als engstirnigen Spießer, selbstgerechten Bösewicht charakterisiert haben möchte, sondern als einen Mann, der nur einen Zipfel seines Traums erwischte, den er aber, um halbwegs bequem zu überleben, als den ganzen Traum deklarierte. Genau genommen sorgte er sich mehr um sich, um seine Reputation, sein Fortkommen als um das seelische Wohl seiner Frau, seiner Kinder. Da er mit seiner Liebe sparte, bekam er auch wenig.

Von seiner ersten Frau, Elisabeth Vietz, gibt es kein Bild. Dennoch glaube ich von ihr mehr zu wissen als von ihrem Mann. Das allein durch die Musik ihres Sohnes. Er hat vor allem erinnernd auf sie reagiert, hat sie vielleicht sogar verklärt.

Franz Theodor hat sich kaum eingerichtet, falls diese Bezeichnung überhaupt zutrifft für ein Provisorium, einen Wartestand, als sie sich über den Weg laufen, Elisabeth und er. Wie, hat sich in keiner Erinnerung niedergeschlagen, ist auch von den Kindern nicht mitgeteilt worden.

Für den Anfang hatten sie sich ein Märchen ausdenken können, das immer neu und anders erzählt wird. Aber die Wirklichkeit hat das nicht zugelassen. Und deswegen verschwiegen sie die Heftigkeit und Atemlosigkeit, mit der sie aufeinander zustürzten. Er, der Gehilfe von der Karmeliterschule, einundzwanzig Jahre alt geworden, und sie, die Magd aus der Vorstadt Lichtental, die, um drei Jahre älter als er, sich in den Einsamkeiten der Stadt auskannte wie in den vielfältigen, nicht immer freundlichen Möglichkeiten, ihnen zu entfliehen: diesen Aufschwüngen am Wochenende.

Sie halten sich nicht an die Regeln. Ist er es, der drängt, oder fürchtet sie, dass ihr die Zeit wegläuft? Sie erzählt viel von sich. Er nicht. Das kann er nicht. Er kann sich nicht preisgeben, auch nicht für einen, sie einenden Moment. Er hat sie schon in Besitz genommen, da glaubt sie noch, sich entscheiden zu können. Sie erzählt, wie ihr Vater, der ein angesehener Büchsenmacher gewesen sei, vor zwölf Jahren mit ihnen aus Zuckmantel in Schlesien aufgebrochen sei. Von Wien hat er sich viel versprochen, sagt sie, alles. Daheim ist es uns nicht gut gegangen.

Hört er zu?

Unterwegs sei die Mutter gestorben, sie wisse nicht, woran. Jetzt waren der Vater und wir drei Kinder ohne sie. Es hätte noch gut werden können, sagt sie. Sie neigt dazu, Schlussstriche zu ziehen und immer wieder Anfänge zu versuchen. Mit der Zeit wird sie es bleiben lassen.

Kaum haben wir im „Goldenen Lamm" Quartier genommen, ist der Vater auch verschieden, erzählt sie weiter. Felix, mein Bruder, hat sich als Weber verdingt in Lichtental, Maria Magdalena und ich sind als Hausmädchen untergekommen. Immer hier in unserer Vorstadt, betont sie und meint ein größeres Zuhause, Menschen, die sie kennt, vor denen sie kuscht, die sie mag, respektiert; Wohnungen, in denen sie ein- und ausgeht, von denen sie arbeitend Besitz ergreift, von den Bälgern, den Kindern auch, die sie zu versorgen hat, und wenn sie die Augen schließt, kann es sein, dass einer der jungen Herren an ihrer Hüfte entlangstreicht wie ein Kater und sie es sich gefallen lässt, nicht kratzt wie sonst.

Ich könnte mir ein anderes Leben vorstellen, sagt sie. Er auch. Eine Schul', sagt er, das könnte ein Königreich sein. Warum er sie, schon nach dem ersten oder zweiten Abend, nachdem sie übereinander hergefallen waren und miteinander so schwer wurden wie ein Klumpen Blei, mitnahm in seine Stube im Haus Nr. 152, konnte er sich auch später nicht erklären. Im Schwung des gemeinsamen Aufbruchs erwies er sich als kühn, kümmerte sich nicht um den Tratsch der Nachbarn, des Bruders. Wenn schon, müsstet ihr beide heiraten.

Er wiegelt ab, er will sich umschauen, ob sich nicht doch eine Schule findet, ein ordentliches Zuhause. Das dauert noch zwei Jahre.

Längst vorher muss er Elisabeth heiraten. Sie erwartet ein Kind. Will sie ihn binden, zwingen? Vielleicht. Aber – und dieser Gedanke verwandelt Elisabeth, münzt ihr Wesen um, erzählt die Geschichte einer Magd um eine Nuance verändert und tückischer –, aber könnte es nicht auch sein, dass sie bereits schwanger war, als Franz Theodor sie kennenlernte? Sie heiraten am 17. Januar 1785 in der Lichtentaler Kirche.

Im Trauungsbuch der Pfarre „Zu den Vierzehn Nothelfern" wird der Beruf des Bräutigams Franz Schubert als „Instruktor" angegeben, worin sich seine „bessere Bildung" ausdrückt: die sechs Gymnasialklassen in Brünn und vermutlich auch sein derzeitiges Philosophiestudium. Auf alle Fälle kann er Latein unterrichten.

Die Braut hingegen, Elisabeth Vietz, hat für das Kirchenbuch keinen Beruf, nicht einmal den einer Magd, sie ist eines „Schlossermeisters Tochter", und der ist seit Jahren tot.

Die beiden ersten Kinder kommen noch in der Kammer im Lichtentaler Haus 152 zur Welt, Ignaz und Elisabeth.

Franz Theodor gibt nicht nach, er will seine Schule. Elisabeth lernt, im rechten Augenblick zu schweigen, im günstigen zu reden. Von seiner knirschenden Strenge hat sie nichts geahnt, wie nachdrücklich er auf sein Ansehen Wert legt. Ja, Franz. Nein, Franz.

Sie reagiert schnell. Das mag er. So schnell und geschäftsmäßig, wie er sie in mancher Nacht liebt und danach sofort einschläft, um Kraft zu sammeln für den Unterricht und die Suche nach der Schule.

Ich schreibe: Franz Theodor Schubert sucht eine Schule. So als suche heute jemand eine Wohnung. Unter ähnlich miserablen Bedingungen. Und genau das trifft zu: Er suchte mit der Schule zugleich ein Zuhause – für sich, seine Familie und nicht zuletzt seine Schüler, deren Zahl, hoffte er, bald für den Lebensunterhalt ausreichen würde.

Seine Schule gab es schon. Sie verlangte nur nach einem neuen Lehrer. Die kleine Familie blieb in ihrem Bezirk, dem heutigen Neunten, wechselte nur aus Lichtental auf den benachbarten Himmelpfortgrund, ins Haus „Zum roten Krebsen", das an der „Oberen Hauptstraße zur Nußdorfer Linie" lag, und jetzt die Nußdorfer Straße 5 ist.

Da nimmt er seine Schule in Augenschein. Genauer: Er mustert die Kammern und Zimmer, in denen er wohnen und lehren wird. Möglicherweise begleitet ihn sein Vorgänger, Anton Osselini, rühmt die Schule, die Gegend, die Kinder, drückt sich gestikulierend vor Wasserflecken an der Wand oder öffnet mit Schwung ein gesprungenes Fenster so weit, dass der Schaden dem prüfenden Blick des Nachfolgers entgeht. Für die Schulmöbel müsse Schubert selber sorgen. Er, Osselini, habe die seinen anderweitig verkauft.

Jaja, damit habe er gerechnet. Wie er überhaupt nur noch rechnet.

In dem Haus gibt es sechzehn Wohnungen. Manche Mietpartei lebt schon eine Ewigkeit an der Himmelpforte.

An der Himmelpforte, sagt Franz Theodor, als er Elisabeth die gute Nachricht überbringt. Seit langem lächelt er endlich einmal.

Das könnte was werden, sagt sie leise.

Franz Theodor mietet bei seinem Hausherrn, dem Maurermeister Schmidtgruber, zwei Wohnungen. Die eine, im Parterre, wird die Schule bleiben, ein wenig verändert. In die andere, im Obergeschoss, wird die Familie ziehen, was Elisabeth planend in Angriff nimmt.

In der Kuchel hat es auch genug Raum für die Schlafplätze der Kinder. Sie misst ab, richtet in Gedanken ein. Er tut in den beiden Räumen unten am Hof das Gleiche.

Am Heiligen Abend 1787 stirbt in Neudorf der Vater. Die kleine Erbschaft – sechsundneunzig Gulden – hilft Franz Theodor, Schulbänke zu kaufen, eine Tafel.

Schon am 13. Juni 1786 war er von der Landesregierung zum Schullehrer auf dem Himmelpfortgrund ernannt worden.

Zu seinem Verdruss fanden sich anfangs vor allem arme Schüler ein, deren Eltern nicht in der Lage waren, das Schulgeld zu zahlen. Mit der Zeit aber meldeten sich auch Kinder aus solventen Familien.

Beim Schubert wird mehr gesungen als bei seinen Vorgängern. Schon dadurch ändert sich das Tagesgeräusch. Dieses Geräusch, in dem alles eingewoben ist, was die Banalität des Menschentags ausmacht: Türen schlagen, Herr Pospischil, der Nachtwächter, kommt pfeifend heim, die Kinder drücken sich kreischend ins Zimmer, ein Säugling weint, steckt einen zweiten, einen dritten an, ein Hund bellt, im Hof schreit der Schmidtgruber, der Hauswirt, seinen Lehrling an, und rechts nebenan entschließt sich Wandel, der Nichtsnutz, es am helllichten Nachmittag mit seinem Weib zu treiben, sie hören ihn ächzen und ihr Gestöhn, da schlägt schon wieder eines der Kinder unten die Tür zu, dass die Wände wackeln, und auf dem Umgang kreischt ein altes Weib, wenn ihr nicht bald stad seid, kreischt sie, mindestens zum zehnten Mal, und es ist ihrem Gezeter anzumerken, wie gut es ihr tut, und manchmal laufen Ausrufer vorm Haus vorbei, und auf der Gasse wird disputiert und gestritten oder einfach nur getratscht, denen fällt nichts Besseres ein, als dem Herrgott die Zeit zu stehlen, dem Teufel ein Ohr abzuschwätzen.

Elisabeth sitzt auf dem Schemel am Fenster und gibt dem Mädchen, das nach ihr getauft wurde, Elisabeth, die Brust. Es wird bald sterben.

Sie lauscht, ist auf dem Sprung. Immer, wenn der Mann die Stiege heraufkommt, will sie seine möglichen Wünsche und Befehle im Kopf ordnen und gerät erst recht durcheinander.

Sie lauscht, ob sich in den Geräuschen aus der Schule, unten im Hof etwas ändert, Franz Theodor unvermittelt laut wird, eins der Kinder mit dem Stock Schläge bekommt, heult, ob er die Schüler mehr als üblich singen lässt. So kann sie sich auf seine Stimmungen vorbereiten. Sie kommt kaum dazu, an sich zu denken. Entweder ist sie schwanger oder sie hat gerade ein Kind zur Welt gebracht.

Bis Franz geboren wird, der Franz, hat es noch viele Schwangerschaften Zeit.

Schrei nur, Weib, schrei, pflegt Franz Theodor sie zu trösten, wenn die Wehen ihr zusetzen. Das hat er schon beim ersten getan, beim Ignaz. Ignaz Franz, geboren am 8. März 1784, noch in Lichtental, wie auch Elisabeth, geboren am 1. März 1786; sie stirbt im Haus am Himmelpfortgrund, am 13. August 1788 am Fleckenausschlag; da ist inzwischen Karl geboren, am 23. April 1787, und er geht

vor der schwachen und kränklichen Elisabeth am 6. Februar 1788 zugrunde;
schrei nur, Weib, schrei;
Franziska Magdalena wird geboren, am 6. Juli 1788 und stirbt am 14. August 1788 am Gedärmreißen, und während Elisabeth noch den beiden Gischperln nachweint, Elisabeth und Franziska Magdalena, muss sie gewärtig sein, wieder schwanger zu werden, und sie bringt am 5. Juli 1789 ein Mädchen zur Welt, das sie und Franz Theodor aus Trotz und Hoffnung wieder Franziska Magdalena nennen, aber es hält auch nicht lang aus, stirbt am 1. Januar 1792 am Schleimfieber;
schrei nur, Weib, schrei;
Franz Karl bringt sie am 10. August 1790 zur Welt, doch er verlässt diese schon einen Monat später, am 10. September, und nicht einmal ein Jahr darauf wird Anna Karolina geboren, am 11. Juli 1791, die achtzehn Tage danach, am 29. Juli ins Totenregister eingetragen wird, sie sei an Fraisen, an Krämpfen, gestorben;
schrei nur, Weib, schrei;
Petrus kommt am 29. Juli 1792 zur Welt, genau ein Jahr nach dem Tod Anna Karolinas, und er stirbt nicht einmal zwei Jahre darauf, am 14. Januar 1793 an den Folgen eines Zahnkatarrhs;
ihm folgt Josef, der am 16. September 1793 geboren wird und mit fünf Jahren, am 18. Oktober 1798, von den Blattern dahingerafft wird;
schrei nur, Weib, schrei;
von nun an jedoch scheint sie für die Zukunft alle Überlebenskräfte zu sammeln und zu horten, denn die drei, die jetzt eingetragen werden in das Verzeichnis der „Geburts- und Sterbefälle in der Familie des Schullehrers Franz Schubert" kommen davon, wachsen auf, ungleiche Brüder, und am Ende, als die Erschöpfung Elisabeth aushöhlte, gibt es noch ein Mädchen, aber ehe Maria Theresia, die Vierzehnte und Letzte in der Kinderreihe am 17. September 1801 geboren wird, bringt Elisabeth noch Ferdinand Lukas am 18. Oktober 1794, Franz Karl am 5. November 1795 und Franz Peter, der hier noch nicht aus der Reihe fällt, am 31. Januar 1797 zur Welt.
Den Tag darauf wird dieser Franz getauft, weil Elisabeth, wie bei den andern Kindern fürchten muss, dass er sich gleich wieder verabschiedet. Er ist besonders klein. Nach Franz wird am 17. Dezember, als Dreizehnte, Aloisa Magdalena geboren. Sie lebt nur einen Tag.
Schrei nur, Weib, schrei!
Währenddessen bewirbt sich Franz Theodor um bessere Stellen, bessere Schulen. Um die in der großen Pfarrgasse in der Leopoldstadt. Um die von St. Augustin. Um die bei den Karmelitern in der Leopoldstadt, wo er bei seinem Bruder Karl die Arbeit begonnen hatte. Nach dessen Tod im Dezember 1804 glaubte er, die Nachfolge antreten zu können. Die Behörde überging ihn, wählte einen andern.
Seid still, herrscht er die Kinder an, gebts um Himmels willen Ruh.

Arbeitsaufgaben:

① Wie lebten die Menschen in Wien um 1800?
② Versuche den Vater Franz Theodor Schubert zu charakterisieren.
③ Wie unterscheiden sich Schulen um 1800 von Schulen heute?
④ Wie viele Kinder bringt Elisabeth Schubert zur Welt? Wie heißen sie? Welche Kinder sterben und woran? Welche Kinder überleben?
⑤ Suche nach Gründen für die damalige hohe Säuglingssterblichkeit.

Zitate über Franz Schubert

Vor Schuberts Musik stürzt die Träne aus dem Auge, ohne erst die Seele zu befragen. (Theodor W. Adorno)

Mozart und Beethoven reichen bis zum Himmel — Schubert kommt von dort. (Oskar Werner)

Schuberts Winterreise — der schönste Liederzyklus der Welt. (Thomas Mann)

Schubert ist für mich der Komponist, der den Hörer am unmittelbarsten bewegt. (Alfred Brendel)

Schubert ist das größte Geheimnis überhaupt. (Bernard Levin)

Bei Schubert blieb nur die Wahrheit, manchmal geläutert, manchmal unerträglich, aber in ihrer Offenheit immer die Seele bewegend. (Gerald Moore)

Die Zeit, so zahllos und so Schönes sie gebiert, einen Schubert bringt sie so bald nicht wieder. (Robert Schumann)

Die Musiker werden noch ein paar Jahrhunderte an seinen Gedanken und Einfällen zu zehren haben. (Friedrich Nietzsche)

Mozart und Beethoven sind Genies — aber Schubert! Schubert ist ein Wunder. (Marc Chagall)

Schubert spricht unsere Herzen vielleicht direkter und öfter an als sogar Beethoven. Wenn ich mich gezwungen sähe, auf eine einsame Insel zu gehen, dann wäre es die Musik Schuberts, die ich mir mitzunehmen wünschte. (Sir Isaiah Berlin)

Die letzten zehn Jahre seines Wirkens wiegen durch Zahl und Bedeutung der geschaffenen Werke das Dreifache im Leben eines anderen Komponisten auf. (Franz Liszt)

Je mehr ich es jetzt einsehe, was er war, je mehr sehe ich ein, was er gelitten hat. (Moritz von Schwind)

Schubert — der freundlichste unter den Riesen, doch gleichzeitig auch der fürchterlichsten einer, mit dem man nie fertig wird. Vermutlich ist Schubert jeden Tag über sich selbst erschrocken gewesen. (Johannes Brahms)

Was wäre ich, wenn ich nicht vor Schubert hinknien könnte? (Hans Pfitzner)

Ich bin unendlich dankbar für das, was Schubert hinterlassen hat. Es ist ein absolutes Wunder. Aber ich werde zornig, wenn ich an Schuberts Tod mit einunddreißig Jahren denke. Das ist etwas, was ich nicht verzeihen will. (Alfred Brendel)

Franz Schubert hat eine Welt von Poesie in Musik verwandelt. (Dietrich Fischer-Dieskau)

Am Abend meines Lebens wende ich mich immer mehr dem Meister zu, von dem Arthur Schnabel sagte, er sei als Komponist Gott am nächsten. (Gerald Moore)

Schubert gewann der Musik ihr verlorenes Paradies zurück — nicht für die Dauer zwar, doch sein unschätzbares Beispiel steht für die ewige Möglichkeit, die Musik immer wieder ins Paradies zurückzuführen. (Hans Weigel)

Nicht nur Schuberts Lieder haben sich in meine Seele gesungen, seine instrumentale Melodik gab mir eine so ganz besondere Art von schwebender Seligkeit wie eigentlich keines anderen Komponisten Inspiration. (Bruno Walter)

F. Schubert: „Der Tod und das Mädchen", op. 7, Nr. 3 (D 531)

Lerninhalte:
- Kennenlernen eines der bekanntesten Kunstlieder der Musikgeschichte
- Wissen um den Unterschied zwischen Volks- und Kunstlied
- Kenntnis des formalen Aufbaus des Kunstliedes
- Wissen, welchen Stellenwert die Klavierbegleitung bei Schubert'schen Kunstliedern hat
- Fähigkeit, die Noten einer Partitur verfolgen zu können
- Hören und Beurteilen des Kunstliedes

Arbeitsmittel/Medien:

- Arbeitsblatt: F. Schubert: „Der Tod und das Mädchen", op. 7, Nr. 3 (D 531)
- Bild für die Tafel: Barthel Beham: Der Tod und die stehende Nackte (1547)
- Folien 1a/1b: Matthias Claudius/Kurzbiografie
- Folie 2: Gedicht (Matthias Claudius)
- Folie 3: Inhaltliche und musikalische Aspekte
- Folien 4/5: Notenvorlagen (Kunstlied/Streichquartett)
- Folien 6/7: Der Tod und das Mädchen/Liebe und Tod/Totentanz/ Die Dame und der Tod/Der Tod und das Mädchen/Der Tod und die Frau
- Folie 8: Lösung Arbeitsblatt
- CD: Schubert: Lieder. Dietrich Fischer-Dieskau/Gerald Moore. Label: EMI (jpc-Bestellnummer: 5180295)
- www.youtube.com: Schubert: Der Tod und das Mädchen (Quasthoff); Forelle; Erlkönig (Bostridge)

Folie 1a

Folie 2

Der Tod und das Mädchen

Das Mädchen:
Vorüber! Ach vorüber!
Geh, wilder Knochenmann!
Ich bin noch jung, geh Lieber!
Und rühre mich nicht an.

Der Tod:
Gib deine Hand, du schön und zart Gebild!
Bin Freund und komme nicht zu strafen.
Sei guten Muts! Ich bin nicht wild,
Sollst sanft in meinen Armen schlafen!

Matthias Claudius

Folie 1b

Matthias Claudius
Er wurde am 15. August 1740 in Reinfeld (Holstein) geboren und starb am 21. Januar 1815 in Hamburg.
Er war ein deutscher Dichter und Journalist. Bekannt wurde Matthias Claudius als Lyriker mit volksliedhafter, intensiv empfundener Verskunst.

Die Kunstliedformen

① **Einfaches Strophenlied**
Melodie und Begleitung sind in allen Strophen gleich.

② **Variiertes Strophenlied**
Melodie und Begleitung weisen in den einzelnen Strophen kleine Veränderungen auf.

③ **Durchkomponiertes Lied**
Jede Strophe hat ihre eigene Vertonung.

Verlaufsskizze

I. Hinführung

Stummer Impuls	Tafel (S. 185)	Bild: Der Tod und die stehende Nackte
Aussprache		
Überleitung		L: Das Bild hat mit einem Lied Schuberts zu tun.
Zielangabe	Tafelanschrift	**F. Schubert: „Der Tod und das Mädchen" (D 531)**

II. Erarbeitung

1. Hören	CD	Schubert: „Der Tod und das Mädchen"
Höraufgabe		1. Schreibe den Text des Kunstliedes mit.
		2. Was ist der Inhalt des Kunstliedes?
Aussprache		
Stummer Impuls	Folie 1a/b (S. 183)	Matthias Claudius mit Kurzbiografie
	Folie 2 (S. 183)	Text: „Der Tod und das Mädchen"
Aussprache		
2. Hören	CD	Schubert: „Der Tod und das Mädchen"
Höraufgabe		Wie setzt Schubert den Inhalt musikalisch um?
Aussprache		
Zusammenfassung	Folie 3 (S. 186)	Inhaltliche und musikalische Aspekte
3. Hören	CD	Schubert: „Der Tod und das Mädchen"
Mitlesen Partitur	Folie 4 (S. 189)	

III. Wertung

Stummer Impuls	Folien 6/7 (S. 191/192)	Der Tod und das Mädchen in der Kunst
Aussprache		

IV. Sicherung

	Arbeitsblatt (S. 187)	Schubert: „Der Tod und das Mädchen"
Kontrolle	Folie 8 (S. 188)	

V. Ausweitung

Zusammenfassung	Tafelbild (S. 183 u.)	Kunstliedformen
	Tafelbild	Vergleich Kunstlied – Volkslied

---

① **Volkslied:**	② **Kunstlied:**
• zumeist nur mündlich tradiert	• schriftlich fixiert
• einfache Melodie	• komplizierte Melodie
• Begleitung nicht unbedingt erforderlich	• Begleitung notwendig, unterstreicht Textaussage durch Lautstärke, Melodie, Rhythmus
• jede Strophe mit gleicher Melodie	• jede Strophe eine andere Melodie (durchkomponiert)
• kaum dynamische Unterschiede	• feine dynamische Unterschiede (von pp bis ff)
• Vortrag von Laien (Sänger bzw. Chor)	• Vortrag zumeist durch ausgebildete Sänger
• kein Tonartenwechsel im Lied	• Tonartenwechsel (Modulationen)
• Verfasser meist nicht bekannt	• Autor namentlich bekannt

Höraufgabe	CD	Streichquartett
	Folie 5 (S. 190)	Streichquartett: „Der Tod und das Mädchen", 2. Satz
Aussprache		Motivvergleich

Franz Schubert: „Der Tod und das Mädchen", op. 7, Nr. 3 (D 531)

Inhaltliche Aspekte

① In diesem Kunstlied geht es um ein junges Mädchen, das bald sterben soll. Es fleht den Tod, der als „Knochenmann" beschrieben wird, an, doch an ihm vorbeizugehen und es nicht mit in sein Totenreich zu nehmen. Der Tod lässt sich aber nicht beirren und versucht es zu beruhigen, indem er ihm schmeichelt und einen angenehmen Tod verspricht.

② Die Sprache des Textes, der von Matthias Claudius (1740–1815) stammt, ist für uns etwas ungewohnt, da in der Romantik die Wortwahl anders war als heute. Man merkt auch Unterschiede zwischen der Sprache des Mädchens und der des Todes. Das Mädchen ist durch die Nähe des Todes ängstlich und aufgeregt. Der Tod dagegen spricht ruhig und in ganzen Sätzen.

Mädchen und Tod unterscheiden sich in ihrer Wortwahl. Das Mädchen benutzt in ihrer Abwehrhaltung einen harschen Befehlston wie „Knochenmann" und „rühre mich nicht an". Der Tod redet dagegen sanft und verständnisvoll, wie „ich bin nicht wild, sollst sanft in meinen Armen schlafen", gerade weil er weiß, dass er etwas Unausweichliches symbolisiert.

③ Der Inhalt des Gedichts zeigt den Kampf einer Sterbenden mit dem Tod. Jeder, vor allem wenn er noch jung ist, hat Angst vor dem Tod und wird, wenn er merkt, dass es zu Ende geht, dem Tod auszuweichen versuchen. Der Tod ist in diesem Gedicht personifiziert. Er macht deutlich, dass er als Freund kommt, um den Menschen zu erlösen.

Musikalische Aspekte

Schubert vertont den Text wie die Szene eines Theaterstückes. Mit dem Vorspiel schafft er eine ruhige und etwas düstere Atmosphäre. Er wählt ein langsames Tempo und ein ruhig wirkendes, in d-Moll Akkorden gehaltenes Ostinato mit einer halben Note und zwei Viertelnoten, das das langsame Näherkommen des Todes verdeutlichen soll. Das Thema des Liedes liegt – ganz leise gespielt – in der unteren Stimme in der rechten Hand.

Erst als das Mädchen zu singen beginnt, erscheint eine deutlich hörbare, chromatisch ansteigende Melodielinie. Das Tempo mit den pochenden Achtelnoten, die abwechselnd in der linken und rechten Hand gespielt werden, nimmt zu und bewirkt eine gewisse Unruhe. Das Mädchen ist aufgeregt und fleht den Tod an, von ihr zu lassen. Schubert verwendet als höchsten Ton des Kunstliedes ein es, um die panische Angst des Mädchens vor dem Tod noch dramatischer zum Ausdruck zu bringen. Von da an fällt die Melodie wieder, was zeigen soll, dass das Mädchen sich nun seinem Schicksal ergeben hat. Das „und rühre mich nicht an" klingt resignierend, zumal auch der ostinate Rhythmus des Todes wieder erscheint. Das Tempo wird wieder langsamer. Eine lange Pause folgt. Die Musik kommt zum Stillstand.

Mit dem Gesang des Todes kehrt das Ostinato des Vorspiels zurück. Der Tod beruhigt das Mädchen, was Schubert durch eine Monotonie der Singstimme erreicht, die bei sehr geringem Tonumfang nur noch im Pianissimo bleibt. Schubert wechselt im Nachspiel in die Tonart D-Dur, was ausdrücken soll, dass der Tod seinen Schrecken verloren hat. Das Mädchen nimmt den Tod an und empfindet ihn als Erlösung.

Arbeitsblatt

Mus | Name: _____ | Datum: _____

F. Schubert: „Der Tod und das Mädchen" (D 531)

Schubert komponierte dieses Kunstlied im Februar 1817 im Alter von zwanzig Jahren für eine Singstimme und Klavierbegleitung. Der Text stammt von Matthias Claudius (1740–1815).

❶ Wie lautet der Text des Kunstliedes?

_____
_____
_____
_____
_____
_____

❷ Wie wird das Vorspiel musikalisch gekennzeichnet?

_____
_____

❸ Wie kommen die Furcht und die Erregung des Mädchens musikalisch zum Ausdruck?

_____
_____
_____
_____

❹ Wo resigniert das Mädchen? Wie wird das musikalisch umgesetzt?

_____
_____

❺ Wie unterscheiden sich Vor- und Nachspiel?

_____

❻ Welche Rolle nimmt das Klavier ein?

_____
_____

Albus: Musik · Klassik – neu entdecken · Best.-Nr. 698
© Brigg Pädagogik Verlag GmbH, Augsburg

F. Schubert: „Der Tod und das Mädchen" (D 531)

Schubert komponierte dieses Kunstlied im Februar 1817 im Alter von zwanzig Jahren für eine Singstimme und Klavierbegleitung. Der Text stammt von Matthias Claudius (1740–1815).

❶ Wie lautet der Text des Kunstliedes?

Vorüber! Ach vorüber!

Geh, wilder Knochenmann!

Ich bin noch jung, geh Lieber!

Und rühre mich nicht an.

Gib deine Hand, du schön und zart Gebild!

Bin Freund und komme nicht zu strafen.

Sei guten Muts! Ich bin nicht wild,

Sollst sanft in meinen Armen schlafen!

❷ Wie wird das Vorspiel musikalisch gekennzeichnet?

Melodie kaum hörbar in der unteren Stimme der rechten Hand; rhythmische Starre durch das Ostinato (eine halbe Note und zwei Viertelnoten)

❸ Wie kommen die Furcht und die Erregung des Mädchens musikalisch zum Ausdruck?

Schnelleres Tempo (Erregung), chromatische Aufwärtsbewegung vom eingestrichenen a bis zum zweigestrichenen es (Erregung), Pausen (Atemlosigkeit), unruhige Klavierbewegung durch die drei Achtel- und eine Viertelnote, die abwechselnd in der rechten und linken Hand erscheinen

❹ Wo resigniert das Mädchen? Wie wird das musikalisch umgesetzt?

Absinken der Melodielinie (Resignation, Ohnmacht), das Ostinato des Vorspiels kehrt wieder, die Musik kommt zum Stillstand (Fermate)

❺ Wie unterscheiden sich Vor- und Nachspiel?

Das Moll-Ostinato des Vorspiels verkehrt sich beim Gesang des Todes und im Nachspiel nach Dur (über die Dauer von 16 Takten).

❻ Welche Rolle nimmt das Klavier ein?

Das Klavier ist gleichberechtigter Partner. Es erhält bei Schubert eine neue Bedeutung, da es innere Vorgänge äußerlich gestaltet (Charakterbegleitung).

Der Tod und das Mädchen

Claudius Op. 7. Nº 3

Franz Schubert: Streichquartett Nr. 14 d-Moll (D 810)
Der Tod und das Mädchen

Seinen Namen verdankt das 1824 entstandene Quartett dem Thema des zweiten Satzes (Andante con moto), welches dem 1817 komponierten Lied „Der Tod und das Mädchen" entstammt.

① Hans Baldung Grien: Der Tod und das Mädchen (1517)
② Hans Baldung Grien: Liebe und Tod (1509/1510)
③ Rudolf Schmalzl: Totentanz (1908)

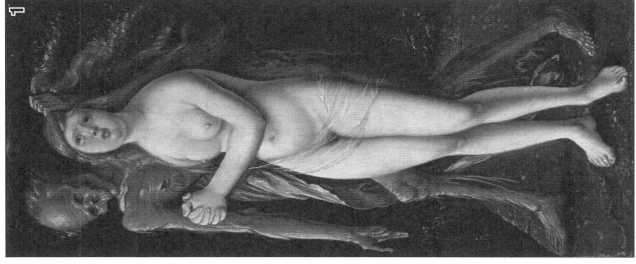
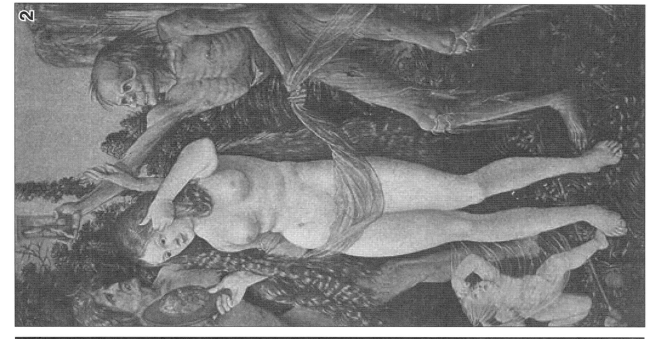

④ Sebald Beham: Die Dame und der Tod (1541)
⑤ Hans Schwarz: Der Tod und das Mädchen (1520)
⑥ Egon Schiele: Der Tod und die Frau (1915)

Exkurs: Arbeitsblatt

Mus | Name: _____ | Datum: _____

F. Schubert: „Die Forelle", op. 32 (D 550)

Die Forelle ist eines der bekanntesten Kunstlieder von Franz Schubert. Der Text stammt von Christian Friedrich Daniel Schubart (1739–1791). Es ist eines der beliebtesten Schubert-Lieder.

❶ In welcher Tonart und in welcher Taktart steht das Kunstlied?
_____

❷ Gib kurz den Inhalt des Gedichts wieder.
_____
_____
_____
_____

❸ Wie wirkt die Melodie der Gesangsstimme auf dich?
_____
_____
_____

❹ Was soll die Klavierbegleitung verdeutlichen? Welche musikalischen Mittel setzt Schubert ein?

_____
_____

❺ Welche Form weist das Kunstlied auf?
_____
_____
_____
_____

❻ Schubert hat die vierte Strophe des Gedichts von Schubart weggelassen. Warum?
_____
_____
_____
_____

In einem Bächlein helle,
Da schoss in froher Eil'
Die launische Forelle
Vorüber wie ein Pfeil.
Ich stand an dem Gestade
Und sah in süßer Ruh'
Des munter'n Fischleins Bade
Im klaren Bächlein zu.

Ein Fischer mit der Rute
Wohl an dem Ufer stand,
Und sah's mit kaltem Blute,
Wie sich das Fischlein wand.
So lang dem Wasser Helle,
So dacht ich, nicht gebricht,
So fängt er die Forelle
Mit seiner Angel nicht.

Doch endlich ward dem Diebe
Die Zeit zu lang. Er macht
Das Bächlein tückisch trübe,
Und eh' ich es gedacht,
So zuckte seine Rute,
Das Fischlein zappelt d'ran,
Und ich mit regem Blute
Sah die Betrogene an.

Die ihr am goldenen Quelle
Der sicheren Jugend weilt,
Denkt doch an die Forelle,
Seht ihr Gefahr, so eilt!
Meist fehlt ihr nur aus Mangel
Der Klugheit, Mädchen, seht
Verführer mit der Angel!
Sonst blutet ihr zu spät!

F. Schubert: „Die Forelle", op. 32 (D 550)

Die Forelle ist eines der bekanntesten Kunstlieder von Franz Schubert. Der Text stammt von Christian Friedrich Daniel Schubart (1739–1791). Es ist eines der beliebtesten Schubert-Lieder.

❶ In welcher Tonart und in welcher Taktart steht das Kunstlied?
Originalfassung für hohe Stimme in Des-Dur, 2/4-Takt.

❷ Gib kurz den Inhalt des Gedichts wieder.
Der Ich-Erzähler berichtet in den beiden ersten Strophen von einer sich im Wasser badenden Forelle und einem Angler, der versucht, die Forelle zu fangen. Der Fang gelingt ihm letztendlich erst, als er das klare Wasser des Baches trübe macht.

❸ Wie wirkt die Melodie der Gesangsstimme auf dich?
Sie ist bis auf den dramatischen Part in der dritten Strophe, der traurig wirkt, heiter und fröhlich. Die Melodie ist fast volkstümlich und geht schnell ins Ohr.

❹ Was soll die Klavierbegleitung verdeutlichen? Welche musikalischen Mittel setzt Schubert ein?

Die Klavierbegleitung ist geprägt von Sextolen, die das Springen der Forelle und die Wellen des Baches widerspiegeln. Auch die Gemütslage des Beobachters wird adäquat umgesetzt.

❺ Welche Form weist das Kunstlied auf?
Es hat eine geschlossene Kompositionsform (A–B–A'). Es hat ein jeweils 6 Takte langes Vor- und Nachspiel. Die zweite Strophe ist mit der ersten identisch, in den beiden letzten Verszeilen erscheint das Hauptmotiv wieder.

❻ Schubert hat die vierte Strophe des Gedichts von Schubart weggelassen. Warum?
Die vierte Strophe löst die zuvor verwendete Symbolik auf und soll Warnung vor Verführern (Angler) junger Mädchen (Forelle) sein. Die Angel steht für das männliche Sexualorgan, das Bluten erfolgt bei der ersten Entjungferung. Das ging Schubert doch etwas zu weit.

In einem Bächlein helle,
Da schoss in froher Eil'
Die launische Forelle
Vorüber wie ein Pfeil.
Ich stand an dem Gestade
Und sah in süßer Ruh'
Des munter'n Fischleins Bade
Im klaren Bächlein zu. **A**

Ein Fischer mit der Rute
Wohl an dem Ufer stand,
Und sah's mit kaltem Blute,
Wie sich das Fischlein wand.
So lang dem Wasser Helle,
So dacht ich, nicht gebricht,
So fängt er die Forelle
Mit seiner Angel nicht.

Doch endlich ward dem Diebe
Die Zeit zu lang. Er macht
Das Bächlein tückisch trübe, **B**
Und eh' ich es gedacht,
So zuckte seine Rute,
Das Fischlein zappelt d'ran,
Und ich mit regem Blute
Sah die Betrogene an. **A'**

Die ihr am goldenen Quelle
Der sicheren Jugend weilt,
Denkt doch an die Forelle,
Seht ihr Gefahr, so eilt!
Meist fehlt ihr nur aus Mangel
Der Klugheit, Mädchen, seht
Verführer mit der Angel!
Sonst blutet ihr zu spät!

Exkurs: Arbeitsblatt

Mus

Name: _____ Datum: _____

F. Schubert: „Erlkönig", op. 1 (D 328)

„Erlkönig" ist eine Ballade von Johann Wolfgang von Goethe, die am 16. November 1815 von Franz Schubert vertont wurde.

Der Stoff der Ballade stammt aus dem Dänischen. Dort heißt Erlkönig „Ellerkonge", also Elfenkönig. Die Ballade wurde ursprünglich von Johann Gottfried Herder übersetzt. Dabei entstand der Begriff „Erlkönig" aus der falschen Übersetzung des Wortes „Eller" als „Erle".

Schubert wollte seine Vertonung Goethe widmen, der sie jedoch unkommentiert zurücksenden ließ.

Der Erlkönig ist das erste gedruckte Werk Schuberts und hat daher die Opuszahl 1.

> Wer reitet so spät durch Nacht und Wind?
> Es ist der Vater mit seinem Kind.
> Er hat den Knaben wohl in dem Arm,
> Er faßt ihn sicher, er hält ihn warm.
>
> „Mein Sohn, was birgst du so bang dein Gesicht?–
> „Siehst Vater, du den Erlkönig nicht!
> Den Erlenkönig mit Kron' und Schweif?" –
> „Mein Sohn, es ist ein Nebelstreif." –
>
> „Du liebes Kind, komm geh' mit mir!
> Gar schöne Spiele, spiel ich mit dir,
> Manch bunte Blumen sind an dem Strand,
> Meine Mutter hat manch gülden Gewand."
>
> „Mein Vater, mein Vater, und hörest du nicht,
> Was Erlenkönig mir leise verspricht?" –
> „Sei ruhig, bleibe ruhig, mein Kind,
> In dürren Blättern säuselt der Wind." –
>
> „Willst feiner Knabe du mit mir geh'n?
> Meine Töchter sollen dich warten schön,
> Meine Töchter führen den nächtlichen Reihn
> Und wiegen und tanzen und singen dich ein."
>
> „Mein Vater, mein Vater, und siehst du nicht dort
> Erlkönigs Töchter am düsteren Ort?" –
> „Mein Sohn, mein Sohn, ich seh' es genau:
> Es scheinen die alten Weiden so grau." –
>
> „Ich liebe dich, mich reizt deine schöne Gestalt,
> Und bist du nicht willig, so brauch ich Gewalt!"
> „Mein Vater, mein Vater, jetzt faßt er mich an,
> Erlkönig hat mir ein Leids getan."
>
> Dem Vater grauset's, er reitet geschwind,
> Er hält in den Armen das ächzende Kind,
> Erreicht den Hof mit Mühe und Not,
> In seinen Armen das Kind war tot.
>
> J. W. v. Goethe

❶ Gib kurz den Inhalt der Ballade wieder.

_____
_____
_____
_____

❷ Wie kennzeichnet Schubert musikalisch die handelnden Personen der Ballade?

Erzähler:
_____

Vater:
_____

Sohn:
_____

Erlkönig:
_____

❸ Wie setzt Schubert den Aufschrei des Sohnes musikalisch um?

_____
_____

❹ Beurteile den Klavierpart.

F. Schubert: „Erlkönig", op. 1 (D 328)

„Erlkönig" ist eine Ballade von Johann Wolfgang von Goethe, die am 16. November 1815 von Franz Schubert vertont wurde.
Der Stoff der Ballade stammt aus dem Dänischen. Dort heißt Erlkönig „Ellerkonge", also Elfenkönig. Die Ballade wurde ursprünglich von Johann Gottfried Herder übersetzt. Dabei entstand der Begriff „Erlkönig" aus der falschen Übersetzung des Wortes „Eller" als „Erle". Schubert wollte seine Vertonung Goethe widmen, der sie jedoch unkommentiert zurücksenden ließ.
Der Erlkönig ist das erste gedruckte Werk Schuberts und hat daher die Opuszahl 1.

Wer reitet so spät durch Nacht und Wind?
Es ist der Vater mit seinem Kind.
Er hat den Knaben wohl in dem Arm,
Er faßt ihn sicher, er hält ihn warm.

„Mein Sohn, was birgst du so bang dein Gesicht?–
„Siehst Vater, du den Erlkönig nicht!
Den Erlenkönig mit Kron' und Schweif?" –
„Mein Sohn, es ist ein Nebelstreif." –

„Du liebes Kind, komm geh' mit mir!
Gar schöne Spiele, spiel ich mit dir,
Manch bunte Blumen sind an dem Strand,
Meine Mutter hat manch gülden Gewand."

„Mein Vater, mein Vater, und hörest du nicht,
Was Erlenkönig mir leise verspricht?" –
„Sei ruhig, bleibe ruhig, mein Kind,
In dürren Blättern säuselt der Wind." –

„Willst feiner Knabe du mit mir geh'n?
Meine Töchter sollen dich warten schön,
Meine Töchter führen den nächtlichen Reihn
Und wiegen und tanzen und singen dich ein."

„Mein Vater, mein Vater, und siehst du nicht dort
Erlkönigs Töchter am düsteren Ort?" –
„Mein Sohn, mein Sohn, ich seh' es genau:
Es scheinen die alten Weiden so grau." –

„Ich liebe dich, mich reizt deine schöne Gestalt,
Und bist du nicht willig, so brauch ich Gewalt!"
„Mein Vater, mein Vater, jetzt faßt er mich an,
Erlkönig hat mir ein Leids getan."

Dem Vater grauset's, er reitet geschwind,
Er hält in den Armen das ächzende Kind,
Erreicht den Hof mit Mühe und Not,
In seinen Armen das Kind war tot.

J. W. v. Goethe

❶ Gib kurz den Inhalt der Ballade wieder.
Ein Vater reitet in gestrecktem Galopp mit seinem fiebernden Sohn nach Hause. In seinen Fantasien sieht das Kind Naturvorgänge als Person des Erlkönigs, der verlockend und gefährlich ist. Das Kind stirbt in des Vaters Armen.

❷ Wie kennzeichnet Schubert musikalisch die handelnden Personen der Ballade?

Erzähler:
berichtend, neutral; Moll

Vater:
tiefere Stimmlage, wirkt beruhigend; Moll

Sohn:
höhere Stimmlage, ängstlich, aufgeregt; Moll

Erlkönig:
sehr leise, verlockend, erotisch; Dur

❸ Wie setzt Schubert den Aufschrei des Sohnes musikalisch um?
Dissonanz (Tonreibung durch die None) beim Aufschrei des Sohnes im Forte („Vater")

❹ Beurteile den Klavierpart.

Sehr schwierig (rasend schnelle Triolenbewegung in Oktavspannung, kaum durchzuhalten)

Robert Schumann – zwischen Florestan und Eusebius

Lerninhalte:
- Kennenlernen des Lebensweges von Robert Schumann
- Wissen um wichtige Werke von Robert Schumann
- Wissen, dass Schumann seine Pianistenlaufbahn aufgrund einer Fingerlähmung aufgeben musste
- Entnahme von Informationen aus einem musikalischen Hörspiel
- Hören von verschiedenen Musikbeispielen
- Wertung der Leistung des Komponisten Robert Schumann

Arbeitsmittel/Medien:
- Arbeitsblatt: Robert Schumann
- Bild für die Tafel: Robert Schumann
- Folie 1: Zitate von Robert Schumann
- Folien 2/3: Bilder zum Lebensweg von Robert Schumann/Werke
- Folie 4: Clara Schumann, geborene Wieck
- Folien 5–7: Robert Schumann: Qualen fürchterlichster Melancholie. Ärzteblatt. de. Themen der Zeit August 2006 (S. 363)
- Folien 8–9: Wolfram Goertz: Robert Schumann – das eiskalte Genie © DIE ZEIT Februar 2005
- Folie 10: Frühlingssinfonie
- CD: Wir entdecken Komponisten: Robert Schumann – ein musikalisches Hörspiel. Träumerei am Klavier oder: Für Clara will ich ein Konzert schreiben. (DG 437 261-2)
- DVD: Frühlingssinfonie 1983 (103 Minuten)

Folie 1

Zitate von Robert Schumann
- Zwischen Wissen und Schaffen liegt eine ungeheure Kluft, über die sich oft erst nach harten Kämpfen eine vermittelnde Brücke aufbaut.
- Spiele immer, als hörte dir ein Meister zu!
- In jedem Kind liegt eine wunderbare Tiefe.
- Was schön klingt, spottet aller Grammatik, was schön ist, aller Ästhetik.
- Licht senden in die Tiefen des menschlichen Herzens ist des Künstlers Beruf.
- Das Talent arbeitet, das Genie schafft.

Folie 3

Werke
Klavierwerke:
Davidsbündlertänze, Carnaval, Fantasiestücke, Kinderszenen, Kreisleriana, Fantasie in C-Dur, Arabeske, Novelletten, Faschingsschwank aus Wien, Album für die Jugend, drei Klaviersonaten u. a.; Werke zu vier Händen

Klavierlieder:
Über 300 Lieder und Liederkreise (Liederkreis, op. 39; Dichterliebe, op. 48; Liederkreis, op. 24 u. a.)

Kammermusik:
Duos (für unterschiedliche Besetzung), drei Klaviertrios, drei Streichquartette, Klavierquintett Es-Dur

Orchesterwerke:
1. Sinfonie in B-Dur, op. 38, „Frühlingssinfonie"; 2. Sinfonie in C-Dur, op. 61; 3. Sinfonie in Es-Dur, op. 97, „Rheinische"; 4. Sinfonie in d-Moll, op. 120

Konzerte:
Klavierkonzert in a-Moll, op. 54; Cellokonzert in a-Moll, op. 129; Violinkonzert in d-Moll (erst 1937 uraufgeführt); verschiedene andere Werke für Soloinstrumente und Orchester

Bühnenmusik:
Oper „Genoveva", op. 81; Schauspielmusik „Manfred", op. 115

I. Hinführung

Stummer Impuls	Tafel (S. 200)	Bild: Robert Schumann
	Folie 1 (S. 197)	Zitate von Robert Schumann
Aussprache		
Zielangabe	Tafelanschrift	**Robert Schumann – zwischen Florestan und Eusebius**

II. Erarbeitung

Vermutungen

L.info

Das sind die zwei Hälften von Schumanns Charakter. Die beiden Fantasiefiguren (das „Schelmenpaar") haben ihn auch bei seinen Kompositionen und Kritiken beeinflusst.
- Florestan: ungestüm, wild
- Eusebius: sanftmütig, still

Hören — CD, Dauer (52:58)

Wir entdecken Komponisten: Robert Schumann
Träumerei am Klavier oder: Für Clara will ich ein Konzert schreiben.
L: Fasse die wichtigsten Daten über Schumanns Leben in einem Kurzbericht zusammen.

Aussprache
Zusammenfassung — Folie 2 (S. 201), Folie 3 (S. 197), Folie 4 (S. 205)

Bilder aus dem Leben Robert Schumanns
Werke
Clara Schumann, geborene Wieck

L.info

Das Aufziehen und die Erziehung erfolgte, wie im Bürgertum damals üblich, durch Ammen bzw. Kindermädchen. Nach dem Tode Robert Schumanns gab Clara fünf ihrer Kinder außer Haus: Marie und Elise kamen nach Leipzig, Julie nach Berlin, Ludwig und Ferdinand nach Bonn; nur Eugenie und Felix blieben vorerst bei ihr. Das härteste Schicksal traf einige Jahre später den Sohn Ludwig. Clara verfügte nach einem Zusammenbruch Ludwigs 1870 die Einweisung des jungen Mannes in eine Irrenanstalt.

Aussprache

III. Wertung

Stummer Impuls — Folien 5–7 (S. 202–204)

Robert Schumann: Qualen fürchterlichster Melancholie
Ein pathographischer Beitrag zum 150. Todestag des Komponisten

Erlesen
Aussprache — Folien 8–9 (S. 206-207)

Robert Schumann – das eiskalte Genie

Erlesen
Diskussion

Florestan? Eusebius?

IV. Sicherung

Erlesen — Arbeitsblatt (S. 199)

V. Ausweitung

DVD — Frühlingssinfonie

Aussprache
Zusammenfassung — Folie 10 (S. 208) — Inhalt/Kritiken

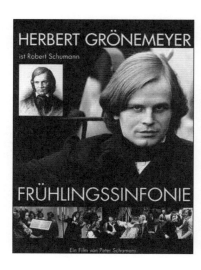

Albus: Musik · Klassik – neu entdecken · Best.-Nr. 698
© Brigg Pädagogik Verlag GmbH, Augsburg

Robert Schumann

1810: Am 8. Juni im sächsischen Zwickau mit damals 6000 Einwohnern als jüngstes von fünf Kindern geboren. Die Eltern sind der Verleger und Buchhändler August Schumann und seine Frau Johanna.
1817: Besuch einer Privatschule, Beginn des Klavierunterrichts bei einem Organisten. Hört den berühmten Pianisten Ignaz Moscheles und wünscht sich ein Klavier.
1826: Der Vater stirbt. Schumann wird still und wirkt verschlossen.
1828: Er studiert auf Wunsch der Mutter in Leipzig Jura, möchte aber lieber Dichter und Musiker werden. Er nimmt Klavierunterricht bei Friedrich Wieck, beginnt zu komponieren und lernt Clara Wieck kennen.
1829: Studienjahr in Heidelberg; am 9. April letzte Klavierstunde bei Wieck; Auftritt als Pianist in einem Konzert in Zwickau.
1830: Abbruch des Jurastudiums; Ausbildung bei Wieck zum Konzertpianisten; Kompositionsunterricht bei Heinrich Dorn.
1831: Schumann bindet beim Üben einen Finger der rechten Hand fest, was zur Überbeanspruchung der Sehne und in der Folge zur Schwächung der rechten Hand führt. Das bedeutet das Ende seiner Virtuosenlaufbahn.

1834: Schumann gründet die „Neue Zeitschrift für Musik"; Gründung der Gruppe der „Davidsbündler" (Schunke, Knorr, Ortlepp); Kampf gegen die „Philister", die Mittelmäßigkeit in der Musik.
1835 bis 1840: Liebe zu Clara Wieck; Friedrich Wieck verbietet der Tochter jeglichen Umgang mit Schumann; heimliche Verlobung mit Clara; Friedrich Wieck weist Schumanns Werbung ab; Prozess gegen Friedrich Wieck; positives Gerichtsurteil; daraufhin heiratet Schumann am 12. September Clara Wieck, die als Pianistin europaweit berühmt ist und finanziell für die größer werdende Familie (insgesamt acht Kinder) sorgt, da Schumann als Komponist und Verleger kein geregeltes Einkommen hat.
1843: Schumann wird von Felix Mendelssohn Bartholdy (Dirigent am Leipziger Gewandhaus) als Klavier- und Kompositionslehrer an das neu gegründete Konservatorium in Leipzig berufen. Versöhnung mit Friedrich Wieck.

1844: Schumann siedelt mit der Familie nach Dresden über, leitet Chöre, gibt Privatunterricht und lernt Richard Wagner kennen.
1845: Schumann vollendet das bereits 1841 begonnene einzige Klavierkonzert in a-Moll. Schwere gesundheitliche Krise.
1847: Felix Mendelssohn Bartholdy stirbt am 4. November in Leipzig.
1850: Schumann nimmt die Stelle als städtischer Musikdirektor in Düsseldorf an. Sein Versuch, in Leipzig Dirigent des Gewandhausorchesters zu werden, scheitert, weil sich Schumann beim Dirigieren und beim Umgang mit Musikern und Chorsängern ungeschickt zeigt.
1853: Schumann trifft auf den jungen Johannes Brahms, der ihm vorspielt. Er kündigt ihn als neuen großen Meister in seiner Zeitschrift an. Schumann verliert seine Position in Düsseldorf.
1854: Schumann erkrankt schwer, was sich auf die Spätfolgen einer 1830 zugezogenen Syphilis zurückführen lässt, und unternimmt einen Selbstmordversuch. Er springt in den Rhein und wird am 4. März in die Nervenheilanstalt in Endenich bei Bonn gebracht.
1856: Schumann stirbt am 29. Juli in Endenich und wird in Bonn auf dem Alten Friedhof begraben.

❶ Geburtshaus Schumanns in Zwickau
❷ Robert Schumann (1810–1856)
❸ Friedrich Wieck, Klavierpädagoge (1785–1873)
❹ Clara Schumann, Pianistin (1819–1896)
❺ Sechs der acht Kinder von Clara und Robert Schumann
  Marie (1841–1929), Elise (1843–1928), Julie (1845–1872),
  Emil (1846–1847), Ludwig (1848–1899), Ferdinand (1849–1891),
  Eugenie (1851–1938) und Felix Schumann (1854–1879)
❻ Nervenheilanstalt in Endenich bei Bonn

Robert Schumann: Qualen fürchterlichster Melancholie
Ein pathographischer Beitrag zum 150. Todestag des Komponisten
Von Caspar Franzen

Vor 150 Jahren, am 29. Juli 1856, starb Robert Schumann. Der große Komponist und Romantiker, über dessen Krankheit und Tod in einer Nervenheilanstalt in Bonn-Endenich viel spekuliert worden ist, wurde nur 46 Jahre alt. Verschollen geglaubte Dokumente und Unterlagen über Schumanns Krankengeschichte sind der Wissenschaft erst seit wenigen Jahren zugänglich, ermöglichen nun aber einigermaßen zuverlässige Aussagen über die Erkrankung des Komponisten.

Bewegtes Studentenleben
Geboren am 8. Juni 1810 in Zwickau als Sohn eines Buchhändlers, Verlegers und Buchautors, kam Schumann schon früh mit Literatur in Kontakt. Auch die Mutter, Tochter eines Chirurgen und eine entfernte Verwandte Lessings, war literarisch und musikalisch begabt. August und Johanna Schumann hatten fünf Kinder, von denen Robert das jüngste war. Seine einzige Schwester Emilie litt wohl an Depressionen und nahm sich mit 29 Jahren das Leben. Seit seinem sechsten Lebensjahr erhielt Schumann Klavierunterricht, und nach bestandenem Abitur 1828 begann er, trotz einer ausgeprägten musikalischen und sprachlichen Doppelbegabung, zunächst in Leipzig, später dann in Heidelberg, Jura zu studieren. In seinen Tagebuchaufzeichnungen ist von einem ausschweifenden Studentenleben zu lesen: Er verkehrte in Salons und musikalischen Zirkeln, wo er durch sein Klavierspiel begeisterte, war häufig betrunken und hatte zahlreiche Liebschaften.
1830 beschloss Schumann, sich ganz der Musik zu widmen, und begab sich in die Ausbildung des Leipziger Klavierlehrers Friedrich Wieck, dessen Tochter, die damals neunjährige Clara, schon als musikalisches Wunderkind in die Öffentlichkeit getreten war. Schumann strebte eine Karriere als Klaviervirtuose an, doch sollte sich dieser Traum als nicht realisierbar erweisen.
Im Dezember 1828 ist in Schumanns Tagebuch erstmals zu lesen: „Der Arm schmerzt [...]" und ein Jahr später: „an Fingerübungen und Tonleitern [...] nicht mehr zu gedenken". Einen Monat später notierte er: „mein betäubter Finger". Um trotz dieses Leidens weiter Klavier üben zu können, ersann Schumann eine Übungshilfe, die den vierten Finger der rechten Hand (zuweilen ist auch vom Zeigefinger beziehungsweise dritten Finger die Rede) in einer Schlinge auf einer gewissen Höhe hielt, während die anderen Finger übten. Diese Praxis verschlimmerte die Symptomatik weiter. Schumann versuchte das Leiden durch „Elektrizität", „Branntweinspülungen" und „Kräuterverbände" zu behandeln, was jedoch keinen Erfolg brachte, und der Finger blieb langfristig gelähmt. Als Schumann sich zehn Jahre später vom Dienst in der Leipziger Communalgarde befreien lassen wollte, führte er an, dass er „zwei ganz schwache und gelähmte Finger an der rechten Hand habe".
Unterschiedliche Theorien sind bezüglich der Ursache der Fingerlähmung vorgetragen worden: Sams schlug eine Quecksilberintoxikation durch eine Salbenbehandlung bei einer Lues vor, und tatsächlich ist in Schumanns Tagebuch zu lesen, dass er im Mai 1831 für längere Zeit eine schmerzhafte Wunde am Penis hatte, die mit „Narzissenwasser" lokal behandelt wurde. Der Primäraffekt der Lues besteht allerdings in der Regel in einem schmerzlosen Geschwür. Die Neurologen Henson und Urich dachten an eine Nervenkompression am Oberarm, hervorgerufen durch mehrstündiges unglückliches Liegen in betrunkenem Zustand. Am wahrscheinlichsten ist jedoch, dass es sich um eine komplizierte Sehnenscheidenentzündung gehandelt hat, die durch unsachgemäße Behandlung chronifizierte. Nachdem er die Karriere als Klaviervirtuose aufgeben musste, wandte sich Schumann mehr und mehr dem Komponieren und literarischer Tätigkeit zu, was 1834 zur Gründung der „Neuen Zeitschrift für Musik" führte.

Kampf um Clara
Spätestens Ende 1835 wurde Schumann sich seiner Liebe zu Clara Wieck bewusst, und seit 1836 betrachteten sich die beiden als verlobt. Claras Vater stimmte der Hochzeit jedoch nicht zu, und es begann ein vier Jahre langer, zäher Kampf, der erst mit einem Gerichtsbeschluss beendet wurde. Es folgte eine kurze glückliche Zeit. Schumanns B-Dur-Sinfonie (op. 38 „Frühlingssinfonie") wurde 1841 unter der Leitung von Felix Mendelssohn Bartholdy im Leipziger Gewandhaus uraufgeführt und ein großer Erfolg. Im selben Jahr verlieh ihm die Universität Jena die Ehrendoktorwürde. Doch schon kurz darauf wurde die Situation schwieriger. Geldnöte plagten das Ehepaar, und zur Verbesserung der finanziellen Situation unternahm es 1844 eine Konzertreise nach Russland. Auf der Reise wurde Schumann nur als Ehemann der gefeierten Pianistin wahrgenommen und nicht als

eigenständiger Komponist. Sein Gesundheitszustand während des Aufenthaltes war schlecht. Auch nach der Rückkehr trat keine Besserung ein, und im Sommer 1844 ist in den Rechnungsbüchern von einem „Zustand völliger nervöser Erschöpfung" die Rede.

Nachdem nicht Schumann, sondern der dänische Komponist Niels W. Gade die erhoffte Stelle des Orchesterdirigenten am Leipziger Gewandhaus als Nachfolger Mendelssohns bekommen hatte, siedelte die Familie im Oktober 1844 nach Dresden um. In der Korrespondenz, dem Tagebuch sowie den Rechnungsbüchern ist weiterhin von einem „schrecklichen nervösen Leiden" die Rede. Schumann klagte erstmals über Singen und Brausen im Ohr. 1849 schien eine Besserung einzutreten. Die Eintragungen über Beschwerden nehmen ab, und in diesem Jahr komponierte Schumann etwa dreißig Werke.

Anfang September 1850 zog die Familie nach Düsseldorf, da Schumann dort zum städtischen Musikdirektor berufen worden war. Bald zeigte sich jedoch, dass er den Anforderungen an das Amt nicht gewachsen war. Er hatte keinerlei Erfahrung im Dirigieren, und seine Scheu im Umgang mit Menschen machte es ihm unmöglich, die neue Aufgabe zu bewältigen. Schumann wurde immer schweigsamer, denn seine Sprache wurde langsam und schwerfällig. Trotz seines Zustandes komponierte er 1852 und 1853 sehr viel und hatte mit der d-Moll-Sinfonie (op. 120) seinen letzten großen Erfolg. In dieser Zeit lernte er den jungen Johannes Brahms (1833–1897) kennen.

Anfang 1854 verschlechterte sich Schumanns Gesundheitszustand weiter. Die akustischen Halluzinationen nahmen zu, und Geräusche klangen ihm wie „Musik so herrlich mit so wundervoll klingenden Instrumenten", aber auch wie „Dämonenstimmen mit gräßlicher Musik". Im Februar 1854 entstanden seine Variationen über ein Thema in Es-Dur („Geistervariationen").

Sprung in den Rhein

In der Nacht vom 17. Februar meinte Schumann Engelsstimmen zu hören, die ihm ein choralartiges Thema vorsangen. Dieses Thema sowie die wenige Tage später dazu geschriebenen Variationen sind seine letzte zusammenhängende Komposition. Am Rosenmontag, dem 27. Februar 1854, verließ er nur spärlich bekleidet das Haus und stürzte sich in den Rhein, nachdem er zuvor seinen Ehering im Fluss versenkt hatte. Brückenwärter retteten ihn. Auf eigenen Wunsch wurde Schumann wenige Tage später in die Nervenheilanstalt in Endenich bei Bonn gebracht.

Seit wann erste Anzeichen für Schumanns spätere Erkrankung erkennbar sind, ist schwer zu bestimmen und wird von den Pathographen ganz unterschiedlich bewertet. Einige wollen schon sehr früh Signale für eine psychiatrische Erkrankung identifizieren, wohingegen andere in den frühen Jahren mehr eine melancholische Grundstimmung als eine manifeste Erkrankung sehen. Bereits 1830 ist im Tagebuch „von der Sehnsucht sich in den Rhein zu stürzen" zu lesen, doch hatte er sich zu diesem Zeitpunkt „aus Langeweile betrunken". In einem Brief an Clara von 1838 berichtete Schumann, dass er bereits 1833 glaubte, „den Verstand zu verlieren", doch waren kurz zuvor sein Bruder Julius und seine Schwägerin Rosalie verstorben. Im März 1833 schrieb er in seinem Tagebuch von „Qualen fürchterlichster Melancholie vom October bis December".

Über die Jahre mehrten sich die Anzeichen für eine psychiatrische Erkrankung. Im Dezember 1838: „daß ich mich oft sehr wohl befinde, aber noch viel öfter zum Erschießen melancholisch". Trotzdem war er in dieser Zeit außerordentlich produktiv. 1838 komponierte er die „Kreisleriana" (op. 16) und die berühmten „Kinderszenen" (op. 15) und 1839 unter anderem die „Humoreske" (op. 20). Psychische Auffälligkeiten und reaktive Depressionen bestanden also schon früh, und zwar seit 1833. Depressive Phasen im Sinne einer bipolaren affektiven Störung sind 1838 und auch 1844 wahrscheinlich, doch Schumann zeigte sich bis 1844 zwar als stimmungslabile Persönlichkeit, die sich aber im Wesentlichen seit seiner Jugend gleich verhielt. Spätestens seit seiner Zeit in Dresden waren jedoch eindeutige Hinweise auf eine bipolare affektive Störung vorhanden.

Die Nervenheilanstalt in Bonn-Endenich war 1944 von Dr. Franz R. Richarz (1812–1887) gegründet worden und muss als damals sehr fortschrittliche Einrichtung angesehen werden. Schumanns anfänglich schlechter Zustand besserte sich rasch, war jedoch in der Folge häufig schwankend. In der ersten Zeit spielte er noch ab und zu Klavier. Auf die Geburt seines Sohnes Felix am 11. Juni 1854 reagierte er zunächst nicht, schrieb dann jedoch im September drei Briefe an Clara.

Im April 1855 begann eine letzte aktive Phase: Schumann orderte Musikzeitschriften und versuchte zu komponieren. Er wollte Endenich verlassen, um näher bei Düsseldorf untergebracht zu werden. Am 1. Mai 1855 schrieb Schumann seinen letzten Brief an Clara. Kurz darauf verschlechterte sich sein Zustand rapide. Es kam wieder zu Unruhezuständen sowie akustischen, Geschmacks- und Geruchshalluzinationen. Spätestens ab Anfang 1856 war keine Kommunikation mit dem Kranken mehr möglich.

Seine Hauptbeschäftigung bestand darin, Städte- und Ländernamen aus einem Atlas, den ihm Brahms, der ihn regelmäßig besuchte, geschenkt hatte, in alphabetischer Reihenfolge abzuschreiben. Aus wahnhafter Angst verweigerte Schumann die Nahrungsaufnahme und ernährte sich nur noch von Gelee und Wein. Clara besuchte ihn erstmalig am 14. und 23. Juli 1856 sowie in Begleitung Brahms noch einmal am 27. Juli, aber Schumann erkannte sie nicht mehr. Am 29. Juli 1856 verstarb er.

Sulzige Masse im Gehirn
Richarz führte eine Obduktion durch. Einzelheiten darüber wurden erst 1872 durch Wilhelm Josef von Wasielewski (1836–1910), Schumanns ersten Biografen, veröffentlicht. Das Obduktionsprotokoll galt lange als verschollen, Aufzeichnungen hierüber wurden jedoch 1973 zufällig im Schumannhaus in Zwickau aufgefunden. Der wichtigste Befund war, „das Auftreten einer ziemlich grossen Menge einer sulzigen Masse [...], die stellenweise die Consistenz des Faserknorpels erreichte, in der Umgebung der Hypophyse [...]". Weitere Befunde waren Knochenwucherungen an der Schädelbasis und eine „Verdickung und Entartung der beiden inneren Häute des Gehirns und Verwachsung der innersten Haut mit der Rindensubstanz an mehreren Stellen" sowie ein Schwund des Gehirns.

Auch die von Richarz verfassten Krankenberichte galten lange Zeit als verschwunden, und somit war das Stellen einer Diagnose nicht einfach. Der Psychiater Paul J. Möbius (1853–1926) nahm 1906 eine Dementia praecox (Schizophrenie) an. Dem hat noch im gleichen Jahr Hans Walter Gruhle (1880–1958), der spätere Direktor der psychiatrischen Universitätsklinik Bonn, widersprochen. Er hielt Schumann nicht für schizophren, sondern für manisch-depressiv, und nannte das Krankheitsbild, wie bereits 1856 Richarz, eine progressive Paralyse. Gruhle sah, im Gegensatz zu Möbius, in dem Krankheitsbild einen organisch bedingten Prozess, der am ehesten durch eine frühere Lues-Infektion hervorgerufen war. Der Mainzer Internist Dieter Kerner diagnostizierte 1973 eine „klassisch arteriosklerotische Psychose aus dem schizophrenen Formenkreis", denn Schumann litt offenbar schon in jungen Jahren an einem Bluthochdruck. Seit 1984 vertrat der Internist Franz Hermann Franken die Ansicht, Schumanns Leiden sei auf einen hirnorganischen Prozess, am ehesten auf eine progressive Paralyse, zurückzuführen.

Die Spekulationen über die Todesursache Schumanns nahmen erst ab, als sich Anfang der Neunzigerjahre herausstellte, dass die Krankenberichte über Schumanns Aufenthalt in Endenich nicht etwa verschollen, sondern im Besitz des Komponisten Aribert Reimann waren. Bis 1988 hatten sie sich in den Händen seines Onkels befunden, der Psychiater war und sich unter Berufung auf die ärztliche Schweigepflicht gegen eine Veröffentlichung entschieden hatte. Gemäß den Anweisungen seines verstorbenen Onkels veröffentlichte auch Reimann die Dokumente zunächst nicht. 1991 schließlich übergab er die bislang unbekannten Unterlagen an die Berliner Akademie der Künste zur wissenschaftlichen Auswertung. Im Mai 2006 erschien nun erstmals der komplette Krankenbericht und ist somit der Öffentlichkeit zugänglich.

In dem Bericht wird vor allem Schumanns psychisches Verhalten beschrieben. Darüber hinaus werden seine Halluzinationen und Wahnideen, Aggressionen gegen das Personal, seine zunehmenden Sprachstörungen, Krampfanfälle und auch Angaben zur Ernährung und zum Stuhlgang regelmäßig festgehalten. Den Unterlagen zufolge hat Schumann oft stundenlang geschrien und seine Ärzte und Wärter angegriffen. In den letzten Wochen kam es zu einem totalen Persönlichkeitsverlust. Schumann entkleidete sich ständig, hatte zudem seine Miktion (Blasenentleerung) und Defäkation (Stuhlgang) nicht mehr unter Kontrolle. Aber noch bis Anfang 1856 gab es Zeiten, in denen er völlig normal war. Häufig ist eine Anisokorie (Unterschied der Pupillenweite der Augen) erwähnt.

Die in dem Krankenbericht beschriebenen Symptome stützen die These der progressiven Gehirnparalyse. Eine Neurolues (Symptome bei unbehandelter Syphilis im Spätstadium) ist allen Indizien nach die wahrscheinlichste Diagnose. Die beschriebene Anisokorie ist zwar nicht typisch, aber es ist unklar, ob die erstmals 1869 von Argyll-Robertson beschriebene reflektorische Pupillenstarre, die für die Erkrankung pathognomisch (sichere Diagnosestellung bei nur einem Symptom) ist, bei Schumann überhaupt geprüft worden ist. Die bei der Obduktion gefundene „gelblich sulzige Masse" könnte einem syphilitischen Gumma (eine Geschwulstart bei der Syphilis im Endstadium) entsprochen haben. Eines ist aber bis heute ungeklärt: Welchen Einfluss hatte Schumanns Krankheit auf seine Musik? Die Frage nach dem Zusammenspiel von Genie und Wahnsinn hat nicht nur in diesem Fall die Gemüter bewegt.

Clara Schumann, geborene Wieck

Clara Josephine Schumann wurde am 13. September 1819 in Leipzig geboren und starb am 20. Mai 1896 in Frankfurt am Main. Sie war eine deutsche Pianistin und Komponistin und die Ehefrau Robert Schumanns.

Schon die Fünfjährige erhält von ihrem Vater, dem Leipziger Musiklehrer Friedrich Wieck, Klavierunterricht nach einer von ihm selbst entwickelten Lehrmethode. 1828 debütiert die Neunjährige als Wunderkind im Leipziger Gewandhaus. In den folgenden Jahren wird sie zur bedeutendsten Pianistin Europas und konzertiert u. a. mit Mendelssohn und Liszt. Viele Auszeichnungen folgen. Gegen den Willen Wiecks heiratet sie 1840 Robert Schumann. Sie unterrichtet am Leipziger Konservatorium und geht weiterhin auf ausgedehnte Konzerttourneen, während derer sie die Werke ihres Mannes in Europa populär macht. Aufgrund von Roberts Nervenkrankheit übersiedelt das Paar 1844 nach Dresden. Nach Schumanns Ernennung zum Städtischen Musikdirektor (1850) ziehen sie nach Düsseldorf. Nach seinem Tod (1856) geht die achtfache Mutter nach Berlin und ab 1863 nach Lichtenthal. 1878 wird sie erste Klavierlehrerin am Hochschen Konservatorium in Frankfurt am Main und macht sich zusammen mit Johannes Brahms daran, das Gesamtwerk ihres Mannes herauszugeben (1881 bis 1893 erschienen). 1891 stellt sich ein Gehörleiden ein. Bis zu ihrem Tod gibt sie nur noch privaten Unterricht und spielt im Kreise ihrer Freunde.

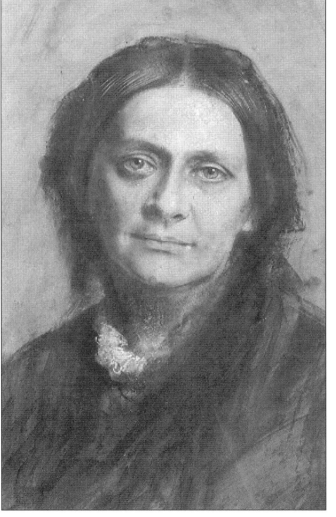

Robert Schumann – das eiskalte Genie

Robert Schumann hat die junge Clara Wieck viel rabiater unter das Ehejoch gezwungen, als bislang bekannt war

Von Wolfram Goertz

Wen das Glück ereilt, von den Musen und von einer jungen Frau geküsst zu werden, der wird diesen romantischen Himmel auf Erden wie eine Bastion verteidigen – vor allem gegen böse Mächte von außen. Sollte die Gunst der Welt nicht auf der Seite des einsamen, kämpferischen und unvergleichlich begabten Künstlers stehen?

So sah es auch Robert Schumann, oder besser: So hat es eine Nachwelt gesehen, die ihn idealisierte. Dass Schumann, im Reich der Töne ein Götterliebling, charakterliche Schwächen besaß, war vielen Biografen peinlich. Sie haben zum Zweck der Heldenverehrung das wirkungsvollste Fleckensalz eingesetzt – das Verdrängen. Den Säufer Schumann haben sie ausgeblendet und heruntergespielt, dass er seine erste Braut Ernestine von Fricken verstieß, als er von ihrer Armut erfuhr. Schumanns Verehrer haben verneinend auf die Frage geantwortet, ob denn Unreife Sünde sein könne, und stattdessen ein Opfer-Täter-Profil gezeichnet. Darin steht das Genie Schumann auf der unschuldigen Seite – und auf der schuldigen der missgünstige Schwiegervater Friedrich Wieck, der ihm seine minderjährige Tochter Clara nicht zur Frau geben wollte und deshalb sechs „Ehekonsensbedingungen" formulierte. Als geschichtliche Gerechtigkeit haben die Verehrer bejubelt, dass Schumann 1840 aus dem berühmtesten Eheprozess der Musikgeschichte, den er gegen Wieck führte, als Sieger hervorging.

Eine Dissertation, die ausgerechnet an der Robert-Schumann-Musikhochschule Düsseldorf entstanden ist, rückt jetzt diese Fehde in ein völlig neues Licht. Friederike Preiß weist in ihrer Schrift „Der Prozess. Robert und Clara Schumanns Kontroverse mit Friedrich Wieck" (Peter Lang Verlag) nach, dass jene Gut-böse-Polarisierung vieler Schumann-Biografien nicht mehr haltbar ist. Wer die auch juristisch kompetente Arbeit von Preiß liest, gewinnt die Gewissheit, dass Schumann mitnichten ein sensibler Träumer, sondern ein aggressiver Täter war, der schon sehr früh und sehr gerissen einen Masterplan entwickelt hatte – Clara Wieck, die junge, berühmte Pianistin, unters eheliche Joch zu bringen, falls nötig unter Täuschung aller Beteiligten.

Eine archetypische Situation: zwei Männer im Duell, dazwischen eine junge Frau als vermeintlicher Zankapfel. Zwar stand man damals hoch in der Aufklärung, doch galt das „königlich-sächsische Recht", und das war, was die Rolle der Frau betrifft, immer noch traditionell formuliert. Wohnte sie (minderjährig) zu Hause, unterstand sie der „väterlichen Gewalt"; war sie verheiratet, hatte sie sich dem „ehelichen Vormund" zu beugen. Das sind Vokabeln von Macht und Abhängigkeit, und Preiß beweist, wer wirklich Besitzansprüche auf den Spielball Clara erhob – es war Schumann, nicht Wieck. Wieck, der weithin bekannte, erfahrene Klavierpädagoge und liebend-kluge Manager seiner Tochter im internationalen Konzertzirkus, befürchtete, dass Clara in einer Ehe mit Robert ihre Karriere würde abhaken müssen. Und er durfte annehmen, dass Claras Vermögen, allerorten mit Triumph eingespielt, vom ehelichen Haushalt völlig verzehrt wurde. Wieck kannte Robert sehr gut, der war mal sein Klavierschüler gewesen, er kannte auch den Lebenswandel und das Portemonnaie des jungen Künstlers. Wieck ahnte, dass Schumann die Rolle des Ernährers einer Familie kaum ausfüllen konnte. Vor Gericht wurde aus der Ahnung ebenfalls eine „Ehekonsensbedingung", die Schumann durch beglaubigte Dokumente erfüllen sollte.

In der Tat hatten sich Schumanns Vermögensverhältnisse über die Jahre dramatisch verschlechtert. Die Richter aber ließen alles Finanzielle ungeprüft, weil Schumann sie meisterlich belogen hatte: Auf dem Weg zur „gerichtlichen Erlaubnis-Supplierung" bezifferte er seine Einnahmen höher, als sie in Wirklichkeit waren. Die Honorare aus seinen Tätigkeiten als Komponist wie als Redakteur der „Neuen Zeitschrift für Musik" waren geradezu mickrig; am journalistischen Gewerbe hatte er bald die Lust verloren. Die schönen Zinsgewinne, die seine angeblich festen und ausreichenden Einkünfte hätten abwerfen müssen, gab es nicht. Den Richtern hätte nur einer von Schumanns Bettelbriefen zu Augen kommen müssen, sie hätten Bescheid gewusst. Gern hätten sie auch erfahren, dass Schumann mit Syphilis infiziert war. Das wäre erst recht ein Ausschlusskriterium für eine Eheerlaubnis gewesen.

Schumann selber wusste seit langem, dass seine Situation zu bejammern war. Er hatte sein Jurastudium abgebrochen, um zu komponieren und Pianist zu werden, doch übte er sich einen Finger in einer Schlinge lahm. Weil er als Komponist damals kaum bekannt war, konnte er mit Clara nicht konkurrieren. Sie war begehrt, er war ein Niemand. Sie war reich, er hing am Tropf des elterlichen Erbes. Sie hätte täglich zu neuen Reisen aufbrechen können, er sehnte sich nur nach einem „kleinen, warmen Nest". Für Clara wollte er es zum Käfig ausbauen, diese Vision hatte er schon vor der Ehe. In einem Brief schrieb er ihr im Juni 1839: „Erreiche ich nur das, dass Du gar nichts mehr mit der Öffentlichkeit zu tun hättest, wäre mein innigster Wunsch erreicht. Das bisschen Ruhm auf dem Lumpenpapier, was Dein Vater als höchstes Glück auf der Welt betrachtet, verachte ich."
Da schwingt eine lieblose Rigorosität mit, die Wiecks Lebensentwurf für seine Tochter völlig zuwiderlief. Er wollte Clara mitnichten vereinnahmen, sondern ihren Platz in der Welt sichern. Das Klischee vom kindlichen Augapfel, den der Vater in der Vitrine eigenen Ruhmes ausstellen wollte, ist abwegig. Gewiss hatte Wieck viel Zeit und Geld in Clara investiert, doch war es sogar eine „Ehekonsensbedingung", dass „Ihr, solange ich lebe und in Sachsen wohnen bleibe, nicht in Sachsen leben wollt". Wieck war sich sicher, dass Clara in einer Weltstadt zu Hause sein musste, um ihren pianistischen Alltag und dessen repräsentative Seiten zu erfüllen. Sie selbst sah das genauso. Deshalb exekutierte Schumann ein weiteres, diesmal privates Täuschungsmanöver. Lange signalisierte er ihr seine Bereitschaft, ein gemeinsames Leben in einer Metropole zu führen. Als der Prozess gewonnen war, brach er sein Versprechen, beide gingen ins provinzielle Leipzig, und Claras Karriere kam im Trott des Nähens und Gebärens ins Stocken. Zehn Schwangerschaften, acht Kinder – die Pianistin blieb weitgehend auf der Strecke. Von Claras frühem Nimbus etwa in Wien war für die Clara Schumann von 1846 bei einer Konzerttournee kaum noch etwas zu spüren. Wenn sie auftrat, dann vornehmlich als Interpretin der Werke ihres Gatten.
Trotzdem blieben solche Konzerte zu Schumanns Lebzeiten die Ausnahme, sie waren nur als „Zubrot" zur Bestreitung des Haushalts gestattet. Ohnedies fröstelte ihn bei dem Gedanken, Clara auf Reisen zu begleiten; lieber wollte er ungestört komponieren und sie als dienendes Weib an seiner Seite haben, das den Gästen etwas vorspielen konnte. Clara verstörte es, wie oft Robert ihr diese Reisen verbot. „Ich bin es ja auch meinem Rufe schuldig, dass ich mich jetzt noch nicht ganz zurückziehe", ließ sie ihn in ihrem gemeinsamen Tagebuch wissen. Schumann überlas es geflissentlich.
Wie überholt jenes Opfer-Täter-Profil ist, zeigt auch die Tatsache, dass Schumann es in den Jahren nach dem Prozess nicht übers Herz brachte, Wiecks Wünsche nach Versöhnung zu erhören. Daran konnte ihm, seit er Clara in den Prozess mit ihrem eigenen Vater getrieben hatte, nicht gelegen sein. Auch dieses Faktum haben die meisten Biografen der Nachzeit gefällig ausgeblendet. Für sie ging es einzig um die Verklärung Schumanns, bei der Wieck die Rolle des eifersüchtigen Ehestörenfrieds zugewiesen wurde. Sein Nachteil war es, der Schwiegervater eines Mannes zu sein, der als ehelicher Egomane, Talentkiller und Stubenhocker genauso brillant war wie als Komponist.

Arbeitsaufgabe:
Charakterisiere den Menschen Robert Schumann aus der Sicht dieses Zeitungsartikels.

Frühlingssinfonie

„Frühlingssinfonie" ist ein deutscher Spielfilm aus dem Jahre 1983, in dem insbesondere das Paar Clara und Robert Schumann porträtiert werden.

Inhalt

Clara Wieck lebt mit ihrem Vater Friedrich Wieck, der Klavierlehrer ist, in Leipzig. Wieck ist überzeugt vom Talent seiner Tochter im Klavierspiel und tut alles, um das junge Mädchen groß herauszubringen. Unerbittlich zwingt er das Wunderkind zu Proben und Konzerten. Vom Erfolg des Mädchens und überzeugt von den Methoden ihres Vaters als Klavierpädagoge werden auch andere junge Pianisten angelockt. Der junge Pianist und Komponist Robert Schumann wird ebenfalls Schüler von Wieck. Zu diesem Zeitpunkt ist Clara elf und Robert zwanzig Jahre alt. Jahre später verliebt sich Clara in Robert, der zwar talentiert, aber noch ein erfolgloser Komponist ist. Vater Wieck ist gegen die Beziehung und schickt seine Tochter nach Dresden zum Gesangsunterricht, um die beiden zu trennen. Das junge Liebespaar gibt jedoch nicht auf. Robert reist Clara nach, und sie beschließen zu heiraten. Dafür jedoch benötigen sie die Erlaubnis des Vaters. Diese klagen sie 1840 vor einem Gericht in Leipzig ein und bekommen die Erlaubnis. Dies führt zum Bruch zwischen Tochter und Vater und Schüler und Lehrer.

Der Film „Frühlingssinfonie" ist die erste westdeutsche Produktion, die in der DDR an Originalschauplätzen gedreht werden konnte. Nach aufwändigen politischen Verhandlungen konnten 1982 die Dreharbeiten beginnen. Schamoni besetzte den DDR-Schauspieler Rolf Hoppe, der in Mephisto kurz zuvor zum internationalen Star aufgestiegen war. Herbert Grönemeyer spielt in diesem Film nach dem Erfolg von „Das Boot" seine nächste Kinohauptrolle. Es war aber gleichzeitig seine letzte große Kinorolle. Kurz darauf setzte er sich endgültig als Musiker durch und konzentrierte sich fortan auf diese Karriere. Für den Film „Frühlingssinfonie" wurde natürlich die Musik von Robert Schumann genutzt.

Kritiken

Friedrich Luft in „Die Welt", 1983:
„Frühlingssinfonie" von Peter Schamoni setzt furios ein. Gideon Kremer, der Teufelsgeiger aus Russland, säbelt, als Paganini verkleidet, original eines von dessen wilden Capriccios vor einem Biedermeier-Publikum herunter. Da stockt einem schon der Atem. Auf der Empore des Saales das offene Gesicht des jungen Schumann (Herbert Grönemeyer). Er zuckt nach den wilden Rhythmen. Sein Entschluss steht fest. Er will „der Paganini des Klaviers" werden. Schamoni schneidet sich zehn himmelstürmend traurige Jahre aus dem Leben Schumanns heraus. Er geht bei Friedrich Wieck (Rolf Hoppe), dem geschäftstüchtig kalkulierenden Vater des Wunderkindes, Clara Wieck (Nastassja Kinski), in die Lehre. Er muss aufgeben. Eine Handverletzung macht ihn für die Pianistenkarriere untauglich. Der junge Himmelsstürmer wirft sich auf die Komposition. Er verliebt sich in Wiecks begnadete Tochter. Der starre Vater will die Verbindung verhindern mit allen Mitteln. Man geht, um doch heiraten zu können, schließlich vor Gericht. Der Rabenvater, der seine ganze Liebe und das Kapital seines Herzens in die göttliche Pianistentochter geworfen hatte, verliert. Das junge Paar kann heiraten, kann endlich seine romantische Liebe für immer knüpfen. Das Happy-End ist umwölkt. Schamoni deutet an: Dies muss schief gehen. Zwei Genies können einander nicht ertragen. Die menschliche Tragödie ist vorprogrammiert. Der Film klingt aus, deutlich in Moll. Dieser Film von Peter Schamoni ist mehr als nur die redliche Auspinselung von bekannten Musikerschicksalen. Er klingt wirklich. Er ist sehenswert. Sogar für Musikfreunde und Schumann-Kenner.

Der Spiegel, 15/1983:
Ansonsten wäre die „Frühlingssinfonie" der übliche Bilderbogen mit candlelight, Fachwerkromantik, Kutschenfahrten durch pastellfarbene Landschaften, mit Konzerten, wo immer wieder ergriffene Konzertbesucher drei Schlusstakte beklatschen, wäre da nicht, als Claras Vater, der außerordentliche DDR-Schauspieler Rolf Hoppe (der Göring aus dem „Mephisto"). Und der zeigt Kinderliebe als vertagtes Leben, Geschäftssinn als heftige Zuneigung. Kurz: Seine Geschichte mit der zum Wunderkind herangezüchteten Tochter ist eine neugierige, zärtliche und kritische Erkundungsfahrt und eben keine kolorierte kleine Nachtmusik.

Auszeichnungen

Bundesfilmpreis in Gold als beste Darstellerin für Nastassja Kinski
Bayerischer Filmpreis für die beste Regie für Peter Schamoni

Robert Schumann: Carnaval (op. 9)

Lerninhalte:
- Kennenlernen des „Carnaval" als einen der schönsten Klavierzyklen der Romantik
- Wissen um die Bezeichnungen der 21 Klavierstücke
- Kenntnis des formalen Aufbaus der beiden Klavierwerke „Eusebius" und „Florestan"
- Wissen um den Unterschied der Fantasiefiguren „Eusebius" und „Florestan"
- Fähigkeit, die Notation der beiden Klavierstücke verfolgen zu können
- Hören und Beurteilen der beiden Klavierstücke

Arbeitsmittel/Medien:
- Arbeitsblatt: R. Schumann: Carnaval (op. 9)
- Folie 1: Bild Karnevalsmaske in Venedig
- Folie 2: 21 Klavierstücke des Carnaval
- Folien 3–5: Eusebius/Florestan
- Folie 6: Carnaval
- Folie 7: Lösung Arbeitsblatt
- CD: Schumann: Carnaval. Marc-Andre Hamelin, Klavier. Label: Hyperion, DDD 2004. (jpc-Bestellnummer: 2045645)
- www.youtube.com: Arrau plays Schumann: Carnaval 1/4–4/4

Folie 1

Folie 2

**R. Schumann:
Carnaval, op. 9**

1 Préambule
2 Pierrot
3 Arlequin
4 Valse noble
5 Eusebius
6 Florestan
7 Coquette
8 Réplique
9 Papillons
10 A.S.C.H – S.C.H.A.
11 Chiarina
12 Chopin
13 Estrella
14 Reconnaissance
15 Pantalon et Colombine
16 Valse allemande
17 Paganini
18 Aveu
19 Promande
20 Pause
21 Marche des „Davidsbündler" contre les Philistins

Verlaufsskizze

I. Hinführung

Stummer Impuls	Folie 1 (S. 209)	Bild: Karneval
Aussprache		
Überleitung		L: Der Titel eines Klavierwerks von Robert Schumann lautet genauso.
Zielangabe	Tafelanschrift	**R. Schumann: Carnaval (op. 9)**

II. Erarbeitung

Stummer Impuls	Folie 2 (S. 209)	R. Schumann: Carnaval, op. 9
L.info	Tafelanschrift	21 Klavierstücke (Miniaturen) Pierrot Arlequin (Harlekin) Eusebius Florestan Chiarina Chopin Estrella Pantalon Colombine Paganini

Paganini · Chopin

Pantalon + Columbine

1. Hören	CD	
Höraufgabe		Wie unterscheiden sich die beiden Klavierstücke „Eusebius" und „Florestan"?
Aussprache		
	Tafelanschrift	Tempo Takt Charakter der Musik
2. Hören	CD Folien 3–5 (S. 213–215)	Noten Klavier
L deutet mit Aussprache		

III. Wertung

Stummer Impuls	Folie 6	Carnaval
Erlesen		
Aussprache		

IV. Sicherung

	Arbeitsblatt (S. 211)	Schumann: Carnaval (op. 9)
Kontrolle	Folie 7 (S. 212)	

V. Ausweitung

Zusammenfassung	Internet	www.youtube.com Schumann: Carnaval (Claudio Arrau)

Arbeitsblatt

Mus | Name: _____ | Datum: _____

Robert Schumann: Carnaval (op. 9)

„Carnaval" ist ein aus 21 kurzen Klavierstücken bestehender Zyklus. Er entstand in den Jahren 1834/1835. Ihm vorangegangen war die Verlobung Schumanns mit Ernestine von Fricken, der Adoptivtochter eines böhmischen Barons. Schumann löste die Verlobung vor Ablauf eines Jahres. Gleichwohl setzte er Ernestine mit dem „Carnaval" ein musikalisches Denkmal. Die von Frickens entstammten nämlich dem böhmischen Städtchen Asch. Dieser Ortsname ist Grundlage des Zyklus in der Weise, dass Schumann die Buchstaben A-Es-C-H und As-C-H als Töne in 19 der 21 Klavierstücke verwendete.

❶ Welche zwei der 21 Klavierstücke haben unmittelbar etwas mit dem Karneval zu tun?
_____
_____

❷ Welche zwei Figuren stellen die beiden Seiten von Schumanns Persönlichkeit dar?
_____
_____

❸ Zwei Stücke tragen die Namen von Musikern, zwei verschlüsselt die Namen von zwei Frauen, mit denen Schumann eine Beziehung hatte.
_____
_____
_____
_____

R. Schumann: Carnaval op. 9

1 Préambule
2 Pierrot
3 Arlequin
4 Valse noble
5 Eusebius
6 Florestan
7 Coquette
8 Réplique
9 Papillons
10 A.S.C.H – S.C.H.A.
11 Chiarina
12 Chopin
13 Estrella
14 Reconnaissance
15 Pantalon et Colombine
16 Valse allemande
17 Paganini
18 Aveu
19 Promande
20 Pause
21 Marche des „Davidsbündler" contre les Philistins

❹ Ordne die gegensätzlichen Charaktere „Eusebius" und „Florestan" den beiden Klavierstücken unten zu. Wie unterscheiden sie sich voneinander?

_____
_____

❺ Wer ist mit den „Davidsbündlern", wer mit den „Philistern" gemeint?
_____
_____

Lösung

Robert Schumann: Carnaval (op. 9)

„Carnaval" ist ein aus 21 kurzen Klavierstücken bestehender Zyklus. Er entstand in den Jahren 1834/1835. Ihm vorangegangen war die Verlobung Schumanns mit Ernestine von Fricken, der Adoptivtochter eines böhmischen Barons. Schumann löste die Verlobung vor Ablauf eines Jahres. Gleichwohl setzte er Ernestine mit dem „Carnaval" ein musikalisches Denkmal. Die von Frickens entstammten nämlich dem böhmischen Städtchen Asch. Dieser Ortsname ist Grundlage des Zyklus in der Weise, dass Schumann die Buchstaben A-Es-C-H und As-C-H als Töne in 19 der 21 Klavierstücke verwendete.

❶ Welche zwei der 21 Klavierstücke haben unmittelbar etwas mit dem Karneval zu tun?

Pierrot und Harlekin aus der Commedia dell'arte

❷ Welche zwei Figuren stellen die beiden Seiten von Schumanns Persönlichkeit dar?

Der stürmische, leidenschaftliche Florestan und der zurückhaltende, empfindsame Eusebius

❸ Zwei Stücke tragen die Namen von Musikern, zwei verschlüsselt die Namen von zwei Frauen, mit denen Schumann eine Beziehung hatte.

Frédéric Chopin: polnischer Komponist (1810–1849)
Niccolò Paganini: italienischer Violinvirtuose (1782–1840)
Chiarina: Clara (Clärchen) Schumann (1819–1896)
Estrella: Ernestine v. Fricken (1816–1844)

❹ Ordne die gegensätzlichen Charaktere „Eusebius" und „Florestan" den beiden Klavierstücken unten zu. Wie unterscheiden sie sich voneinander?

R. Schumann: Carnaval op. 9

1 Préambule
2 Pierrot
3 Arlequin
4 Valse noble
5 Eusebius
6 Florestan
7 Coquette
8 Réplique
9 Papillons
10 A.S.C.H – S.C.H.A.
11 Chiarina
12 Chopin
13 Estrella
14 Reconnaissance
15 Pantalon et Colombine
16 Valse allemande
17 Paganini
18 Aveu
19 Promande
20 Pause
21 Marche des „Davidsbündler" contre les Philistins

Eusebius: Adagio = langsam, ruhig; 2/4-Takt; Musik macht einen introvertierten Eindruck
Florestan: Passionato = mit Leidenschaft; 3/4-Takt; Musik stürmisch und extrovertiert

❺ Wer ist mit den „Davidsbündlern", wer mit den „Philistern" gemeint?

Die Davidsbündler waren ein 1833 gegründeter Kreis junger, aufgeschlossener Künstler, die sich als Gegenpol zu den Philistern, den Spießbürgern verstanden.

Eusebius

Carnaval

Das Werk Schumanns vereint Autobiographie, Mysterium, Liebesgeschichte und kompositorische Ideologie zu einem Zyklus aus einundzwanzig Charakterstudien für Soloklavier. 1834 verlobte sich Schumann mit der ebenfalls Klavier studierenden Ernestine von Fricken, und es beflügelte seine Phantasie, dass ihre Heimatstadt Asch diejenigen Buchstaben seines Nachnamens enthielt, die in Musiknoten übertragen werden konnten – daher der Untertitel des Werks „Scenes mignonnes sur quatre notes" (Kleine Szenen über vier Noten). Das bedeutungsschwere Notenquartett ist sehr einprägsam und fungiert in diesem doch eher langen Werk als wirkungsvolles und gleichzeitig ungewöhnliches Verbindungsglied.

Schumann war von Jugend an dafür bekannt, dass er andere Menschen scharfsinnig und treffend karikieren konnte. Diese Begabung setzte er in „Carnaval" mit viel Geschick ein. Verschiedene musikalische Porträts, darunter seine damalige Verlobte Ernestine von Fricken als **Estrella**, die Pianistin und seine spätere Ehefrau Clara Wieck als **Chiarina**, **Chopin**, **Paganini** und die beiden Seiten von Schumanns Persönlichkeit – der übermütige **Florestan** und der introvertierte **Eusebius** – treten neben den traditionellen Commedia dell'arte-Figuren **Pierrot**, **Arlequin**,

Pantalon und **Colombine** auf. Zwischen dem achten und neunten Stück erscheint eine rätselhafte **Sphinx**. Leise und durchdacht präsentiert sie in archaischer musikalischer Notation drei Konfigurationen der vier Buchstaben ASCH (a – es – c – h). Eine Liebesgeschichte wird angedeutet – **Coquette**, **Réplique**, **Reconnaissance**, **Aveu** und **Promenade**, eingestreut zwischen die bunte Palette der Charaktere, während uns **Valse noble** und **Valse allemande** an die Festivitäten im Hintergrund erinnern, an den Maskentanz, wie man ihn bei Jean Paul Richter, Schumanns Lieblingsautor, immer wieder findet.

Dadurch, dass Schumann jedes Stück als „Szene" bezeichnet, impliziert er eine gewisse Unabhängigkeit. Gleichwohl sind im ganzen Opus 9 immer wieder Anklänge an seine früheren Werke zu finden. In die eröffnende **Préambule** ist Material aus den unveröffentlichten Variationen über Schuberts Sehnsuchtswalzer integriert. Fragmente aus Papillons, op. 2 überraschen den Zuhörer: Beispielsweise unterbricht eine Floskel aus dem walzerartigen Eröffnungsthema träumerisch die leidenschaftliche Rhetorik des Florestan, während der Großvatertanz im Stil des siebzehnten Jahrhunderts im letzten und längsten Stück „Carnaval" auftaucht, dem **Marche des Davidsbündler contre les Philistins** (Marsch der Davidsbündler gegen die Philister). Hier erklingt der Großvatertanz anfangs aus der Ferne, und nur sein unverkennbares rhythmisches Muster verkündet sein Kommen, während die Moll-Tonart dem traditionellen Tanz, der normalerweise immer in Dur steht, eine bedrohliche Atmosphäre verleiht. Als die Musik plötzlich in Dur übergeht, ist man verblüfft und zugleich erfreut. So wird der Weg geebnet für die lebhaften Darbietungen des Hauptthemas des Tanzes. Der Marche des Davidsbündler contre les Philistins ist vielleicht besonders wichtig als unverschlüsselter Ausdruck der ideologischen Position, die Schumann in der deutschen Musikszene des neunzehnten Jahrhunderts einnimmt. Immer wieder beklagte Schumann die seiner Meinung nach konservative Haltung vieler Komponisten und Musikkritiker und erfand deshalb als Gegenentwurf den Davidsbund, der für seine eigenen musikalischen Ideen stand: Musik sollte progressiv, experimentell und poetisch sein. Den Mitgliedern des Bundes – darunter Chopin, Paganini, Clara Wieck, Eusebius und Florestan – wurden von Schumann Eigenschaften zugewiesen, die seine Vision ausmachten.

Exkurs: Arbeitsblatt

Mus Name: _____ Datum: _____

R. Schumann: Belsatzar (op. 57)

Die Mitternacht zog näher schon;
In stummer Ruh' lag Babylon.

Nur oben in des Königs Schloss,
Da flackert's, da lärmt des Königs Tross.

Dort oben in dem Königssaal
Belsatzar hielt sein Königsmahl.

Die Knechte saßen in schimmernden Reihn,
Und leerten die Becher mit funkelndem Wein.

Es klirrten die Becher, es jauchzten die Knecht';
So klang es dem störrigen Könige recht.

Des Königs Wangen leuchten Glut;
Im Wein erwuchs ihm kecker Mut.

Und blindlings reißt der Mut ihn fort;
Und er lästert die Gottheit mit sündigem Wort.

Und er brüstet sich frech und lästert wild;
Die Knechteschar ihm Beifall brüllt.

Der König rief mit stolzem Blick;
Der Diener eilt und kehrt zurück.

Er trug viel gülden Gerät auf dem Haupt;
Das war aus dem Tempel Jehovas geraubt.

Und der König ergriff mit frevler Hand
Einen heiligen Becher, gefüllt bis am Rand.

Und er leert ihn hastig bis auf den Grund,
und rufet laut mit schäumendem Mund:

„Jehovah! dir künd' ich auf ewig Hohn –
Ich bin der König von Babylon!"

Doch kaum das grause Wort verklang,
Dem König ward's heimlich im Busen bang.

Das gellende Lachen verstummte zumal;
Es wurde leichenstill im Saal.

Und sieh! und sieh! an weißer Wand
Da kam's hervor wie Menschenhand;

Und schrieb und schrieb an weißer Wand
Buchstaben von Feuer, und schrieb und schwand.

Der König stieren Blicks da saß,
Mit schlotternden Knien und totenblass.

Die Knechteschar saß kalt durchgraut,
Und saß gar still, gab keinen Laut.

Die Magier kamen, doch keiner verstand
Zu deuten die Flammenschrift an der Wand.

Belsatzar ward aber in selbiger Nacht
Von seinen Knechten umgebracht.

Heinrich Heine

In der biblischen Erzählung im Alten Testament (Daniel, Kapitel 5) wird Belsazar als Sohn des Nebukadnezar II. genannt, dem eine geisterhafte Schrift an der Wand seines Palastes erscheint. Belsazar lässt sofort seine Schriftgelehrten herbeirufen, die jedoch den Sinn der Worte nicht verstehen. Daraufhin wird der Prophet Daniel herbeigeholt: Er liest *Mene mene tekel u-pharsin* (*Gott hat dein Königtum gezählt und beendet. Du wurdest auf einer Waage gewogen und für zu leicht befunden. Dein Reich wird geteilt und den Medern und Persern gegeben*). Noch in derselben Nacht wird Belsazar getötet.

❶ Wo ist der Höhepunkt der Ballade?

_____

❷ Welche Aufgabe hat die Klavierbegleitung?

_____

_____

_____

_____

R. Schumann: Belsatzar (op. 57)

Die Mitternacht zog näher schon;
In stummer Ruh' lag Babylon.

Nur oben in des Königs Schloss,
Da flackert's, da lärmt des Königs Tross.

Dort oben in dem Königssaal
Belsatzar hielt sein Königsmahl.

Die Knechte saßen in schimmernden Reihn,
Und leerten die Becher mit funkelndem Wein.

Es klirrten die Becher, es jauchzten die Knecht';
So klang es dem störrigen Könige recht.

Des Königs Wangen leuchten Glut;
Im Wein erwuchs ihm kecker Mut.

Und blindlings reißt der Mut ihn fort;
Und er lästert die Gottheit mit sündigem Wort.

Und er brüstet sich frech und lästert wild;
Die Knechteschar ihm Beifall brüllt.

Der König rief mit stolzem Blick;
Der Diener eilt und kehrt zurück.

Er trug viel gülden Gerät auf dem Haupt;
Das war aus dem Tempel Jehovas geraubt.

Und der König ergriff mit frevler Hand
Einen heiligen Becher, gefüllt bis am Rand.

Und er leert ihn hastig bis auf den Grund,
und rufet laut mit schäumendem Mund:

„Jehovah! dir künd' ich auf ewig Hohn –
Ich bin der König von Babylon!"

Doch kaum das grause Wort verklang,
Dem König ward's heimlich im Busen bang.

Das gellende Lachen verstummte zumal;
Es wurde leichenstill im Saal.

Und sieh! und sieh! an weißer Wand
Da kam's hervor wie Menschenhand;

Und schrieb und schrieb an weißer Wand
Buchstaben von Feuer, und schrieb und schwand.

Der König stieren Blicks da saß,
Mit schlotternden Knien und totenblass.

Die Knechteschar saß kalt durchgraut,
Und saß gar still, gab keinen Laut.

Die Magier kamen, doch keiner verstand
Zu deuten die Flammenschrift an der Wand.

Belsatzar ward aber in selbiger Nacht
Von seinen Knechten umgebracht.

Heinrich Heine

In der biblischen Erzählung im Alten Testament (Daniel, Kapitel 5) wird Belsazar als Sohn des Nebukadnezar II. genannt, dem eine geisterhafte Schrift an der Wand seines Palastes erscheint. Belsazar lässt sofort seine Schriftgelehrten herbeirufen, die jedoch den Sinn der Worte nicht verstehen. Daraufhin wird der Prophet Daniel herbeigeholt: Er liest *Mene mene tekel u-pharsin* (*Gott hat dein Königtum gezählt und beendet. Du wurdest auf einer Waage gewogen und für zu leicht befunden. Dein Reich wird geteilt und den Medern und Persern gegeben*). Noch in derselben Nacht wird Belsazar getötet.

❶ Wo ist der Höhepunkt der Ballade?

Er ist beim Wort „Ich", dem höchsten und lautesten Ton der Ballade.

❷ Welche Aufgabe hat die Klavierbegleitung?

Der Klavierpart stellt untermalend die äußeren und inneren Vorgänge dar. Illustrativ erklingen

rasche Sechszehntelbewegungen, bevor Lautstärke und Tempo allmählich abnehmen bis hin zu den fast stockend vorgetragenen Schlusszeilen des rezitativischen Gesangs.

R. Schumann: Die beiden Grenadiere (op. 49, Nr. 1)

„Die Grenadiere" ist eine 1816 entstandene „Romanze" von Heinrich Heine (1797–1856). Sie erschien 1822 erstmals in Buchform in dem Band „Gedichte". Die berühmteste Vertonung der Ballade stammt von Robert Schumann (1810–1856).

❶ Was sind Grenadiere? Wovon handelt die Ballade?

_____
_____
_____

Nach Frankreich zogen zwei Grenadier',
Die waren in Russland gefangen.
Und als sie kamen ins deutsche Quartier,
Sie ließen die Köpfe hangen.

Da hörten sie beide die traurige Mär:
Dass Frankreich verloren gegangen.
Besiegt und geschlagen das tapfere Heer –
Und der Kaiser, der Kaiser gefangen.

Da weinten zusammen die Grenadier'
Wohl ob der kläglichen Kunde.
Der eine sprach: „Wie weh wird mir,
Wie brennt meine alte Wunde!"

Der andre sprach: „Das Lied ist aus,
Auch ich möcht' mit dir sterben,
Doch hab' ich Weib und Kind zu Haus,
Die ohne mich verderben."

„Was schert mich Weib, was schert mich Kind;
Ich trage weit besser Verlangen;
Lass sie betteln geh'n, wenn sie hungrig sind –
Mein Kaiser, mein Kaiser gefangen!

Gewähr mir Bruder eine Bitt':
Wenn ich jetzt sterben werde,
So nimm meine Leiche nach Frankreich mit,
Begrab' mich in Frankreichs Erde.

Das Ehrenkreuz am roten Band
Sollst du aufs Herz mir legen;
Die Flinte gib mir in die Hand
Und gürt mir um den Degen.

So will ich liegen und horchen still,
Wie eine Schildwacht', im Grabe,
Bis einst ich höre Kanonengebrüll
Und wiehernder Rosse Getrabe.

Dann reitet mein Kaiser wohl über mein Grab,
Viel Schwerter klirren und blitzen;
Dann steig' ich gewaffnet hervor aus dem Grab –
Den Kaiser, den Kaiser zu schützen."

Heinrich Heine

❷ Welcher Eindruck entsteht zu Beginn?

_____
_____

❸ Welche Melodie verwendet Schumann in der letzten Strophe?

_____
_____

❹ Wem huldigt Schumann mit dieser Melodie?

_____

R. Schumann: Die beiden Grenadiere (op. 49, Nr. 1)

„Die Grenadiere" ist eine 1816 entstandene „Romanze" von Heinrich Heine (1797–1856). Sie erschien 1822 erstmals in Buchform in dem Band „Gedichte". Die berühmteste Vertonung der Ballade stammt von Robert Schumann (1810–1856).

❶ Was sind Grenadiere? Wovon handelt die Ballade?

Die Ballade handelt von zwei französischen Grenadieren (Infanteristen), die bei Napoleons Russlandfeldzug gefangen genommen wurden. Auf dem Heimweg über Deutschland erfahren sie, dass Kaiser Napoleon besiegt wurde. Der eine Soldat will zurück zu seiner Familie. Der andere, im Sterben liegende Soldat möchte in Frankreich begraben werden.

❷ Welcher Eindruck entsteht zu Beginn?

Durch den Marschrhythmus, das mäßige Tempo und die Tonart g-Moll entsteht der Eindruck eines schwermütigen Trauermarsches.

❸ Welche Melodie verwendet Schumann in der letzten Strophe?

Er übernimmt die Melodie der Marseillaise, der französischen Nationalhymne.

❹ Wem huldigt Schumann mit dieser Melodie?

Er huldigt den Idealen der Französischen Revolution (mutig in der Zeit der Restauration).

Nach Frankreich zogen zwei Grenadier',
Die waren in Russland gefangen.
Und als sie kamen ins deutsche Quartier,
Sie ließen die Köpfe hangen.

Da hörten sie beide die traurige Mär:
Dass Frankreich verloren gegangen.
Besiegt und geschlagen das tapfere Heer –
Und der Kaiser, der Kaiser gefangen.

Da weinten zusammen die Grenadier'
Wohl ob der kläglichen Kunde.
Der eine sprach: „Wie weh wird mir,
Wie brennt meine alte Wunde!"

Der andre sprach: „Das Lied ist aus,
Auch ich möcht' mit dir sterben,
Doch hab' ich Weib und Kind zu Haus,
Die ohne mich verderben."

„Was schert mich Weib, was schert mich Kind;
Ich trage weit besser Verlangen;
Lass sie betteln geh'n, wenn sie hungrig sind –
Mein Kaiser, mein Kaiser gefangen!

Gewähr mir Bruder eine Bitt':
Wenn ich jetzt sterben werde,
So nimm meine Leiche nach Frankreich mit,
Begrab' mich in Frankreichs Erde.

Das Ehrenkreuz am roten Band
Sollst du aufs Herz mir legen;
Die Flinte gib mir in die Hand
Und gürt mir um den Degen.

So will ich liegen und horchen still,
Wie eine Schildwacht', im Grabe,
Bis einst ich höre Kanonengebrüll
Und wiehernder Rosse Getrabe.

Dann reitet mein Kaiser wohl über mein Grab,
Viel Schwerter klirren und blitzen;
Dann steig' ich gewaffnet hervor aus dem Grab –
Den Kaiser, den Kaiser zu schützen."

Heinrich Heine

Besser mit Brigg Pädagogik!
Vielfältige Materialien für Musik!

Petra Pichlhöfer

Musikrätsel für die Sekundarstufe

40 Rätsel zu Instrumenten, Komponisten, Notenlehre und Themen der Musik

88 S., DIN A4,
Kopiervorlagen mit Lösungen
Best.-Nr. 522

Anhand unterschiedlicher Rätselformen wird **wichtiges Grundwissen** abgefragt. Die Lösungen zu allen Rätseln zur Kontrolle oder Selbstkontrolle werden mitgeliefert. Diese abwechslungsreichen Rätselblätter eignen sich bestens zur Sicherung des erworbenen Wissens, zur Wiederholung, als Hausaufgabe oder als sinnvolle Lückenfüller in Vertretungsstunden.

Nikolaus Drebinger

Oper auf den Punkt gebracht

Didaktische Einführungen in 17 Werke des Musiktheaters

126 S., DIN A4,
Kopiervorlagen mit Lösungen
und **PowerPoint-CD**
Best.-Nr. 295

Das Buch bietet zu jedem Werk **Grafiken**, die die Personenkonstellation und die die Handlung bestimmende dramatische Situationen wiedergeben, **Arbeitsblätter**, Inhaltsbeschreibungen der Werke, ein- und zweisprachige Textblätter zu den Schlüsselszenen, Unterrichtsbausteine mit Kernaussagen zu jedem Drama und Vorschlägen zu Hörbeispielen, Vorlagen zur Erstellung von Tafelanschriften, Kopiervorlagen und Folien.

Axel Rees / Stefan Noster / Tobias Gimmi

Hip-Hop in der Schule

Coole Choreografien für Kinder und Jugendliche

DVD und Audio-CD

Teil 1	Teil 2
Best.-Nr. 340	**Best.-Nr. 341**

Tanz und Bewegung nach **Hip-Hop-Rhythmen** liegen voll im Trend bei Kindern und Jugendlichen – machen Sie sich diese Begeisterung für Ihren Unterricht zunutze! **Schritt für Schritt** werden Choreografien gezeigt und erklärt. Die Audiotracks sind in vier gängige Tempi eingeteilt, die auf alle aktuellen Hits angewandt werden können. **Für Profis und fachfremd unterrichtende Musik- und Sportlehrkräfte!**

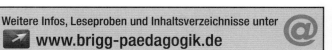

Weitere Infos, Leseproben und Inhaltsverzeichnisse unter
www.brigg-paedagogik.de

Bestellcoupon

Ja, bitte senden Sie mir / uns mit Rechnung

_____ Expl. Best.-Nr. _____

_____ Expl. Best.-Nr. _____

_____ Expl. Best.-Nr. _____

_____ Expl. Best.-Nr. _____

Meine Anschrift lautet:

Name / Vorname

Straße

PLZ / Ort

E-Mail

Datum/Unterschrift   Telefon (für Rückfragen)

Bitte kopieren und einsenden/faxen an:

**Brigg Pädagogik Verlag GmbH
zu Hd. Herrn Franz-Josef Büchler
Zusamstr. 5
86165 Augsburg**

☐ Ja, bitte schicken Sie mir Ihren Gesamtkatalog zu.

Bequem bestellen per Telefon / Fax:
Tel.: 0821 / 45 54 94-17
Fax: 0821 / 45 54 94-19
Online: www.brigg-paedagogik.de